弁護士専門
研修講座

中小企業法務の実務

東京弁護士会弁護士研修センター運営委員会 [編]

ぎょうせい

はしがき

　現代社会は益々複雑化、高度化しており、紛争類型にも多様化がもたらされています。これに応じて、弁護士には高度な専門性に対応できる実践的能力が求められています。弁護士が市民の法的ニーズを的確に理解し、日々研鑽を重ねることが必要なことは言うまでもありません。

　東京弁護士会では、弁護士研修センターを設置し、弁護士の日常業務の研鑽に加え、専門分野の研修にも力を注いでおり、特に平成18年度後期からは、特定の分野に関する専門的知識や実務的知識の習得を目的とする専門連続講座を開始し、研修の実質を高めて参りました。

　本書は、平成24年度に行われた中小企業法務専門講座の講義を収録したものです。

　本連続講座は、こうした実践的内容を講義しているものであり、多くの弁護士にとって、多くの示唆と素養に資するものと確信しております。

　本講座を受講されなかった皆様方におかれましても、ぜひ本書をお読みいただき、中小企業法務に関する実務能力を習得され、日々の事件への適切な対応にお役立ていただければ幸いです。

平成27年1月

東京弁護士会会長　髙　中　正　彦

講師紹介

(講義順)

佐藤千弥（さとう・かずや）

平成15年	東京弁護士会登録（第56期）	
〃	18～21年	東京弁護士会税務特別委員会副委員長
〃	19～21年	日弁連消費者問題対策委員会副委員長
		同　独占禁止法部会長
〃	23～26年	東京弁護士会消費者問題特別委員会副委員長
現在		日弁連消費者問題対策委員会委員
		日弁連独占禁止法改正ワーキンググループ委員
		東京弁護士会消費者問題特別委員会委員
		東京弁護士会税務特別委員会委員

神村大輔（かみむら・だいすけ）

平成16年　東京弁護士会登録（第57期）
〃　21年～現在　東京弁護士会紛争解決センター運営委員会　副委員長

福原竜一（ふくはら・りゅういち）

平成21年　東京弁護士会登録（第62期）
〃　22年～現在　国際医療福祉大学「法学」非常勤講師
〃　23年～現在　成蹊大学法学部「親族法・相続法事例演習」非常勤講師

堂野達之（どうの・たつゆき）

平成12年　東京弁護士会登録（第52期）
　　　　　三宅・今井・池田法律事務所入所
〃　19年　堂野法律事務所に移籍、パートナー
〃　24年　日本弁護士連合会常務理事
現在　　　日本弁護士連合会中小企業法律支援センター事務局次長

土森俊秀（つちもり・としひで）

平成13年	東京弁護士会登録（第54期）
現在	東京弁護士会中小企業法律支援センター事務局長
	東京弁護士会弁護士業務改革委員会委員
	日弁連中小企業法律支援センター事務局次長
	日弁連中小企業の海外展開業務の法的支援に関するワーキンググループ副座長

古田利雄（ふるた・としお）

平成3年	東京弁護士会登録（第43期）
現在	弁護士法人クレア法律事務所　代表社員
	株式会社トランザクション　社外取締役
	ナノキャリア株式会社　社外監査役　他
	東京弁護士会会社法部所属

目　次

はしがき
講師紹介

Ⅰ　経営者の高齢化対応

弁護士　佐藤　千弥

- 第1　中小企業とは……………………………………………2
  - 1　中小企業基本法等の定義……………………………2
- 第2　中小企業白書にみる経営者の高齢化の問題……………3
  - 1　経営者の高齢化の弊害と対応策～中小企業白書2004年版の説明から ‥3
    - (1) 中小企業における高齢化の弊害／3
    - (2) 経営者が引退する場合の対応策／4
  - 2　後継者への事業承継の課題・障害～中小企業白書2007年版の説明・5
    - (1) 事業承継をしたい後継者がいない／5
    - (2) 円滑な事業承継を行うために必要な準備／6
    - (3) 個人保証・担保／6
    - (4) 株式・財産の分配／7
- 第3　本講義でのテーマ………………………………………8
- 第4　後継者への事業用資産の承継…………………………9
  - 1　方法の分類……………………………………………9
    - (1) 生前実現型／9
    - (2) 生前準備型／9
    - (3) 遺産分割／10
  - 2　遺言……………………………………………………10
    - (1) 株式譲渡について会社の承認を要することとされている場合（会社法107条1項1号）／10
    - (2) 相続人等に対する売渡請求制度（会社法174条）が導入されている場合／10
    - (3) 対抗要件（不動産登記等）／11
    - (4) 不動産登記に関する遺言執行者の権限／11
    - (5) 賃借権の移転のための賃貸人の許可・農地所有権移転の場合の農業委員会の許可／11

目　次

　　(6)　平成15年4月1日施行の登録免許税法改正／11
　3　遺留分対策･･････････････････････････････････････ 11
　　(1)　遺留分に配慮した遺言書の作成／12
　　(2)　遺留分権利者に遺留分を放棄してもらう（民法1043条）／12
　　(3)　早めの贈与／12
　　(4)　遺言で遺贈の減殺順序を定める（民法1034条ただし書）／12
　　(5)　価額弁償の準備／12
　　(6)　遺留分に関する民法の特例／13
　4　株式を巡る問題･･････････････････････････････････ 15
　　(1)　株式が分散している場合の後継者の持株数対策／16
　　(2)　議決権数対策／18
　　(3)　先代が生前に後継者の過半数の株式を譲渡するが発言権を確保したい場合／18
　　(4)　その他／18
　5　信託の活用･･････････････････････････････････････ 19
　　(1)　遺言代用信託／19
　　(2)　他益信託／20
　　(3)　後継ぎ遺贈型受益者連続信託／20
　　(4)　現　状／21
　6　一般財社団法人の活用････････････････････････････ 21
　　(1)　株式会社と比較したメリット／21
　　(2)　活用例／22
第5　相続税･･ 22
　1　第1ステップ：相続財産の集計･･･････････････････ 24
　　(1)　相続財産の範囲／24
　　(2)　相続財産の評価方法／25
　2　第2ステップ：相続税の総額の計算･･･････････････ 30
　3　第3ステップ：実際に財産を取得した者が納めるべき相続税額の計算･･ 31
第6　贈与税･･ 32
　1　贈与税の趣旨とみなし贈与財産･･･････････････････ 32
　2　贈与額の種類････････････････････････････････････ 33
　3　暦年課税の贈与税････････････････････････････････ 33

4　相続時精算課税制度･･････････････････････････････････････ 34
　　　(1)　制度の概要／34
　　　(2)　暦年課税方式と相続時精算課税方式の関係／34
　　　(3)　相続時の精算／34
　　　(4)　注意点／35
　　　(5)　2015年1月1日施行の相続税制改正／36
　第7　納税猶予制度･･ 36
　　1　相続税の納税猶予制度････････････････････････････････････ 36
　　2　贈与税の納税猶予制度････････････････････････････････････ 37
　　3　活用上の留意点･･ 38
　　4　運用の状況･･ 39
　第8　最後に･･ 39
　レジュメ･･ 40

Ⅱ　会社支配権の争い

弁護士　神村　大輔
弁護士　福原　竜一

　第1　会社支配権争いの全体図･････････････････････････････････ 58
　第2　支配権争い･･ 59
　　1　事例設定･･ 59
　　2　Yによる議決権の過半数の把握･･･････････････････････････ 61
　　　(1)　B・C・Dについて／61
　　　(2)　Aについて／67
　　3　株主総会決議に関する問題点･････････････････････････････ 71
　　　(1)　瑕疵について／71
　　　(2)　検査役の選任について／73
　　4　情勢が不利なことが明らかになった場合の対応策～累積投票制度
　　　（342条）の活用～･･･ 75
　　　(1)　手続き／75
　　　(2)　具体例／75
　　　(3)　累積投票制度利用の効果／76
　第3　支配権争いが一旦決着した後の対応･･････････････････････ 76
　　1　概　観･･ 76

目　次

　2　中小企業と手続瑕疵に対する攻撃の妥当性……………………78
　3　取締役解任の訴え（854条）……………………………………79
　　⑴　なぜ相手方の解任を求めようとするのか？／79
　　⑵　取締役解任の訴えの限界／79
　　⑶　取締役解任の訴えの要件の検討（854条）／79
　4　取締役への損害賠償請求（423条等、代表訴訟854条）………81
　5　退職金支払請求・退職金不当減額による損害賠償請求…………82
　　⑴　退職金支払の基本ルール／82
　　⑵　特定の取締役に対する退職金支払のみ議案を総会に上程しないということは許されるか／82
　　⑶　株主総会決議がなされない場合の救済案／83
　　⑷　退職金請求権の具体的な発生時期――取締役会による決議がなされないケースを想定して／83
　　⑸　支給額の決定後の不支給・減額の可否／84
　6　競業避止義務・秘密保持義務………………………………………84
　　⑴　取締役の競業避止義務（356条1項1号）／84
　　⑵　不正競争防止法による規制／85
　　⑶　競業避止義務・秘密保持義務の合意なくても退任後の秘密保持義務を認めた裁判例／85
　　⑷　退任後の競業避止義務の特約合意／85
　　⑸　退任後の従業員引き抜き行為／86
レジュメ…………………………………………………………………………88

Ⅲ　企業の清算と再生

　　　　　　　　　　　　　　　　　　　　　　　　　弁護士　堂野　達之

はじめに………………………………………………………………………106
第1　事業再生（企業再建）とは何か……………………………………107
　1　倒産とは何か………………………………………………………107
　2　倒産を防ぐための二大ポイント…………………………………107
　3　事業を再建できるかどうかのポイント…………………………109
第2　債務者企業は何をなすべきか（総論）……………………………109
第3　弁護士は何をなすべきか（総論）…………………………………111
　1　窮境にある企業に対する基本的な方針…………………………111

―4―

目次

- 2 事業再生で留意すべきポイント ･････････････････････ 112
- 3 債務者企業との関わり方 ･････････････････････････ 112
- 4 金融機関の特性に対する理解 ･･･････････････････････ 115

第4 本業の立て直し（経営改善） ･････････････････････････ 116
- 1 意識の向け方 ････････････････････････････････････ 116
- 2 数値の把握・分析 ･･･････････････････････････････ 116
- 3 事業計画の策定、具体策の実行 ･････････････････････ 117
- 4 資金繰り対策 ････････････････････････････････････ 117

第5 リスケジュール ･････････････････････････････････････ 118

第6 債務の一部免除（総論） ･･･････････････････････････････ 119
- 1 どのような場合に選択すべきか ･････････････････････ 119
- 2 私的整理と法的整理 ･････････････････････････････ 119
- 3 経営者が事業継続に関与できるかどうかによる区別 ･･･ 120
- 4 債務免除における留意点 ･････････････････････････ 120
- 5 事業計画における留意点 ･････････････････････････ 120

第7 債務の一部免除（各論） ･･･････････････････････････････ 121
- 1 債権譲渡方式（DPO） ･････････････････････････････ 121
- 2 特定調停、事業再生ADR ･････････････････････････ 122

第8 法的整理による債務免除（民事再生） ･･･････････････････ 123

第9 経営者の個人保証 ･･･････････････････････････････････ 123

第10 会社（事業）の清算 ･････････････････････････････････ 124

- レジュメ ･･･ 126
- 資 料 ･･･ 158

Ⅳ M&A

弁護士　土森　俊秀

第1 中小企業のM&Aの概要 ･････････････････････････････ 162
- 1 最近の傾向 ･･････････････････････････････････････ 162
- 2 主な登場者、役割 ･･･････････････････････････････ 162
  - (1) 売主側／162
  - (2) 買主側／165
- 3 M&Aのステップ ･･････････････････････････････････ 165
  - (1) 買主探し・対象会社探し／165

目　次

　　(2) 売主・買主間で秘密保持契約締結／166
　　(3) 基本条件の交渉／166
　　(4) 売主・買主間で基本合意書の締結／166
　　(5) 買主によるデュー・デリジェンス（財務、税務、法務、ビジネス等）／166
　　(6) 売主・買主間の最終契約交渉／166
　　(7) 最終契約の締結／166
　　(8) クロージング／167
　第2　M&A取引スキーム・・167
　　1　株式譲渡・・167
　　2　事業譲渡・・167
　　3　第三者割当による募集株式の発行等・・・・・・・・・・・・・・・・・・・・・・・・・168
　　4　会社分割（吸収分割）・・・・・・・・・・・・・・・・・・・・・・・・・・・・・・・・・・・・・・168
　　5　その他・・・169
　第3　M&A取引スケジュールのチェック・・・・・・・・・・・・・・・・・・・・・・・・・169
　　1　総　論・・169
　　　(1) 株式譲渡／170
　　　(2) 事業譲渡／170
　　　(3) 組織再編である会社分割等／171
　　2　特に留意すべき点・・・171
　　　(1) 期間計算／171
　　　(2) 公　告／172
　第4　M&A取引の契約・・172
　　1　秘密保持契約・・・172
　　　(1) 目　的／172
　　　(2) 契約書作成上の留意点／173
　　2　基本合意書・・・174
　　　(1) 目　的／174
　　　(2) 契約作成上の留意点／174
　　　(3) 譲渡価格の算定方法について／175
　　3　株式譲渡契約（最終契約）・・・・・・・・・・・・・・・・・・・・・・・・・・・・・・・・176
　　　(1) 構　成／176
　　　(2) 表明保証／177
　　　(3) 個人保証の扱い／181

第5　法務デュー・デリジェンス……………………………………182
　　1　法務デュー・デリジェンスとは……………………………182
　　2　法務DDの目的及び結果の利用等…………………………182
　　　(1)　法務DDの目的／182
　　　(2)　法務DDの結果の利用／183
　　　(3)　各取引スキームにおける主な考慮事項／184
　　　(4)　法務DDと売主側の表明保証との関係／186
　　3　法務DDの進め方（スケジュール）…………………………187
　　　(1)　事前準備／188
　　　(2)　DDの実施／189
　　　(3)　DD報告書の作成／189
レジュメ……………………………………………………………………192
資　料………………………………………………………………………206

Ⅴ　ベンチャー企業法務

弁護士　古田　利雄

1　総　論……………………………………………………………229
　　(1)　ベンチャー企業／229
　　(2)　ベンチャー企業法務の意義／230
　　(3)　ベンチャー企業法務の範囲／231
　　(4)　ベンチャー企業の成長ステージ／232
2　資本政策…………………………………………………………232
　　(1)　資本政策の例／232
　　(2)　資本政策実施のポイント／235
3　投資契約…………………………………………………………237
　　(1)　投資契約書／238
4　種類株式…………………………………………………………241
　　(1)　定款変更案／243
5　ストック・オプション…………………………………………246
　　(1)　ストック・オプション／246
　　(2)　課税関係／249
　　(3)　非有利発行・非役務対価型新株予約権のストック・オプションとしての活用／250

目　次

6　その他 ･･･ 252
　　⑴　人／252
　　⑵　モ　ノ／253
　　⑶　金／253
　　⑷　情　報／255
　　⑸　ブランド／255
レジュメ ･･ 256

あとがき

Ⅰ 経営者の高齢化対応

弁護士 佐藤 千弥

Ⅰ　経営者の高齢化対応

弁護士の佐藤と申します。修習期は56期になります。今回は、経営者の高齢化対応ということでお話をさせていただきます。

第1　中小企業とは

1　中小企業基本法等の定義

まず中小企業の定義の話をしたいと思います。

中小企業基本法、中小企業経営承継円滑化法、中小企業新事業活動促進法等「中小企業〇〇法」という名称の法律がいくつかありますが、これらの法律の中小企業の定義は基本的に次の表のとおりで、業種ごとに資本金や従業員数をベースに判断します。

業種	会社の場合	個人事業の場合
製造業その他	資本金の額又は出資の総額が3億円以下または従業員が300人以下	従業員300人以下
卸売業	資本金の額又は出資の総額が1億円以下または従業員が100人以下	従業員100人以下
小売業	資本金の額又は出資の総額が5000万円以下または従業員が100人以下	従業員50人以下
サービス業	資本金の額又は出資の総額が5000万円以下または従業員が100人以下	従業員100人以下

（ただし、株式会社日本政策金融公庫法等では、政令レベルで、ゴム製品製造業は資本金3億円以下または従業員900人以下、旅館業は資本金5000万円以下または従業員200人以下、ソフトウエア業・情報処理サービス業は資本金3億円以下または従業員300人以下を中小企業とし、中小企業の範囲を広げています。）

なお、同じ基準は独占禁止法でも用いられることがあります。具体的には、独占禁止法上、違反行為の一部に対して課徴金が課せられる場合がありますが（独禁法7条の2等）、一定規模以下の事業者の課徴金算定率は軽減されます（独禁法7条の2第5項）。この課徴金率が軽減される事業者の要件は、上記の中小企業の定義と同一です。独禁法の条文の規定に「中小企業」という用語は使われていませんが、中小事業者の課徴金の軽減と言われています。

一方、会社法では、2条6号に資本金5億円以上、または負債200億円以上の会社が大会社と定義されていますので、これ以外の会社が中小会社とい

第2　中小企業白書にみる経営者の高齢化の問題

うことになります。また、税法では、非上場株式の相続税・贈与税上の評価において、会社の従業員数や簿価ベースの総資産額、年間取引金額によって大会社、中会社、小会社を区別し、これに応じて評価方法を定めています（財産評価基本通達178～186-2）。

　このように、会社の大中小の定義は、中小企業政策に関連する法律、会社法、相続税法等で異なるので、法律家、税理士、中小企業庁等の職員や中小企業診断士等、職業ごとに中小企業と言われて思い浮かべる会社の内容が異なることは頭に入れておいたほうがいいでしょう。

第2　中小企業白書にみる経営者の高齢化の問題

1　経営者の高齢化の弊害と対応策〜中小企業白書2004年版の説明から

　次に、『中小企業白書』にみる経営者高齢化の問題について触れたいと思います。

　ほとんどの弁護士は『中小企業白書』に馴染みがないと思いますが、中小企業庁が毎年出しているもので、中小企業の実態及び政府の政策の現状について国民に周知させるものです。中小企業庁は経済産業省の外局で、国が中小企業向けの政策を立てるときは、まず『中小企業白書』で問題提起をして、それに基づいて具体的に立法等がなされるという流れを取るのが一般的です。以下で、○○年版白書として取り上げるものは全て中小企業白書です。

　経営者の高齢化政策についてみると、2004年版白書で「経営者の高齢化」という節が初めて登場し（同171頁）、2005年版で「後継者に関する問題」という節が登場し（同188頁）、2006年版以降「事業承継」という言葉が使われるようになり（2006年版167頁、2007年版42頁）、2008年版で「事業承継」というタイトルの節が消えています。

　中小企業経営承継円滑化法の成立・施行が2008年なので、2004年頃から事業承継が国の中小企業政策の重点となり、2008年に法律が成立し目的が達成されたので重点ではなくなったという推移が見て取れます。

(1)　中小企業における高齢化の弊害

　そこで、2004年版白書をもとに、中小企業の経営者が高齢化するとどのような弊害が生じるかを説明します。本講義で2004年版白書を主に取り上

I 経営者の高齢化対応

げるのは、この白書の記載が中小企業の経営者の高齢に対する政策の起点となっているからです。

　経営学上の議論になりますが、企業の業績は、①経営者の属性、②企業自体の属性、③企業の戦略の三つの要素に影響されるとされています。

　中小企業の場合、企業内で意見調整等は行わずに経営者が自ら単独の判断で経営の方向を決定する場合が多く、しかも経営者を補佐する人材がいない場合が多いため、大企業と比べて①経営者の属性の影響が大きいとされています。

　この点について、2002年に中小企業庁が行ったアンケートの結果が2004年版白書に掲載されています。これによると、5人以下の小規模企業の20.1％は、意見調整は全く行わず代表者個人の意見を重視し、48.5％は経営を補佐する人材は存在しないとなっています。つまり、中小企業になると、経営者個人に依存する影響が大きいことになります。しかしながら、人間は年を重ねるとともに体力も衰え、考え方も保守的になる傾向があるため、経営者が高齢化すると、企業の存続に影響を与えることになります。白書では、このような問題に対して対策を立てなければならないとしています。

　しかし、これだけを見ると経営者が年を取ると悪いことばかりだという印象になりかねないので、数年後の白書でフォローを入れています。例えば、2006年版白書には、ベンチャー等で起業しようという人間は、若年層よりもむしろ団塊世代のほうが多いとの記載があり、国も中高齢者の開業支援政策にも力を入れています。私の周りを見ても、大企業を定年退職した方や早期退職制度を利用した方は、ベンチャーに憧れを持つ人が多いように感じますし、一般的に、大企業を退職した高齢者のほうが、若年層よりお金があるでしょうから、高齢者のほうが起業意欲が高いというのは、実態に即しているように思います。

(2) 経営者が引退する場合の対応策

　経営者が高齢化により引退する場合の対応策について、白書は、①後継者に経営権を譲る、②企業の売却または譲渡（M&A）、③廃業という三つの方向を示しています。なお、白書では、経営権という用語を持株割合・会社の役員の地位等を広く含む概念として使っています。

第2　中小企業白書にみる経営者の高齢化の問題

　しかし、現実には後継者もいないし、M&Aの相手先もいない、さりとて廃業もできないという企業が少なくありません。そこで最近は、商工会議所や一部の民間企業で、企業がトップ不在になったときに、税理士や会計士、コンサルタント等を緊急的に経営者として派遣する、リリーフ経営者派遣制度というサービスを設けている例があります。実態としてどの程度役に立つのか分かりませんし、いきなり知らない企業に行って何ができるのかという問題があるかと思いますが、そのようなサービスも選択肢にあり得るということです。

2　後継者への事業承継の課題・障害～中小企業白書2007年版の説明
(1)　事業承継をしたい後継者がいない

　では、何が後継者が事業を承継する際の障害になっているのでしょうか。なぜ中小企業庁がわざわざ事業承継対策を講じる必要性が生じたのでしょうか。

　一番大きな問題は、事業を承継したい経営者・後継者がいないことだとされており、2007年版白書では、その理由を三つ挙げています。

　第1に、事業者として得られる収入が雇用者収入を下回ることが挙げられています。端的に言うと、サラリーマンをやっている人間と個人事業主の収入の平均値を取ると、サラリーマンのほうが高いということです。しかも、白書に掲載されている様々なデータによれば、その差は年々拡大しています。サラリーマンは安定した収入が入るので、大もうけもできない代わりに損もしないけれども、事業者はリスクが大きく、大もうけをすることも大損することもあるので、平均値を取ると雇用者のほうが収入は高くなります。

　第2に、事業者の子が親の経営する会社に入社しないで、サラリーマン等になっていて自らの生活基盤を築いている場合、いまさら親の会社には入りたくないと言って跡を継がないことが挙げられています。第1の理由とも関連しますが、後継者候補の子が一旦サラリーマンになると、あえてその安定した地位を手放そうとしないので、後継者がいなくなってしまうといった事態が考えられます。

　第3に、後継者候補はいるが、跡を継ぐ準備ができていないため、跡を継ぐことができないという場合です。

Ⅰ 経営者の高齢化対応

　第1や第2の理由のように、後継者になる人間が自分たちの意向によって別の選択をとるケースは、基本的に国がどうこう言ってもしょうがないわけですが、第3の準備不足のケースの場合、準備をフォローできないかが問題となり、国が政策でフォローしようという話になるのです。

(2) 円滑な事業承継を行うために必要な準備

　円滑な事業承継を行うための必要な準備について、白書は①関係者（ステークホルダー）の理解、②後継者教育、③個人保証・担保の取扱い、④株式・財産の分配の四つを挙げています。

　①と②は本人たちの自覚の問題ですが、③の個人保証の問題や④の株式・財産の分配等の問題については政策によるフォローが考えられます。

(3) 個人保証・担保

　中小企業が借入れ等をする場合、経営者の個人保証や担保の問題は切っても切り離せない問題になります。個人保証や担保は、経営者からすれば大きなリスクになり、これを非常に嫌がります。例えば、某大手流通企業の創業者は、自分の家に抵当権を設定するのが嫌なので融資利子負債は一切負わないという方針を長く採っていました。

　親族内承継であれば、先代の資産を後継者が相続するケースが多く、個人資産であればそこに抵当権が設定された状態で相続するので、比較的抵抗は小さいでしょう。しかし、親族以外の者が事業を承継する場合には、先代の個人資産そのものを譲り受けるケースはあまり考えられないので、改めて自分の財産に抵当権等を設定することを金融機関に求められますが、後継者は抵抗感を感じるのが一般的です。実際のところ、親族外承継の場合は、有能な人を後継者に選ぶのではなく、保証人になることや個人資産に抵当権を設定することを承諾する人を選ばざるを得ないというケースも多いと思います。

　この対策として、①先代の生前の事業承継であれば先代に従来の担保をそのまま提供してもらう、②後継者に新たに担保を提供してもらう、③金融機関に無担保、無保証にしてもらうこと等が考えられますが、③は現実的でなく、①②は本人が抵抗すれば実現しがたいものです。

　この点、民法（債権関係）の改正要綱仮案では、保証人は公証役場で、公

正証書において保証債務を履行する意思を表示しなければ効力を生じない、という規定をおくことになっており、個人保証が原則禁止されるとされていますが、経営者保証は例外的に認められることになっています。経営者保証を例外としたのは、経営者保証も原則禁止にすると中小企業への貸し渋りが起きるのではないかという懸念があったためですが、事業承継の際の保証や担保の問題は引き続き残ることになります。

(4) 株式・財産の分配

　このように、円滑な事業承継のために必要な準備のうち、①関係者（ステークホルダー）の理解、②後継者教育、③個人保証・担保の取扱いは、政策的な対応に限界があるので、国が政策で重点的に対応するのは、④株式・財産の分配をいかに円滑に進めるかという点だということになります。

　ここで問題になるのは、中小企業の多くは、実態として所有と経営が分離しておらず、経営者に株式の過半数が集中しているケースが多い点です。また、経営者個人所有の建物を会社に自社ビルとして提供している場合や、駐車場だけでも社長の個人所有の土地を駐車場に提供する場合等、経営者の個人資産を会社の事業用に投入しているケースも多々あります。2007年版白書46頁によれば、法人・個人事業主を問わず、中小企業経営者の個人資産に占める事業用資産の平均割合は、事業用の不動産が31％、自社株の評価額が27％で、その他の事業用資産も併せて考えると、経営者の個人資産の約3分の2が事業用資産となっています。そのため、経営者が事業を辞めるに辞められず、社長交代率が下がり、事業承継が進まないという問題が生じています。したがって、経営者が所有する事業用の不動産や自社株を、どのように後継者に円滑に承継していくかが、事業承継の大きな課題となります。

　もう一つの問題は、上記のような株式が集中しているケースとは逆に、株式が分散しているケースです。この場合、将来の統一的な意思決定に支障が生じる可能性があるので、どのようにして分散した株式を集中させるかという問題があります。

　さらに、相続税の問題があります。事業を引き継ぐ際の最大のコストである相続税の軽減や納税資金確保は重要な問題です。

　このような問題に対応するための政策の中心となるのが、2008年に制定

された中小企業経営承継円滑化法です。

第3　本講義でのテーマ

　すでに述べたとおり、『中小企業白書』は、経営者が高齢化し引退する場合の対応策として、①後継者に経営権を譲る、②企業の売却または譲渡（M&A）、③廃業を挙げていますが、本講義では①後継者の経営権の譲渡について中心に扱います。

　経営権の譲渡に必要な準備としても、すでに述べたとおり①関係者（ステークホルダー）の理解、②後継者教育、③個人保証・担保の取扱い、④株式・財産の分配がありますが、このうち、弁護士が腕を振るうことができる場面は、③個人保証・担保の取扱い、④株式・財産の分配でしょう。しかし、③個人保証・担保の取扱いは、ノウハウや交渉ベースの話が基本ですので、本講義では主に株式や財産の分配についてお話をします。

　中でも特にポイントとなるのは、自社株の承継です。中小企業の株式は、相続税上の評価額が非常に高くなる一方、換金性が低く、また、会社の支配権との兼ね合いで安易に第三者に譲渡できるものではないため、相続税対策が重要になります。相続税に関しては、最終的には税理士等の専門家の方に委ねるべき問題ですが、弁護士も相続税の基本的仕組みを知っておくべきです。

　また、経営者の高齢化対策として、経営者が認知症等で判断能力が低下した場合に成年後見制度や任意後見制度等をどのように活用して後継者に引き継ぐかの問題も生じますが本講義では割愛します。

　中小企業庁は、経営者の後継者対策、特に親族内承継の後継者対策をいろいろ実施しましたが、積極的に活用されているとは言い難い状況でした。そこで、最近、この政策の軸足を若干移し、2011年版白書では「事業引継ぎ」という用語を使うようになっています。白書では「事業引継ぎ」と「事業承継」の区別を明示していませんが、「事業引継ぎ」は、主に第三者への経営権の譲渡、M&Aを想定しています。つまり、国の中小企業政策の中心は、親族内での「事業承継」から第三者への「事業引継ぎ」にシフトしています。

　具体的には、2001年産活法（産業活力の再生及び経済活動の革新に関する特別措置法）改正で、後継者のいない中小企業の事業引継ぎを支援するための機関

を設立すると定められ、それに基づいて10月に商工会議所が国から委託を受ける形で、東京都事業引継ぎ支援センターというものを設立しました。同様の施設は以後各地で設立されています。これまで中小企業等で後継者がいない場合に、M&Aを仲介する役割を果たしたのは、主にメインバンクだと思います。また事業再生の場面では、商工会議所に設けられた中小企業再生支援協議会がM&Aで仲介等をやっていました。最近では民間のM&A仲介業者もあります。これに加えて、各地に設けられた事業引継ぎ支援センターが、いわば公営のM&Aの仲介業者として機能することになります。

中小企業経営承継円滑化法制定の前後に、一種の事業承継ブームがあった関係もあって、今、事業承継をネットで検索するとコンサルタントの名前がいろいろ出てきます。そのようなコンサルタントの中には、非常に怪しい相続税対策等を指南している所が多く、トラブルも発生しています。こうした事業承継を巡るトラブルの処理も、今後弁護士が活躍する場面になってくるかもしれません。

第4　後継者への事業用資産の承継

1　方法の分類

後継者への事業資産の承継の方法ですが、吉岡毅「中小企業の事業承継と弁護士業務～相続編～」(「自由と正義」2008年8月号23頁以下)によれば、生前実現型、生前準備型、遺産分割の大きく三つに分かれます。

(1)　生前実現型

生前実現型は、経営者が生前に事業用の資産を後継者に譲ってしまう方法です。大まかにいうと、売買による方法と贈与による方法があります。このうち売買による場合は、後継者の買取資金の調達が課題になります。一方、贈与の場合は、贈与税という非常に税率の高い税金の負担をどうするかが課題になります。2003年にできた相続時精算課税という制度の活用等も考えられます。

(2)　生前準備型

生前準備型は、生前に承継の準備をして死後に承継を実現させる方法で、遺言と死因贈与の大きく二つの方法があります。いずれの方法を採るにして

も問題となってくるのは、遺留分対策です。例えば、会社が後継者を長男に定めたとき、他に兄弟がいるときの遺留分について、どのように対策を立てるのかが問題になってきます。もう一つ問題になるのが、相続税の問題です。相続税の問題については、①いかにして相続税額を低く抑えるかという節税の問題と、②どんなに節税しても払わなければいけない金額が出てくる可能性があるので、納税資金をどのように確保するかという問題があります。

(3) 遺産分割

遺産分割は、特に生前は準備をせずに、後継者を含む相続人間の遺産分割協議に従って決める方法です。当然、死後にどのように話をまとめるかが問題になってきます。

2 遺　言

事業承継と遺言の関係では、「相続させる」遺言と遺贈の違いが問題になります。「相続させる」遺言は、公証人役場の実務で発達したもので、遺産分割方法の指定と遺贈のいずれと解釈するかについては争いがありましたが、最高裁平成3年4月19日判決で、「特段の事情がない限り」遺産分割方法の指定だということになりました。

「相続させる」遺言つまり遺産分割方法の指定とするか、遺贈とするかで、具体的にどのような違いが生じるかですが、特に事業承継と関連が深そうな部分について以下にまとめます。基本的には「相続させる」遺言でよいのですが、場合によっては遺贈も選択肢に入ります。

(1) 株式譲渡について会社の承認を要することとされている場合（会社法107条1項1号）

株式譲渡の承認についてですが、「相続させる」遺言の場合は一般承継になるので承認は不要ですが、遺贈の場合は特定承継なので承認が必要になります。

(2) 相続人等に対する売渡請求制度（会社法174条）が導入されている場合

相続人等に対する売渡請求制度とは、譲渡制限株式を相続その他の一般承継により取得した者に対し、当該株式を当該株式会社に売り渡すことを請求することができる旨を定款で定めることができるという制度です。この制度

については「相続させる」遺言の場合は対象になりますが、遺贈の方法を取った場合は売渡請求の対象になりません。したがって、定款で相続人等に対する売渡請求を定めている場合は、相続対策であえて遺贈するという方法も考えられなくはありません。

⑶ 対抗要件（不動産登記等）

対抗問題については、「相続させる」遺言の場合は一般承継なので、登記がなくとも第三者に対抗できますが、遺贈の場合は登記がなければ第三者に対抗できません。この点については、最高裁平成14年6月10日判決があります。

⑷ 不動産登記に関する遺言執行者の権限

借地権の承継のための地主の許可・農地所有権移転の場合の農地委員会の許可不動産登記に関する遺言執行者の権限については、「相続させる」遺言の場合は、財産を承継した相続人が単独で相続登記できますが、遺贈の場合は、遺言執行者が全相続人を代理して手続をする必要があります。

⑸ 賃借権の移転のための賃貸人の許可・農地所有権移転の場合の農業委員会の許可

賃借権を移転するには賃貸人の許可が必要です（民法612条1項）。また、農地の所有権移転の場合、農業委員会の許可が必要になります（農地法3条）。この点、「相続させる」遺言の場合は一般承継なので、これらの許可は不要ですが、遺贈の場合は必要になります。

⑹ 平成15年4月1日施行の登録免許税法改正

かつては、遺産分割か遺贈かで登録免許税率に違いがありました。「相続させる」遺言が普及した背景にも、登録免許税率において相続人に有利な扱いをしたいという意向が背景にあるとされています。しかし現在では、いずれの場合も登録免許税は固定資産税評価額の0.4％で変わりありません。登録免許税が違うと書いている本がごくまれに見受けられますので、注意が必要です。

3 遺留分対策

次に遺留分対策を説明します。

具体的には、承継後の事業を円滑に進めるためには、後継者が安定多数の

持株割合を有し、また、事業用の資産を単独所有するのがベターです。よって遺留分の減殺請求権の行使によって持株割合が減ったり、事業用の資産が分散したり、相続人間で共有になる事態を回避する方法を検討する必要があります。

(1) 遺留分に配慮した遺言書の作成

最も単純な手順として、第1に、遺留分に配慮した遺言書を作成する方法があります。しかし、事業用資産以外の財産がほとんどなく、遺留分に見合うだけの非事業用資産がないケースでは、このような方法をとることは困難です。

(2) 遺留分権利者に遺留分を放棄してもらう（民法1043条）

第2に、遺留分権利者に遺留分を放棄してもらう方法が考えられます。しかし、遺留分権利者に遺留分の放棄を強制する方法はありませんので、遺留分権利者がこれに応じない場合は別の方法をとる必要があります。

(3) 早めの贈与

第3に、後継者に事業用財産を贈与する方法が考えられます。ここで、減殺の対象が贈与となる場合には、新しい贈与から順次、前の贈与に対して減殺されるので（民法1034条）、複数の事業用資産がある場合は、重要なものを早めに贈与して、相対的に重要度が低いものを後で贈与するという方法をとれば、重要な事業用財産を遺留分減殺請求権から守ることができます。ただし、贈与の場合は贈与税の問題があります。

(4) 遺言で遺贈の減殺順序を定める（民法1034条ただし書）

第4に、遺言で遺贈、遺留分の減殺の順序を定める方法があります。

(5) 価額弁償の準備

第5に、価額弁償の準備を事前にしておく方法が考えられます。典型的な例は、受取人を後継者である相続人とする生命保険を設定する方法です。この方法をとる場合、持戻の問題と相続税の問題があるので注意が必要です。

まず持戻についてですが、共同相続人の1人を死亡保険金の受取人とする養老保険契約に基づく死亡保険金の請求権が、特別受益として持戻の対象になるかということが争われた、遺産分割及び寄与分を定める処分審判に対する抗告審の変更決定に対する許可抗告事件（最高裁平成16年10月29日判決）

では、原則は特別受益に当たらないが、他の相続人との間で著しい不公平が生じる特段の事情がある場合は、民法903条の類推適用により特別受益に準じるとしています。本判決において、何が特別受益に該当するかについて最高裁判例は特に述べてはいませんが、負担した保険、受け取った保険金額の二つの考え方があり得ます。この点、家裁実務では受け取った保険金額と取り扱うケースが多いようです。

次に相続税ですが、民法上は、相続人が死亡保険金の受取人になる場合には、受け取った保険金は相続人の固有財産になりますが、税法上はみなし相続財産といって、相続財産に含まれますので注意が必要です。

(6) 遺留分に関する民法の特例

すでに述べましたが、2008年に中小企業経営承継円滑化法が成立し、遺留分に関する民法の特例が設定されています。

ア　除外合意

特例の一つは除外合意で、推定相続人全員の合意によって、先代経営者が後継者に贈与等をした株式や持分を、遺留分算定の基礎財産から除外できるという制度です。対象は株式や持分に限定されており、不動産や預貯金等はたとえ事業用資産であっても、除外合意の対象にはなりません。

この制度の趣旨は、現行の遺留分制度でも遺留分の事前放棄制度はあるものの、それぞれの推定相続人が各個に家庭裁判所に申立てを行い、許可審判を受けると、許可不許可の判断がバラバラになるおそれがあるからだと説明されています。この点、遺留分の放棄を無限定に認めると、親の権威で相続人の自由意思を無理におさえるおそれがあるため、遺留分放棄許可の審判においては、申立人の自由意思に基づくか、申立てが制度趣旨に合致しているかを個別に判断することになっていることから、許可不許可の判断がバラバラになるおそれがあるとされているのだと思われます。

では、実際にどの程度バラバラなのか、司法統計を調べてみると、平成22年は遺留分放棄の申請が1115件で、うち認容されたのが1044件、平成23年は申請が1043件で、うち認容されたのが971件ですので、認容率が93％程度となります。さらに少し詳しく調べると、申立てをして放棄が認められなかった件数は年間10件程度で不許可率は1％程度にすぎません。

Ⅰ　経営者の高齢化対応

遺留分放棄の申立ては取り下げが年間50～60件と多いため、認容率は高くなっています。なぜ取り下げが多いのか事情は分かりませんが、不許可率は気にするほど多くはないということは頭に入れておいてよいと思います。

　　イ　固定合意

　もう一つの特例が、固定合意です。これは推定相続人全員の合意によって、先代経営者が後継者に贈与等をした株式等を遺留分算定の基礎財産に算入するときの価額を、相続開始時ではなく合意時の価額とすることができるとした制度です。つまり、遺留分の額を合意時に固定して、将来値上がりしても金額が変わらないことにする制度です。価額の合意が相当なのかについて、弁護士や公認会計士、税理士等の証明が必要だとされています。

　この制度の趣旨については、民法上は遺留分の算定は相続開始時の時価で評価されますが、例えば事前に事業を引き継いだ後継者が自社株の評価額を上げた場合、後継者が頑張った成果によって他の後継者ではない相続人の遺留分が増加することになってしまい、不公平であるからという説明がされています。

　　ウ　特例の適用対象

　この特例の適用対象になるのは、3年以上継続して事業を行っている中小企業者です。この場合の中小企業は、冒頭で説明した定義のとおりです。株式や持分に関する制度ですので個人事業主には当然適用されませんし、持分に相当するものがない医療法人にも適用されません。

　　エ　特例利用のための手続

　特例の適用を受けるためには、上記ア、イのとおり「推定相続人全員の合意」を得た上で、合意時から1か月以内に経済産業大臣の確認及び家庭裁判所の許可を受ける必要があります。

　　オ　運用の状況

　遺留分の例外という非常に重要な規定ができて、弁護士の実務にも影響しているはずなのですが、あまり浸透していないと思われます。施行状況を具体的に見ると、法が施行された2009年4月から2011年7月末日までの2年5か月間で、除外合意が適用されたケースは35件だけで、固定合意は0件で1件も申請がないそうです。

なぜ利用されないのかですが、除外合意については、推定相続人全員の同意を得ることと、推定相続人全員で遺留分の放棄を行うことは同義であり、遺留分の放棄が認容されない割合は1％程度なので危惧するには及ばず、あえて面倒な手続をする必要はないということだと思います。

固定合意については、中小企業の株価（＝相続税評価額）が単純に経営成果に比例するものではないことから、制度趣旨の説明自体に疑問がありますし、固定合意をすると株式の評価額が下がっても評価時の価額で固定されてしまい、現在のデフレの情勢からすれば株式の評価額は下がるリスクのほうが大きいという事情が考えられます。

4　株式を巡る問題

次に株式を巡る問題を説明します。株式を巡っては、以下のようなケースを頭に入れる必要があります。

第1に、先代の段階で株式が分散していて、後継者が円滑に事業を承継できるように、株式を後継者に集中させることを考える必要があるケースです。

第2に、先代の段階では株式は集中しているが、相続の際の遺留分減殺請求権行使等で株式が分散を余儀なくされると予想されるケースです。このケースでも、後継者に最低限、議決権だけでも確保できるようにしておく方策を考える必要があります。

第3に、先代が生前に事業を後継者に引き継がせるつもりだが、事業承継後も何らかの形で経営権に影響を残したいと考えているので、何らかの手が打てないかと考えているというケースです。

第4に、名義株対策です。名義株とは、株主名簿に記載されている株主と真の株主が相違している株式のことです。古い会社では知人や親戚に名義だけ発起人になってもらって、そのままになっている場合がよくあります。このような現象が生じる典型例として、平成2年改正前の商法会社編では、発起設立を行う場合、検査役の検査が一律に必要だとされていたので、これを避けるために、実際に資本金を拠出しているのは1人だけなのに、名義だけ7人発起人を集めて募集設立を行うという方法が広く行われていました。

中小企業の場合、株主名簿を作っていない会社が多く、株主が誰かを知る直接の手がかりが法人税申告書別表二の同族会社等の判定に関する明細書だ

Ⅰ　経営者の高齢化対応

けということが珍しくありません。そして、名義株主が別表二に株主として載り続けると、後日、実質株主が死亡して相続が発生したとき、過去の名義株の事情を全く知らない税理士が、名義株を実質株主の相続財産から除外して相続税の申告を行い、後日、税務調査で、その名義株が実際には被相続人の財産だと言われて、相続財産に加えられることになり、相続税の追加納付や過少申告加算税が課されるというケースがしばしば見られます。後継者になると名義株主との関係が薄くなり事情がよく分からないことがあるので、先代が生きているうちに株式の名義人を確認しておき、知らない人がいると思ったら名義株主ではないかを確認する必要があります。

　また、名義株が問題になるケースとして、実質的には被相続人あるいは先代が株主であるにもかかわらず第三者名義になっている株式について、後継者なり会社が名義を戻そうとしたときに、単純に名義だけを戻そうとすると、税務署から名義株主があくまで株主なので無償譲渡だと指摘され、課税の問題が発生するおそれがあります。一方で、同じ事案が相続段階になると、一転して、実質株主である被相続人の財産だ等と指摘されて相続財産に加算されてしまう可能性もあり、非常に悩ましい問題になります。

⑴　株式が分散している場合の後継者の持株数対策

ア　後継者が株式を買い取る

　そこで、まず名義株の場合のように株式が分散しているときの対策ですが、一番シンプルな方法は、後継者が自分で買うことです。ただしこの場合、買取資金をどのように調達するかが問題になります。後継者がお金を持っていれば問題はないのでしょうが、中小企業の株式は換金性が乏しいにもかかわらず、相続税評価額ベースでは非常に高額になることもあるので、現実には調達が難しいことがあります。対応策として、単純に後継者を役員や従業員にして、役員給与や給与を増やして買い取り資金を供給するといったことも考えられますが、中小企業の場合、役員給与の損金算入の制限があるので、過大な報酬を支給すると、後で税務上の問題になる可能性があります。

イ　会社が自社株を取得して後継者の持株比率を上げる

　次に、会社が自社株を取得して、後継者の持株比率を上げるという方法も考えられます。自己株式の取得に関しては会社法制定で緩和されましたが、

商法会社法編と比較してややこしくなりました。

　まず、特定の株主から取得する場合は、株主総会の特別決議が必要になります（会社法160条1項、309条2項2号括弧書）。会社法309条2項2号の条文が非常に分かりづらいのですが、本文では会社が自己株式を取得するときは特別決議が必要であると規定されていて、括弧書で160条1項の場合に限るとなっているので、会社が特定の株主から合意によって取得する場合だけ特別決議が必要だということになります。

　もう一つ、株主全員に勧誘する方法があります。この場合には、普通決議で足ります（会社法156条1項）。

　いずれの場合も財源規制があり（会社法461条1項2号・3号）、細かく計算すると厳密には違いますが、大ざっぱに言うと、会社の剰余金額が買取額の上限の金額になります。

　　ウ　スクイーズアウト

　その他に少数株主を排除する方法、つまりスクイーズアウトの方法として以下のようなものが考えられます。

　一つは、旧商法の会社法編でもできる方法ですけれど、株式併合をして1株未満の株を買い取っていくのと同じ発想で、例えば単元株の制度を用いて、単元未満株を買い取るといった方法です。

　もう一つ、粗っぽい方法なので実際にどの程度活用されているのか分かりませんが、全部取得条項付種類株式を活用する方法が考えられます。具体的には、①何らかの種類株式を創設する定款変更をする、②普通株式に全部取得条項を付する定款変更をする、③全部取得条項付株式に基づいて全株主から株式を取得する、④先代あるいは後継者に株を割り当てるという株主総会特別決議を1回の特別決議でまとめて実行して、少数株主を追い出すという方法が考えられます。

　ただ株式併合も含めて、これらの方法はいずれも不公正な決議方法に該当し得るもので、株主総会の決議取消事由になるリスクはあるので、現実には勧め難い方法かと思います。

　以上が、株式が分散されている場合の後継者の持株数対策で、単純に株式を買い取る方法もあるし、場合によっては株式併合や全部取得条項付種類株

Ⅰ　経営者の高齢化対応

式を使う方法もあり得るということです。

(2) 議決権数対策

次に議決権対策ですが、後継者以外には無議決権株式（会社法108条1項3号）を相続させるという方法が考えられます。

(3) 先代が生前に後継者の過半数の株式を譲渡するが発言権を確保したい場合

次に、先代が生前に事業を後継者に引き継ぎたいけれども、何らかの形で影響力は確保したいというケースで、先代に拒否権付株式（会社法108条1項8号）や役員選解任付種類株式（会社法108条1項9号）を発行するといった方法が考えられます。

拒否権付株式の場合は特に、デッドロック問題、つまり拒否権付種類株式の株主と株式の過半数を有する株主が対立し、会社が意思決定をできない状態になるおそれがあります。そこで、これを回避するため拒否権付株式は取得条項付とする等の対策をとる必要があります。また将来の紛争回避のため、遺言等で拒否権付種類株式等は後継者に相続させる等の配慮は必要です。

実際には、拒否権付株式を発行してまで発言権を確保するくらいなら、そもそも株式を譲渡しなければよいので、事業承継で拒否権付株式をわざわざ発行する事例は極めてまれと思います。

(4) その他

その他、種類株式を使ったアイデアがいろいろ提唱されています。

具体的には(ア)後継者以外に剰余金の配当優先株式（会社法108条1項1号）や、残余財産分配に関する優先株式（会社法108条1項2号）を発行して不満をそらす方法、(イ)後継者に現金等を相続させない場合に、後継者以外の者が相続する株式を取得請求権付（会社法108条1項5号）にして、後継者以外の者が自分のイニシアチブで買取請求ができることにしておき、会社にお金ができたときは取得請求権を行使してお金に変えられる形にして不満をそらす方法、(ウ)従業員持株会を設立して議決権制限株式を発行することで、株式の分散を防止しつつ、議決権の維持も図る方法等が考えられます。

このような話は、種類株式の活用方法等の本がたくさん出ているので、これを見ればほかにもいろいろ書いてあると思います。ただ現実問題として、

中小企業が種類株式を使いこなすのは、難しいと思いますので、アドバイスをする際は慎重になる必要があるのではないかと思います。

5　信託の活用

次に、信託を活用する方法を検討します。

平成18年に信託法が改正され、信託制度の新たな利用可能性が検討されるようになり、信託を事業承継に活用できないかを検討するために、中小企業庁財務課長の私的研究会「信託を活用した中小企業の事業承継円滑化に関する研究会」が設置され、様々な検討を行いました。そして、平成20年9月に同研究会は、「中間整理～信託を活用した中小企業事業承継の円滑化に向けて～」を発表しました。以下では、この中間整理に基づいて、具体的にどのようなスキームが考えられるかを説明いたします。なお、中間整理は中小企業庁のHPに掲載されているので興味のある方はこちらを参照してください。

(1)　遺言代用信託

一つは遺言代用信託と呼ばれるスキームで、経営者（委託者）がその生前に、自社株式を対象に信託を設定し、信託契約において、当初は自らを受益者とし、経営者死亡時に後継者が受益権を取得する旨を定める方法です。

この方法のメリットとして、①経営者（委託者）が生存中に引き続き経営権を維持しつつ、後継者が確実に経営権を取得できるようにできること、②受託者が株主として当該自社株式を管理することになるため、その後経営者が第三者に当該自社株式を処分してしまうリスクを防止することができ、後継者への事業承継を安定的かつ確実に行うことができること、③遺言によった場合、遺産分割までの空白期間が生じるが、このスキームによった場合、後継者（死亡後受益者）は、経営者の相続開始と同時に受益者となることから、経営上の空白期間が生じない等が指摘されています。

また、このスキームの応用として、後継者のほかに推定相続人が複数いる場合、複数の推定相続人を全員受益者にする一方で、後継者に議決権行使の指図権を与えるという方法があります。この方法によれば、後継者が経営権を維持できる一方で、受益者としての地位・配当等を受ける地位は他の相続人にも承継されるので、円満にできるのではないかと考えられます。

Ⅰ　経営者の高齢化対応

(2)　他益信託

　他益信託というスキームは、経営者（委託者）がその生前に、自社株式を対象に信託を設定し、信託契約において、後継者を受益者と定める方法です。経営者が議決権行使の指図権を保持します。当初から後継者が受益者である点が遺言代用信託との違いです。

　経営者が議決権行使の指図権だけを保持しておくという方法をとれば、経営者は引き続き経営権は維持しつつ、自社株式の財産的部分のみを後継者に取得させることができます。また、信託終了時には後継者が自社株の交付を受ける旨を定めておけば、後継者の地位も確立できます。

(3)　後継ぎ遺贈型受益者連続信託

　後継ぎ遺贈型受益者連続信託は、信託法改正の目玉の一つとされている方法で、事業承継においても注目されています。「後継ぎ遺贈」という言葉に馴染みがない方もいるかと思いますので、この言葉の意味から説明します。

　後継ぎ遺贈とは、第一次受遺者の受ける財産上の利益が、一定の条件や期限が到来したときから第二次受遺者に移転するという形態の遺贈のことです。創業者が、特定の財産について、創業者が亡くなったら2代目に遺贈し、2代目が亡くなったら3代目遺贈するという内容をあらかじめ定めておくというものです。

　民法では、後継ぎ遺贈の有効性について議論がありましたが、①条件・期限付きの所有権を創設することが物権法定主義に反すること、②受遺者が遺贈利益に関する法律関係に長期間拘束されることは不当であること等を根拠に無効とする説が有力だとされていました。背景として、後継ぎ遺贈には、もともとの先代の経営者が子、孫、ひ孫の代まで自分の思うようにしたいという制度であること、家督相続制度に近い考え方であることから抵抗が強かったとされています。

　この内容を信託レベルで実現するために信託法91条が定められ、後継ぎ遺贈が一定の範囲で認められることになりました。具体的には、経営者が自社の株式を信託に設定し、信託契約で後継者、例えば自分の子どもを受益者と定めて、その受益者が死んだときは、さらに次の後継者が新たに受益権を設定することができることになり、一定期間、受益者が転々とする信託が認

められました。この制度には、信託期間経過から30年経った時点で生存する受益者が死亡するまでという、多少分かりづらい期間制限があります。

　この制度のメリットとして、経営者の中には子どもの世代だけでなく、孫の世代の後継者についても自分で決定しておきたいというニーズに応えることができます。また、例えば長男を後継者とするが、長男の子どもは経営に向いていなさそうなので、3代目は次男の子どもにしたいという希望があるときに、2代目、3代目まであらかじめ設定できるというメリットがあるとされています。

(4) 現状

　信託の現状ですが、成年後見支援信託については、例えば東京家裁管内では、被後見人の流動財産が500万円以上ある場合は①専門職後見人、②親族後見人＋後見監督人、③親族後見人＋後見制度支援信託のいずれかを使用するという運用がされています。また一部の家裁では、預貯金が一定額以上の場合は、2014年になって、専門職後見人に対しても一律に、原則として後見制度支援信託を利用するよう求める動きがあるなど、信託の利用が広がっています。

　しかし、事業承継目的の信託は、活発に利用されているとは言い難い状況です。その理由について、中小企業庁は、多くの中小企業経営者にとって信託を活用した事業承継に馴染みがないと説明していますが、中小企業経営者と同様に、弁護士や公認会計士、税理士等の士業に携わるものにとっても馴染みがない上に、リーガルリスクや税務リスクが十分に解明されているとは言い難いので積極的に活用しづらいのが現状でしょう。

6　一般財団法人の活用

　次に一般財団法人の活用が考えられます。

　一般社団法人は、以前の民法に規定のあった社団法人を引き継いだものです。かつての社団法人、財団法人は2013年11月までに一般社団法人・一般財団法人または公益社団法人・公益財団法人に移行するか、解散するかといった選択を迫られることになりました。

(1) 株式会社と比較したメリット

　一般社団法人は利益配当はできませんが、株式の持ち分等に相当するものが

Ⅰ　経営者の高齢化対応

ないので分散のリスクがない上、法人に留保利益が課税されても相続税の課税問題が生じない点が、株式会社と比較した場合のメリットとされています。

(2) 活用例

例えば、個人でアパート事業を行っている程度の事業者の場合、アパートを一般社団法人の所有にし、理事の報酬等の形で処理するといった方法で活用することが考えられています。

第5　相続税

相続税の計算は税理士の専門分野です。2015年1月1日に、相続税の大改正が施行されたばかりですが、この分野は改正が頻繁にありますし、財産評価は複雑で専門的な知識が必要になりますので、弁護士が生半可な知識でアドバイスをするのは危険です。しかし相続税・贈与税の問題は、相続・事業承継の問題に必ずつきまといますので、弁護士としても基本的なことだけでも頭に入れておくことは必要です。

参考までに、相続税は大体どのぐらいの率で発生するのかという話をしておきます。例えば、2013年の日本における年間死亡者数は約125万人でした。これに対して相続税の課税件数は約5万件ですので、相続税が課税される相続は全体の約4.1％でした。そしてこの数字は2004年以降ほとんど変わっていません。つまり、よほどの資産がある方ではない限り、相続税は問題にならないことになります。

なお、2015年1月1日施行の改正で相続税の課税標準が引き下げられたことから、今後、相続税の課税割合は増える可能性がありますが、一方で、小規模宅地等の特例の適用対象が拡大されることから、巷で相続税大増税と報道されていることは若干大げさであることも頭に入れる必要があります。

そこで以下では、2015年1月1日施行の改正を踏まえた相続税の計算方法を説明します。

【相続税の計算の具体例】

相続税の計算方法は、弁護士が民法の相続で馴染んでいる考え方と異なる点があります。具体的には、法定相続人が法定相続分で相続したと仮定して相続税の総額を計算し、この相続税の総額を実際の相続分で割り振るという

方法をとります。これが相続税の計算の一番重要なポイントです。なぜ、このような一見ややこしい方法をとるのかというと、遺産分割の方法が相続税の総額に影響を与えないようにするためです。

　厳密に言うと、小規模宅地等の特例等の適用如何や二次相続まで視野に入れれば、遺産の分割方法は相続税の総額に影響を与えることがあります。詳細は『LIBRA』2012年1月号の特集「遺産の分け方によって、税額がここまで変わる〜 2011年度　秋季弁護士研修講座より〜」等が参考になります。ただし、小規模宅地の特例等の対象は、2015年1月1日施行の改正で拡大されており、この記事の内容が現在にそのまま当てはまるわけではありません。

　具体例として、レジュメ8頁にある、法定相続人が妻と長男と次男で、相続人財産の総額が3億円のところ、妻が1億5000万円、長男が1億円、次男が5000万円を実際に取得する場合の相続税の計算をどのように計算するのかを説明します。

　第1ステップとして、相続税の財産の集計をしますが、この事例では3億円という金額があらかじめ与えられています。

　第2ステップとして、相続税の総額を計算します。

　まず、相続税には基礎控除があります。基礎控除というのは、無条件で所得から差し引くことができる金額のことで、相続財産の課税価格が基礎控除額を超えない場合には相続税は課税されません。

　この点、何度も述べている2015年1月1日から施行される改正で、基礎控除の金額が引き下げられました。改正前は「5000万円＋1000万円×法定相続人数」が基礎控除額でしたので、相続人が1人のケースでも6000万円までは相続税がかからなかったのですが、改正後は「3000万円＋600万円×法定相続人数」に基礎控除が引き下げられたため、相続人が1人のケースでも相続財産の課税価格が3600万円を超えた場合、相続税が課税されることになりました。2015年1月1日施行の改正が相続税大増税と呼ばれるのは、この点を捉えてのことです。

　今回のケースの場合、法定相続人は3名なので、基礎控除額は、「3000万円＋600万円×3＝4800万円」となります。よって、基礎控除後に相続税

Ⅰ　経営者の高齢化対応

の課税対象となる財産の額というのが、3億円から4800万円を引いた2億5200万円となります。

　次に、法定相続分で各相続人が相続したとして、仮分割を行います。今回のケースの場合、母親は法定相続分2分の1なので、2億5200万円の2分の1の金額である1億2600万円を相続したと仮定します。長男及び次男の法定相続分は各4分の1ずつなので、2億5200円の4分の1の金額の6300万円をそれぞれ相続したものと仮定します。

　そして、各人の法定相続分に基づく金額に税率を掛けます。税率についてはレジュメ13頁に税率表を付けておきました。今回のケースでいうと、母親は「1億2600万円×40％－1700万円」になるので、相続税が3340万円。長男及び次男は各「6300万円×30％－700万」で各1190万円になります。これが2人分あって、合算すると相続税の総額が計算されます。今回のケースでいくと「3340万＋1190万＋1190万」で5720万円になります。

　ここからが第3ステップで、各人の相続税額を計算します。ここでは、まず相続税の総額5720万円を、各自が実際に取得する相続財産の価格の割合で按分します。今回のケースの場合、相続財産の総額3億円のうち、母親は1億5000万円相続するので2分の1、長男は1億円なので3分の1、次男は5000万円しか相続していないので6分の1で按分するので、母親は5720万円の2分の1で、2860万円、長男は3分の1で、1906万6600円、次男は6分の1で、953万3300円になります。長男及び次男は100円未満の端数が生じますがこれは切り捨てられます。

　最後に、各種の税額控除や加算があります。配偶者の場合、相続によって所得する財産が法定相続分以内であれば相続税がかかりませんし、たとえ法定相続分を超えて相続しても1億6000万円までは相続税はかかりません。よって、本件のケースの場合、母親には相続税は課税されません。一方、長男、次男にはこのような控除がないので、母親の相続税は0円、長男は1906万6600円、次男が953万3300円となります。

1　第1ステップ：相続財産の集計

(1)　相続財産の範囲

ステップについて、もう少し詳しく説明します。

第1ステップは、相続財産の範囲の集計の部分ですが、基本的に相続財産の範囲は民法と同じなので、民法と異なる部分だけ押さえておけば問題はないと思います。

相続税法上、相続財産は、本来の相続財産（相続税法2条）とみなし相続財産（同3条）に分かれます。本来の相続財産は、民法上の相続財産のことで、相続開始時に被相続人に帰属する財産のことです。一方、みなし相続財産とは、民法上は相続財産に含まれず、相続人の固有の財産と解されるものであっても、経済的実態や公平の見地から、相続税法上は相続財産とされるものです。代表的なものに、死亡退職金、被相続人が保険料を負担していた生命保険金等があります。

生命保険金や死亡退職金は、残された家族の生活保障という目的を持っていますので、非課税枠が設けられています。具体的には、相続人が受け取る生命保険金及び死亡退職金については「500万円×法定相続人の人数」が非課税とされています。よって、先ほどのケースのように法定相続人が3人の場合は、生命保険金及び退職金それぞれ1500万円までは相続税が課税されないことになります。

(2) 相続財産の評価方法

問題は、相続財産の評価方法、つまりいくらで評価するかという問題です。この点、相続税法22条では「時価」で評価すると定められています。しかし、財産の時価を客観的に評価することは難しく、納税者ごとに財産の評価がまちまちになるのは公平の観点から好ましくありません。そこで、国税庁は「財産評価基本通達」を制定し、評価実務はこの通達に従って行われています。

ア 宅 地

実務上、一番問題が生じやすいのが宅地の評価ですので、この点を説明します。

(ア) 評価方法

例えば、通達上、宅地の評価方法は、路線価方式と倍率方式のいずれかが採られます。路線価方式は、路線に付された「路線価×地積×奥行価格補正」等の各種調整率で評価する方式で、市街化地域に適用されます。一方、倍率方式は固定資産税評価額に地域毎に定められた倍率を乗じる方式で、路線価

Ⅰ　経営者の高齢化対応

が定められていない地域に適用されます。路線価図や倍率表は国税庁のホームページで閲覧できます。

　路線価によれば、客観的に土地の評価が定まるはずなのですけれども、実際には角地補正や間口狭小補正各種の補正があり、これをどのように適用するかで計算結果に差が生じます。そこで、税金の申告をした後で、自己に有利なように、つまり申告した税額等が高すぎたので返してくださいと請求することを更正の請求というのですが（国税通則法23条）、相続税の更正の請求を専門にしている税理士さんが存在するようです。具体的な内容は、最初に申告した税理士よりも評価額が低くなるような内容で更正の請求をして、これが認められて還付が認められれば、還付金の何％かを報酬として受け取るというビジネスです。ここで、最初に申告した税理士の評価方法が誤っているから更正の請求をするというのであれば問題ないのですが、相続税が課税された人を手当たり次第勧誘して、ダメモトで評価額が低くなる方法で更正の請求をやってみるといった類いの人たちもいて、いたずらに現場を混乱させているとして、税理士業界では問題になることがあるようです。

　また、客観的に定まるはずの土地の評価ですら、現実には計算方法で差が出ることから、相続人が複数いる場合にそれぞれに別の税理士が就くと、相続人ごとに相続財産の評価額が異なり、その結果申告税額に差が生じるということがあります。税理士の立場からすれば、同一の被相続人の相続について、自分が行った申告内容と他の税理士が行った申告内容が異なるとすると、税務調査が入って、税務署からどちらかが誤っている、または両方誤っているとされてしまうという恐ろしい事態となります。そこで、相続税法上は各共同相続人の単独申告が基本で、共同相続人は申告書を共同して提出することが「できる」にすぎないのですが（相続税法27条5項）、実務上、共同相続人は同一の税理士に依頼して共同提出するのが原則で、相続人ごとに別の税理士が就くことを嫌がる傾向があります。弁護士の場合、共同相続人複数から同時に受任する場合は利益相反の問題に配慮する必要がありますが、税理士の業務において利益相反という問題はあまり意識されないようです。これは、意識の高低の問題ではなく、紛争を前提とする弁護士の業務と、必ずしも紛争を前提とするわけではない税理士の業務内容の違いの問題です。つま

り、共同相続人から同時に受任することは原則として利益相反に当たる弁護士と、利益相反という発想がなくむしろ申告の関係で共同受任が原則である税理士とでは、スタンスが根本的に異なるということです。相続案件を受任する場合、税理士との協力は避けられませんが、このようなスタンスの違いを理解しておかないと、税理士との間でトラブルになりかねませんので注意する必要があります。

(イ) 小規模宅地等の特例（租税特別措置法69条の4）

次に、先ほど遺産分割の方法次第で税額が変わり得るという話で出てきた小規模宅地等の特例について簡単に説明します。

小規模宅地の特例とは、自宅がある土地や事業用の土地が主な相続財産の場合、相続税評価額が高額なため、相続税の納税のために自宅や事業用の土地を売却しなければならないという事態を回避する必要があることから、最小限の自宅の確保や事業の継続を図れるようにするため、一定の条件を満たした場合、一定の地積の範囲内で相続財産の評価額を一定割合減額する制度です。

例えば、居住用宅地や事業用宅地であれば、一定の面積までは、通常評価額（路線価や倍率方式で評価した額）から80％減額されます。さらに、2015年1月1日施行の相続税制改正で、限度面積が居住用宅地は240㎡（約72.7坪）から330㎡（100坪）に、居住用宅地と事業用宅地を併用する場合計400㎡（約121坪）までしか特例の適用が受けられなかったのが居住用宅地330㎡、事業用宅地400㎡の計730㎡までに拡大します。この特例があるため、主な相続財産が宅地だけの場合、相続税が課税されるケースはそれほど多くはありません。

なお、2015年1月1日施行の相続税制改正で、基礎控除額が引き下げられ、最高税率は引き上げられます。このため相続税大増税等と煽る者もおり、相続税を心配する人が増えています。しかし、都市部に広い自宅や事業用宅地を所有する資産家の場合、小規模宅地の特例の限度面積が拡大される結果、むしろ減税になることも考えられます。安易に煽りに乗らないように注意する必要はあるかと思います。

イ　非上場の同族株主がいる会社の自社株評価

(ア) 評価方法選択の流れ

次に、非上場の同族株主がいる場合の会社の自社株の評価について説明し

Ⅰ　経営者の高齢化対応

ます。

　レジュメ11頁に簡単なフローチャートを載せております。実際の自社株の評価は大変複雑で、専用のソフトがないと正確に計算するのは困難なのですが、弁護士としては株式の評価方法がどのような方向に流れるのかを大ざっぱにイメージだけは摑んでおけば十分であると考えたのでフローチャートは、あえて枝葉末節を削ってアバウトにしています。もっとも、このアバウトなフローチャートを見ても複雑だなと思う方も多いかもしれません。

　非上場の同族株主がいる株式の評価は、おおまかにいうと、同族株主のグループ又は同族ではなくても株式の議決権割合が15％以上のグループに属するか属さないかで大きく分かれ、これに属さない場合は、特例的評価方式で配当還元方式と呼ばれる方式になります。

　同族株主のグループ又は株式の議決権割合が15％以上のグループに属している場合、①株式の資産に占める割合が一定以上である、②土地の割合が一定以上である、または③開業前や休業中などの事情がある会社や、④配当がない会社等は純資産方式で評価します。

　そうした会社に当たらない場合は、冒頭で説明した非上場株式の相続税・贈与税の評価における大中小会社の分類に応じて、大会社であれば類似業種比準方式、つまり同業者との比較で評価し、大会社以外は、類似業種比準方式と純資産価額方式の価額を一定の割合で按分して評価するという方法になります。

　なお、ここでの同族株主とは、株主とその同族関係者の有する議決権割合が50％超を占める場合、その株主と同族関係者のことです。ただし50％超の株式を有する株主グループがある場合、30％超50％未満の株主グループは同族株主になりません。

　(イ)　**各評価方法の特徴**

　次に各種評価方式の特徴を説明します。

　純資産方式は、所有資産の相続税評価額ベースの純資産額により評価する方法です。類似業種比準方式は、評価会社と事業内容が類似する上場企業の株価・配当金額・利益金額・簿価及び純資産額をベースで計算する方法です。計算方法は複雑で短い講義で説明することは不可能ですので、興味があ

る方は別途専門書で確認してください。配当還元方式は過去２年間の配当実績に基づいて評価する方法です。

　大ざっぱには、会社は財産の集合体で、株式は会社財産を実質的に支配する手段とみる考え方と、会社は利益を得る媒体で、株式は配当を得る手段とみる考え方の二つの方向性があります。

　そして、同族でない株主からすれば、株式は会社資産を実質的に支配する手段とは言えないので、配当ベースで評価することになります。一方、同族の株主の場合、株式や会社の不動産の所有が大きい場合には会社は財産の集合体と考えるのが適切ですし、配当も利益もない同族会社の場合、株式を利益配当を得る手段とみることができないので、財産の集合体と考えて純資産価額で評価することになります。

　これに対して、株式や土地の保有割合が小さい会社や配当・利益のある会社については、企業規模が大きければ基本的に会社は利益を得る媒体と捉えます。一方、企業規模が大規模と言えない会社については資産の集合体としての側面と利益を得る媒体としての側面の両面を有すると捉えますが、企業規模が小さくなればなるほど資産の集合体としての側面が強くなると考えるのです。そして、中小企業は配当を実施していない会社が多いので、配当をしている類似業種の上場企業と比較しようという考えから類似業種比準という方式が採用されています。

　　(ウ)　問題と対策

　事業承継に当たっては、相続税をできる限り低く抑えたいという要請が働くので自社株の評価額を下げようと試みることになります。そこで、評価額はどのような方法によれば一番有利かを検討することになります。

　最終的にはケース・バイ・ケースなのですが、一般的傾向としては、純資産額方式で評価すると株価は高くなり、類似業種比準で評価すると純資産額方式よりは株価が低くなり、配当還元方式でいくと中小企業というのは配当しないケースが多いので、株価が低くなりやすいとされています。

　そこで、事業承継コンサルタントと呼ばれる人たちは、相続税対策と称して株式の評価方式を変える方法をいろいろと勧めてくることがあります。具体的には、配当還元方式で評価されるようにするため、オーナーの持株割合

を低くするようアドバイスしたり、土地や株の保有割合が高かったり配当・利益が高いと純資産額方式で評価されるようになって株価が高くなりやすいのでこれらを低くするようにアドバイスしたり、会社の規模が小さければ小さいほど純資産額での評価の比率が高まることから、形だけ規模の拡大をしようとしたりします。

ここで、オーナーの持株比率を下げるために、第三者に名義株主になってもらって後々に会社の支配権を巡ってトラブルになることがあります。また、類似業種比準方式の場合、利益額が株価に影響するので、この利益を減らそうとして、あえて冗費の計上をするようアドバイスするケースや、退職金をたくさん計上すれば利益が減るといって退職金を多く払うようアドバイスするといったケースも聞かれます。税金対策等と言われると、税金に明るくない弁護士は安易に話に乗ってしまうこともありがちなのですが、株価対策のために利益を減らしたところ、会社のキャッシュフローを悪化させ、倒産に至るといったケースは珍しくありませんので、弁護士としては顧問先等が株価対策と称して何か始めたら、注視する必要はあるかと思います。

2　第2ステップ：相続税の総額の計算

第2ステップは、相続税の総額の計算です。

先ほど言いましたとおり、相続税には基礎控除があり、2015年1月1日施行の改正で、改正前は「5000万円＋1000万円×法定相続人数」であったものが、改正後は「3000万円＋600万円×法定相続人数」になりました。

基礎控除の算定上のポイントの一つには、基礎控除の計算上は相続放棄をした法定相続人もカウントします。また、養子がいる場合には、実子がいる場合は1人、実子がいない場合には2人までしか基礎控除の計算上の法定相続人に加算できないという制限があります。

この養子の人数制限ができたのが、1988年の相続税制改正です。なぜこのような改正が行われたのかというと、昔は養子の数に制限がなかったので、相続税の基礎控除対策で養子縁組をたくさん組むという事例が散見されたためです。相続税対策で実態のない養子縁組みを多数行ったところ、後日相続税対策としては意味がなくなり、相続紛争だけが残るというケースをたまに見かけることがあります。ある時代に有効だった相続税対策が、税制改正で、

相続の障害になってしまうこともあるということです。相続はいつ発生するか分からず、相続対策時点から相続開始まで数十年かかることも珍しいことではありませんし、その間に制度も変化します。目先の制度に合わせた技巧的な相続税対策は、常に制度改正リスクを伴う点には注意する必要があります。

　話が少しそれましたが、第1ステップで計算した相続財産の総額から基礎控除を差し引いた金額を法定相続分で仮分割し、この金額に税率を乗じて各法定相続人の相続税額を算出し、これを一旦合計して相続税の総額を算出します。

3　第3ステップ：実際に財産を取得した者が納めるべき相続税額の計算

　最後の第3ステップが、各相続人が実際に納めるべき相続税額の計算です。ここでは実際の各相続人の割合に応じて、相続税総額を按分します。ただし、各種の税額控除や税額の加算があるので、注意する必要があります。

　　　ア　各種控除

　まず、相続人が被相続人の配偶者の場合、配偶者控除が適用され、相続によって所得する財産が法定相続分以内であれば相続税がかかりませんし、たとえ法定相続分を超えて相続しても1億6000万円までは相続税はかかりません。ただしこの特例は、相続税の申告書の提出期限である、相続開始を知った日の翌日から10月以内の時点で未分割の財産には、原則として適用されません。申告期限までに遺産分割協議がまとまらない場合に配偶者の税額軽減の適用を受けたい場合は、申告書に申告期限後3年以内の分割見込書を添付し申告期限から原則3年以内に遺産分割をする必要があります。

　また、相続人が未成年者の場合、未成年者控除が適用され、年齢に応じて税額が控除されます。この金額についても2015年1月1日施行の相続税制改正により、改正前は「20歳－相続開始時の年齢×6万円」だったものが「20歳－相続開始時の年齢×10万円」となり控除額が増額されました。例えば相続人が0歳であれば「20歳－0歳×10万円」なので200万円が控除されることになります。

　また、相続人が障害者の場合、障害者控除が適用されます。この金額も2015年1月1日施行の相続税制改正により、改正前は「85歳－相続開始時

の年齢×6万円（特別障害者は12万円）」だったものが「85歳－相続開始時の年齢×10万円（特別障害者は20万円）」となり、控除額が増額されました。

　　　イ　加　算

　被相続人の1親等以内の親族や配偶者以外の者が相続において財産を取得する場合には、相続税額が2割加算されます。孫を養子にしても2割加算されます。これは、相続を1回スキップして相続税逃れをするのを防止する趣旨です。ただし、代襲相続の場合は2割加算の適用はありません。

第6　贈与税

1　贈与税の趣旨とみなし贈与財産

　次に、贈与税について説明いたします。

　贈与税は、個人が個人から財産を取得したときに課される税金です。相続税を納めるのは、相続税によって財産を取得した個人になります。

　贈与税は、相続税法の中に規定がある（相続税法21条以下）ことからも分かるように、相続税を補完するものです。つまり、相続税のみが課税されるとすれば、生前に財産を贈与すれば相続税を回避できることになるので、これを防ぐために生前の贈与には贈与税が課されるのです。贈与税が、原則として個人が個人から財産を取得する場合に課税されるのは、原則として、個人と法人間の相続がないためです。また、贈与税は税率が高いのですが、これも、贈与税が生前贈与による相続税回避を防ぐためのものだからです。

　贈与税という用語から、贈与契約によって取得した財産だけが課税対象になると誤解する人もいます。しかし、民法上の贈与とは評価できない場合でも、実態が贈与と変わらないことから、公平の見地から贈与税の課税対象となる「みなし贈与財産」と呼ばれるものがあるので注意が必要です。

　「みなし贈与財産」として、以下のようなものがあります。

　まず、著しく低い金額で財産を譲り受けた場合、時価と対価の差額の贈与を受けたのと同一視されるので、この差額に贈与税が課されます。例えば親から安く物を譲ってもらうケースがあります。

　また債務免除は、免除を受けた金額の贈与を受けたのと同一視されるので、免除額に贈与税が課されます。親からの借金を返さなくていいと言われたか

らといって、安心はできません。

　生命保険契約では、契約者と満期保険金の受取人が異なる場合の満期保険金や、契約者・被保険者・死亡保険金の受取人が全て異なる場合の死亡保険金にも、贈与税が課されます。親が子のためと思って、子どもを満期保険金の受取人にする場合等に問題が生じます。最近は、契約段階で贈与税が課税されないようチェックしているようですが、古い契約では贈与税の意識がないものがあるので注意が必要です。

　定期金受給権は、受領した金額全額を給付事由発生時に一括して贈与したとみなされます。この点については、次の項で詳しく説明します。

2　贈与額の種類

　「暦年課税」と「相続時精算課税」という二つの制度があります。

3　暦年課税の贈与税

　暦年課税の贈与税額は、「(課税価格－基礎控除及び配偶者控除)×税率」で計算されます。

　課税価格は、その年の1月1日から12月31日までに贈与で取得した財産の価格の合計額です。贈与税の税率については、2015年1月1日施行の改正があり、①最高税率の引き上げ、②一般贈与財産と特例贈与財産（20歳以上の者が直系尊属から贈与を受けた場合）による税率の区分等の改正がありました。

　贈与税の税率が非常が高いこと、基礎控除が110万円であることは広く知られています。そこで中途半端な知識のある方ですと、毎月110万円ずつ子どもに贈与する等の方法をとるケースが見られます。しかし、これが前に述べた定期金給付権とみなされ、最初の段階で期金を受ける権利があったという形で贈与認定されてしまうという危険があります。また、毎年110万円ずつ通帳に動きがあると、この人は変な相続税対策をしているのではないかと疑われて、税務調査の対象になりやすいという話も聞かれます。毎年110万円の贈与はリスクがあることは頭に入れておいたほうがよいです。

　配偶者控除は、婚姻期間20年以上の配偶者に、居住用不動産あるいはその取得資金を贈与する場合に、最高2000万円を控除できる制度です。この制度の注意点ですが、夫婦の一方に自分名義の不動産と高額の借金があるようなケースで、不動産を債権者から強制執行されないようにするため、贈与

Ⅰ　経営者の高齢化対応

税の配偶者控除を利用して不動産の名義を配偶者に移すよう助言する不動産業者等を時折見かけます。このような助言をする人は、配偶者控除が制度として認められているのだから、これを利用して執行逃れをしても法律上正当化されると思い込んでいるようです。当然ですが、このような行為は詐害行為取消権の対象になりますので、このような勘違いをしている人を見かけたら注意する必要があるでしょう。

4　相続時精算課税制度
(1)　制度の概要

相続時精算課税制度とは、資産の贈与時に贈与財産に対する贈与税を納め、その贈与者が亡くなった時に、その贈与財産の贈与時の価額と相続財産の価額とを合計した金額を基に相続税を計算して、相続税については、既に納めたその贈与税額を控除した金額を納税するという制度で、財産の次世代移転を円滑に進めるために設けられた制度です。贈与税額は「(課税価格－非課税枠2500万円)×20％」です。

相続時精算課税は、非課税枠相当の贈与までは課税されず、超えた分に対しても税率20％にとどまるため、超過累進税率の暦年課税と比較すれば有利とされています。

(2)　暦年課税方式と相続時精算課税方式の関係

また、暦年課税の贈与税と相続時精算課税制度というのは選択制になっています。相続時精算課税制度というのを選択しますと、当該贈与者から贈与を受ける場合に、110万円の基礎控除は使えなくなります。ただし、相続時精算課税を選択した贈与者以外の方から贈与を受ける場合には、暦年課税の贈与税を利用できます。

(3)　相続時の精算

相続時精算というのは、あらかじめ贈与税を払うのですが、相続時に精算をするので相続時精算課税と呼ばれております。具体的には、後で相続が発生したときに、相続時精算課税によって贈与を受けた財産は相続財産に加算して、従来の課税方式で計算した相続税額から相続時精算課税のときに払った金額を控除して納付すべき相続税額を計算するということになります。仮にこれで贈与税が払い過ぎになっていた場合には、その分、還付を受けるこ

とができます。

　例えば、長男が父親から相続時精算課税によって4000万円相当の財産の贈与を受けた場合ですと、贈与時に払う贈与税は2500万円ですので、4000万円から基礎控除額2500万円を差し引いた1500万円の20％で、300万円になります。

　では、父親が死亡した際の相続税の計算をどうするのかというと、まず父親の死亡時点での相続財産に、相続時精算課税制度によって贈与を受けた財産を加算して、相続税の総額を計算します。つまり上記の例では4000万円を加算します。そして、長男が支払うべき相続税額、本来の相続税額から相続時精算課税によって支払った300万円を控除した金額になります。したがって、この計算で相続税額が400万円であれば、300万円を差し引いた残金100万円を払えばよいことになり、相続税が200万円だったとすると、すでに300万円を贈与時に払っていますので、100万円の還付を受けることができることになります。

　相続時精算課税制度を使うと、相続税が安くなると誤解している人がいます。しかし、この制度を利用した場合、相続時に精算するので、相続税額が低くなるわけではありません。むしろ、相続時精算課税では、小規模宅地額の特例が使えないので、この特例の対象となる土地について相続時精算課税制度を使うと、相続税額の負担が多くなる可能性が高くなります。

(4)　**注意点**

　ただし、この相続時精算課税制度で一番危険なのは、相続時の計算において加算される金額が財産の贈与時の時価になるということです。具体的に言うと、贈与時点よりも相続時点で財産の価格が下がった場合には、むしろ相続時精算課税を使ったほうが不利になる場合があります。例えば、4000万円の土地を贈与したけれど、その土地が2000万円に下がってしまったというと、仮に相続時段階で計算していれば2000万円の財産で済んだものが、4000万円で計算しなければならなくなってしまうので、非常にリスクがあります。実際、この制度が2003年に活用されていますが、それ以後でも資産デフレが進行し、不動産の値段は基本的に下がっています。恐らくこの制度を使って贈与をしたケースでいくと、ほとんどのケースが実際に計算する

と、税務的にマイナスになってしまうのではないかという懸念があります。

⑸ 2015年1月1日施行の相続税制改正

なお、2015年1月1日施行の相続税制改正で、贈与者の年齢要件が65歳から60歳に緩和され、受贈者についても改正前は推定相続人のみだったところ、孫が加えられました。ただし、子どもが生きていれば、孫は推定相続人になりません。

第7　納税猶予制度

1　相続税の納税猶予制度

最後に、納税猶予制度について話をしたいと思います。納税猶予制度は、中小企業経営承継円滑化法の一番の目玉として出てきた制度です。具体的には、先ほど言いましたとおり、相続税法上、市場における換金性のない自社株の評価額が非常に高くなってしまうケースがあり、相続税の負担が事業承継の障害になっているとの指摘がありました。そこで、後継者が相続等によって取得した自社株の80％に対応する相続税納税を猶予する制度が設けられました。ただし、猶予されるのはその会社の発行済株式総数の3分の2に達する部分に限られるということで、相続税の全額が猶予なり免除されるわけではありません。実際の計算方法は少しややこしいのですが、大ざっぱに言えば80％掛ける3分の2程度の最大53〜54％が猶予ないし免除されることになります。

そこで、この特例の適用の要件を説明します。

①　先代経営者（被相続人）

まず先代経営者である被相続人側の要件として、会社の代表者であったこと、先代経営者と同族関係者で合わせて発行済株式総数の過半数を保有していたこと、先代経営者が後継者を除いた同族関係者の中で、筆頭株主だったこと等を満たす必要があります。

②　後継者（相続人）

次に後継者側の要件としては、後継者と後継者の特別関係者を含めて発行済株式の過半数を保有していること、後継者が特別関係者の中で筆頭株主であること、相続の開始の日から5か月を経過する日に、対象会社の代表権を

有していること等を満たす必要があります。なお従前は、後継者は先代経営者の親族である必要がありましたが、2015年1月1日施行の改正で、親族以外の者が後継者の場合（つまり、親族外承継で後継者に株式を贈与するケース）にも納税猶予制度が適用できることになりました。

③ 対象会社

対象となる会社の要件は、中小企業経営承継円滑化法上の中小会社であること、非上場会社であること、資産管理会社に該当しないこと、風俗店でないこと等といった要件を満たす必要があります。ここで、資産管理会社とは、自ら使用していない不動産や現預金等の保有割合が簿価の70％以上の会社や、これらの特定資産の運用収入が総収入の75％以上の会社のことです。2015年1月1日施行の改正で、資産管理会社でも一定の要件を満たせば納税猶予制度が適用できることになりました。

④ 事業継続要件

納税猶予の要件でもっとも厳しい要件が、事業継続要件です。具体的には、相続税の申告期限から5年間継続で、後継者が代表者であり続けること、相続した株式を継続して保有し続けること、雇用の8割を維持し続けることが要件とされています。

この雇用の8割継続について、従前は相続開始時や贈与時の雇用の8割以上を毎年継続することが適用の要件だとされていました。雇用の8割維持というと、従業員が10人の会社の従業員が7人になったらダメということなので、小さな会社にとってはかなりのリスクで、実際に震災後に諸事情で従業員が減り、要件を満たさなくなる事例が多数生じました。そこで、震災による被災地域の不測の従業員減については特例で手当され、2015年1月1日施行の改正により経営承継期間の平均に要件が緩和されました。

⑤ 担保の供与

また納税猶予制度の適用を受けるためには、原則として納税猶予の対象となった株式を全て担保として提供する必要があります。

2 贈与税の納税猶予制度

贈与税についても、相続税と類似の納税猶予制度が設けられています。ここで従前は、先代経営者は、贈与税の納税猶予制度を利用する場合は、役員

Ⅰ　経営者の高齢化対応

も退任しなければならないことになっていましたが、2015年1月1日施行の改正で、代表権がなくなれば、役員であってもよいことになりました。

　ただこの点は、この先代の退任要件というのは実質的に守らせるのは困難な面があり、事実上、先代経営者が何らかの形で会社から便益を受けているような場合、課税当局から報酬認定をされてしまい、役員の退任要件を満たしていないと認定されるリスクがあるとの懸念があり、これが納税猶予制度の利用の障害となっているとの指摘が強かったからです。

3　活用上の留意点

　この要件を満たしている限りにおいて、相続税・贈与税の納税が「猶予」されます。そして最終的には、この事業を相続した相続人の方が、対象株式を死亡時まで保有し続けた場合や、一定の場合にはこの猶予税額が免除されるという制度になっています。

　しかし、事業継続要件を満たさないと認定された場合には、納税猶予は打ち切られ、打ち切った時点で猶予された相続税・贈与税に、相続税・贈与税の申告期限からの利子税も支払わなければならないことになります。

　中小企業事業者は、税金の猶予や免除という言葉に飛びつきそうですが、実際のところ、相続税の最大半分強が猶予ないし免除になるだけで、全額が猶予になるわけではありません。また、猶予されるのは基本的に自社株に対応する部分の相続税額だけですので、実際にはそれほど大きい金額にならないケースもあります。

　これは立法当初から言われていたことなのですが、2015年1月1日施行の改正で緩和されたとはいえ、雇用の8割を5年間維持するという要件は大変厳しいと言わなければなりません。この納税猶予制度が成立したのは2008年5月ですが、それ以降をみても2008年9月のリーマンショックや2011年3月の東日本大震災があったことからも分かるように、5年先に何が起きるかは神様でも無い限り分かりません。極端な話ですが、納税猶予制度の適用を受けた後5年内に、会社の経営状態が悪化して破産してしまった場合ですと、猶予された相続税・贈与税の請求を受けることになりますが、公租公課は非免責債権で破産しても債務から逃れることはできません。事業承継を売りにしている税理士には倒産の感覚には疎い方もいますし、税理士は

税金が払えることが前提で依頼を受けていることが大半なので、税金が払えなくなるとどうなるかについては疎い方もおります。最近は国の財政事情等もあってか、税金の滞納者に対する取立、給与の差押等も厳しくなっており、納税猶予の処分等はあまりなされない傾向にあるので、この点は留意する必要があると思います。

4　運用の状況

納税猶予の特例は、適用開始から約2年半の間に贈与認定が96件、相続認定が299件で、先ほどの遺留分の特例に比べれば利用されていると言えます。

第8　最後に

事業承継に関連する分野では次々と新しい制度が登場しますが、制度改正があると、当初はそのメリットを強調する報道等がなされがちですし、顧問先等でこれに飛びつこうとするケースもあるかもしれません。しかし、どんな制度にもデメリットがあるので、慌てて飛びつくのは危険な面があります。新しい制度ができたときは、アンテナを広げて、制度利用のリスクに関する情報をつかまえて、これを踏まえて活用すべきか活用すべきでないかをアドバイスすることができるよう研さんする必要があります。

Ⅰ 経営者の高齢化対応

レジュメ

Ⅰ 経営者の高齢化対応

弁護士　佐藤千弥

第1　中小企業とは
1　中小企業基本法等の定義

業種	会社の場合	個人事業の場合
製造業その他	資本金の額又は出資の総額が3億円以下 または従業員が300人以下	従業員300人以下
卸売業	資本金の額又は出資の総額が1億円以下 または従業員が100人以下	従業員100人以下
小売業	資本金の額又は出資の総額が5000万円以下 または従業員が100人以下	従業員50人以下
サービス業	資本金の額又は出資の総額が5000万円以下 または従業員が100人以下	従業員100人以下

2　中小企業経営承継円滑化法、中小企業新事業活動促進法などの「中小企業○○法」という名称の法律の中小企業の定義は概ね同じである（ただし、ゴム製品製造業、旅館業等で例外がある場合がある。）。独占禁止法で、課徴金の軽減算定率が摘要される事業者の定義も同じである（独禁法7条の2第5項）。
3　ただし、本講座では、「中小企業」という言葉を上記に限定して使うわけではない。

第2　中小企業白書にみる経営者の高齢化の問題
1　経営者の高齢化の弊害と対応策～中小企業白書2004年版[1]の説明から
　(1)　中小企業における高齢化の弊害
　　企業の業績は、①経営者属性、②企業自体の属性、③戦略の3要素に影響される。
　　→中小企業の場合、意見調整等は行わず経営者が自らの単独の判断で経営の方向する場合が多く、経営者を補佐する人材が存在しないことが多いので、大企業と比べ3要素のうち経営者の影響が大きい。
　　→人間は年を重ねるうちに体力も衰え、考え方も保守的になる。
　　→経営者の高齢化による能力の衰えがそのまま企業の存続に影響を与える。
　(2)　経営者が引退する場合の対応策
　　①　後継者に経営権を譲る

—1—

①-1　親族内承継（後継者が親族）
②-2　親族外承継（後継者が親族以外の従業員等）
②　企業の売却または譲渡（M&A）
③　廃業

2　後継者への事業承継の課題・障害～中小企業白書2007年版の説明[2]
(1)　事業承継をしたい後継者がいない
→その理由は
　①　事業者として得られる収入が雇用者収入を下回る
　②　社長の子息・子女が親の経営する会社に入社せず自らの生活基盤を築いている
　③　準備不足
→①、②はどうにもならないが、③はどうにかできないか

(2)　円滑な事業承継を行うために必要な準備
　①　関係者（ステークホルダー）の理解
　②　後継者教育
　③　個人保証・担保の取り扱い
　④　株式・財産の分配
→①、②は何らかの準備をしている企業が多い。問題は③、④である。

(3)　個人保証・担保
親族内承継：先代の資産を相続するケースが多い
　　　　　　→個人保証・担保提供への抵抗が比較的小さい
親族外承継：先代の資産を譲り受けるケースはあまり多くない
　　　　　　→個人保証・担保提供への抵抗が大きい
　　　　　　→対策として
　　　　　　　・従来の担保をそのまま提供してもらう
　　　　　　　・後継者に新たに担保提供してもらう
　　　　　　　・金融機関に無担保無保証にしてもらう
　　　　　　→いずれもハードルが高い

「民法（債権関係）の改正要綱仮案」では、保証人は公証役場で、公正証書において保証債務を履行する意思を表示しなければ効力を生じないという規定をおくことになっており、個人保証が原則禁止されるとされているが、経営者保証人は例外的に認められる。

(4)　株式・財産の分配
　ア　経営者個人所有の事業用資産を円滑に引き継ぐ
　　→・所有と経営が分離しておらず経営者に株式の過半が集中している場合が

Ⅰ　経営者の高齢化対応

　　　　　　多い
　　　　・経営者個人の資産を事業用に投入もしくは会社に賃貸しているケースも多い[3]。
　　　→法人・個人事業主を問わず、中小企業経営者の個人資産に占める事業用資産は金額ベースで約3分の2
　　　　事業用資産の内訳は事業用不動産が約31％、自社株が約27％
　　　→経営者個人が所有する事業用不動産・自社株の後継者への承継が問題
　　イ　株式が分散している場合の対応
　　ウ　相続税等のコストダウン

第3　本講義でのテーマ
1　経営者が引退する場合の対応策として白書が挙げる、①後継者に経営権を譲る、②企業の売却または譲渡（M&A）、③廃業のうち、②M&Aは第4回のテーマ、③廃業は第3回なので、ここでは①後継者への経営権の譲渡を主に扱う[4,5]。
2　後継者の事業承継の準備として白書が挙げる、①関係者（ステークホルダー）の理解、②後継者教育、③個人保証・担保の取扱い、④株式・財産の分配のうち、弁護士の活動領域たりうるのは③、④であろう。
　　　ただし、③は交渉ベースの話なので、本講座では④株式・財産の分配を中心に扱う。
3　④株式・財産の分配のうち、弁護士の活動領域は経営者個人所有の事業用資産を後継者に円滑に承継させることであろうから、これが講座の主なテーマで、中でも、事業用資産のうち自社株の承継による経営権の承継がメインテーマである。
　　　資産や自社株の承継の問題と相続税対策は切っても切り離せない。相続税対策は、基本的には弁護士の職域ではなかろうが、弁護士としても相続税の基本的仕組みを知っておくことは望ましいので後半で取りあげる。
4　経営者の高齢化対策として、認知症等で判断能力が低下する自体に備えて任意後見制度等を活用することも考えられる。また、突然の認知症発症に対応するため成年後見・保佐・補助等を活用することも考えられる。

第4　後継者への事業用資産の承継
1　方法の分類[6]
　（1）生前実現型
　　ア　売　　買：買取資金の調達が課題
　　イ　贈　　与：贈与税の負担が問題→相続時精算課税の活用
　（2）生前準備型

—3—

ア　遺　　言 ｝いずれも遺留分対策と相続税の納税資金対策が課題
　　イ　死因贈与
　(3)　遺産分割：話がまとまるかが課題
　(4)　一般に遺言をベースに補完的に売買・死因贈与を活用することになると考えられる。

2　遺　言

・事業承継との関係で特に問題となるのは「相続させる」遺言と遺贈の以下の違い。
　(1)　株式譲渡について会社の承認を要することとされている場合（会社法107条1項1号）
　　ア　「相続させる」遺言：一般承継なので承認不要
　　イ　遺　　贈：承認必要
　(2)　相続人等に対する売渡請求制度（会社法174条）が導入されている場合
　　ア　「相続させる」遺言：売渡請求の対象になる
　　イ　遺　　贈：売渡請求の対象にならない
　(3)　対抗要件（不動産登記等）
　　ア　「相続させる」遺言：対抗要件がなくとも第三者に対抗できる
　　イ　遺　　贈：対抗要件がなければ第三者に対抗できない
　(4)　不動産登記に関する遺言執行者の権限
　　ア　「相続させる」遺言：承継相続人が単独で相続登記が可能
　　イ　遺　　贈：遺言施行者が登記義務者である全相続人を代理して手続
　(5)　借地権の承継のための賃貸人の許可・農地所有権移転の場合の農業委員会の許可
　　ア　「相続させる」遺言：一般承継なので不要
　　イ　遺　　贈：許可が必要
　(6)　平成15年4月1日施行の登録免許税法改正
　登録免許税の相違はなくなった。

3　遺留分対策

　(1)　遺留分に配慮した遺言書の作成
　　→遺留分侵害を避けられない場合は以下の方法を検討する。
　(2)　遺留分権利者に遺留分を放棄してもらう（民法1043条）
　　→遺留分を放棄しても他の相続人の遺留分に影響はない。相続開始前に遺留分を放棄し、相続開始後に相続放棄をすると他の遺留分権利者の遺留分が増える。
　(3)　早めの贈与
　　→減殺の対象となるのが贈与だけの場合、新しい贈与から順次前の贈与に対して減殺される（ちなみに民法1035条複数の遺贈は同順位（民法1034条本文））
　(4)　遺言で遺贈の減殺順序を定める（民法1034条ただし書）。

Ⅰ　経営者の高齢化対応

(5) 価額弁償の準備
　→例えば受取人を相続人とする生命保険の活用[7]
(6) 遺留分に関する民法の特例
2009（平成21）年3月1日に中小企業経営承継円滑化法の遺留分の特例が施行された。その内容は次のとおりである。
　ア　除外合意
現行の遺留分制度でも遺留分の事前放棄制度はあるが、それぞれの推定相続人が各個に家庭裁判所に申立を行い、許可審判を受けると、許可不許可の判断がばらばらになるおそれがあり、円滑な事業承継が困難になる。
そこで、推定相続人全員の合意によって、先代経営者が後継者に贈与等をした株式等[8]を遺留分算定の基礎財産から除外できることになった。これが除外合意である。
　イ　固定合意
遺留分の算定は、相続開始時の時価で評価される。これに対しては、後継者の経営努力によって自社株の株価が上昇すると後継者以外の相続人の遺留分が増加することになってしまうので、後継者の経営意欲を削ぐとの批判があった。
そこで、推定相続人全員の合意によって、先代経営者が後継者に贈与等をした株式等を遺留分算定の基礎財産に算入するときの価額を、相続開始時ではなく合意時の価額とすることができるようになった（ただし、合意価額の相当性について、弁護士・公認会計士・税理士等の証明が必要である。）。これが固定合意である。
なお、除外合意と固定合意は併用が認められる。
　ウ　特例の適用対象
本特例の適応対象となる中小企業者は、3年以上継続して事業を行っている会社に限られ、個人事業主や医療法人は含まれない。
　エ　特例利用のための手続
特例を利用するためには、
① 合意から1ヶ月以内に経済産業大臣の確認を受ける
② 経済産業大臣の確認を受けた日から1ヶ月以内に家庭裁判所に許可を受けることが必要である。
　オ　運用の状況
施行（2009年3月1日）から2011年7月末日までの2年5ヶ月間の適用件数は、除外合意は35件、固定合意は0件である。

4　株式を巡る問題
① 先代の段階で株式がすでに分散している場合に、後継者が円滑に事業を承継できるように株式を後継者に集中させたい。
② 相続の遺留分減殺請求権行使等で株式の分散が余儀なくされる場合に後継者

が議決権を確保できるようにしたほうがよい
③　先代は生前に事業を後継者に引き継がせるつもりだが、事業承継後も経営に影響を残したいと考えている
④　名義株対策
　→名義株とは第三者名義で所有している株式。古い会社で、知人や親戚に名義だけ発起人になってもらってそのままになっている場合等によくある。
　→相続税申告の際、名義株を第三者が所有する財産であるとして相続財産に含まれないとして申告したところ、税務調査で被相続人が実質的に所有していると認定されて、相続税の追加納付と過少申告加算税の納付を求められる事例がある。
　→後継者は名義株主との関係が薄く事情をよく知らないことも多いので、先代が元気なうちに対策をとるほうがよい
(1)　株式が分散している場合の後継者の持株数対策
　ア　後継者が株式を買い取る
　　→買取資金の確保が問題となる。後継者の給与や役員報酬を増額して買取資金を供することなどが考えられる。
　イ　会社が自社株を取得して後継者の持株比率を上げる
　　(ア)　特定の株主から合意により取得する場合
　　　　株主総会の特別決議が必要（会社法160条1項）
　　　　他の株主は自己を売主として追加するよう請求できる（会社法160条2項・3項）
　　(イ)　株主全員に勧誘する場合
　　　　株主総会の普通決議（会社法156条1項）
　　(ウ)　財源規制等（会社法461条1項2号・3号）
　ウ　スクイーズアウト[9]
　　(ア)　株式併合と1株未満の端数の買取
　　(イ)　全部取得条項付種類株式の活用[10]
(2)　議決権数対策
　(ア)　後継者以外には無議決権株式（会社法108条1項3号）を相続させる
(3)　先代が生前に後継者の過半数の株式を譲渡するが発言権を確保したい場合[11・12]
　(ア)　先代に拒否権付種類株式（会社法108条1項8号）[13]
　(イ)　先代に役員選解任権付種類株式（会社法108条1項9号）
(4)　その他：いろいろなアイディアがあるが実行可能性は？
　(ア)　後継者以外に剰余金の配当優先株式（会社法108条1項1号）や残余財産の分配に関する優先株式（会社法108条1項2号）を発行して不満をそらす。
　(イ)　後継者以外に現金等を相続させることができない場合に、後継者以外が相

Ⅰ 経営者の高齢化対応

続する株式を取得請求権付株式（会社法108条1項5号）にして後継者以外のイニシアティブで買取請求ができることにして不満をそらす。または取得条項付株式にして将来会社のイニシアティブで買い取れるようにする。
　(ウ) 従業員持株会を作って、持株会には議決権制限株式等を発行する。株の分散防止にもなるし議決権維持も図れる。

5　信託の活用[14]

(1) 遺言代用信託
　ア　内　容
　遺言代用信託を利用した事業承継スキームとは、経営者（委託者）がその生前に、自社株式を対象に信託を設定し、信託契約において、自らを当初受益者とし、経営者死亡時に後継者が受益権を取得する旨を定める。
　イ　特　徴
① 経営者は、その生存中、引き続き経営権を維持しつつ、あらかじめ、経営者の死亡時に後継者たる子が受益権を取得する旨を定めることにより、後継者が確実に経営権を取得できるようにする。
② 自社株式を対象に信託を設定することにより、受託者が株主として当該自社株式を管理することになるため、その後経営者が第三者に当該自社株式を処分してしまうリスクを防止することができ（財産の隔離）、後継者への事業承継を安定的かつ確実に行うことができる。
③ 後継者（死亡後受益者）は、経営者の相続開始と同時に「受益者」となることから、経営上の空白期間が生じないなど、遺言と比較してメリットがある。

(2) 他益信託
　ア　内　容
　経営者（委託者）がその生前に、自社株式を対象に信託を設定し、信託契約において、後継者を受益者と定めるもの。
　イ　特　徴
① 経営者が議決権行使の指図権を保持することで、経営者は、引き続き経営権を維持しつつ、自社株式の財産的部分のみを後継者に取得させることができる。
② 信託契約において、信託終了時に後継者が自社株式の交付を受ける旨を定めておくことで、後継者の地位を確立することができる。

(3) 後継ぎ遺贈[15]型受益者連続信託
　ア　内　容
　経営者（委託者）が自社株式を対象に信託を設定し、<u>信託契約において、後継者を受益者と定めつつ、当該受益者たる後継者の死亡により、その受益権が消滅し、次の後継者が新たな受益権を取得する旨を定めるものである。</u>

新信託法91条で認められた。
　イ　特徴
① 　経営者の中には、子の世代だけではなく、孫の世代の後継者についても、自分の意思で決定したいというニーズがある。
② 　また、次男を後継者とするが、次男の子には会社経営の資質のある者がいないので、長男の子に事業を承継させたいというニーズもある。
(4)　現状
信託銀行等が積極的に商品展開をしておらず、例はほとんどない。
中小企業庁は「①多くの中小企業経営者にとって信託を活用した事業承継への取組に馴染みがないこと、②会社法や民法等との関係が十分に整理されていないため、リーガルリスクを懸念して、信託銀行が商品展開に慎重であることから、実際には、事業承継に活用された事例は多くないのが実情です。」としている。
6　一般財社団法人の活用
(1)　株式会社と比較したメリット
株式・持分に相当するものがない
　→・株式分散のリスクがない
　　・法人に留保利益が蓄積されても相続税の課税問題が生じない
　　　（会社の場合、株価が跳ね上がり相続税評価額に影響する）
　　・倒産隔離　などなど
(2)　活用例
・個人でアパート事業を行っている等の事案での不動産管理会社

第5　相続税
【相続税の計算の具体例】
「相続財産の集計」→「相続税の総額の計算」→「各相続人が納める相続税額の計算」の3ステップ
法定相続人が法定相続分で相続したと仮定して相続税の総額を計算し、この相続税の総額を実際の相続分で割り振るのがポイント
→分割方法が相続税の総額に、影響を与えないようにしている[16]。

| (例)　法定相続人　　　　：妻、長男、次男の3人 |
| 相続財産の総額　　　　：3億円（葬儀費用、生前贈与はなし） |
| 各相続人が取得する財産：妻1億5000万円、長男1億円、次男5000万円 |

【第1ステップ】相続財産の集計
課税価格総額3億円

Ⅰ　経営者の高齢化対応

【第2ステップ】相続税の総額の計算
　(1)　基礎控除額の計算
　　　　　　3000万円＋（6000万円×法定相続人数）
　　　＝　3000万円＋（6000万円×3人）
　　　＝　4800万円
　　　基礎控除後の課税財産総額価格
　　　　3億円－4800万円＝2億5200万円
　(2)　法定相続分で遺産を仮分割
　　　母　：2億5200万円×1／2＝1億2600万円
　　　長男：2億5200万円×1／4＝6300万円
　　　次男：2億5200万円×1／4＝6300万円
　(3)　法定相続分に応じた各法定相続人の税額を計算
　　　母　：1億2600万円×40％－1700万円＝3340万円
　　　長男：6300万円×30％－700万円＝1190万円
　　　次男：6300万円×30％－700万円＝1190万円
　(4)　それぞれの税額を合計して相続税の総額を算出
　　　3340万円＋1190万円＋1190万円＝5720万円

【第3ステップ】
　(1)　相続税の総額を各相続人が実際に取得した財産価格の割合で按分
　・各相続人が実際に所得した財産価格の割合
　　　母が取得する財産の割合：1億5000万円÷3億＝1／2
　　　長男が取得する財産の割合：1億円÷3億＝1／3
　　　次男が取得する財産の割合：5000万円÷3億＝1／6
　・相続税総額を按分すると
　　　母　：5720万円×1／2＝2860万円
　　　長男：5720万円×1／3＝1906万6600円
　　　次男：5720万円×1／6＝　953万3300円
　　　（長男・次男については百円未満切捨て）
　(2)　各種税額控除・加算
　　　母には配偶者控除が適用されるので課税されない。
　(3)　納付税額の算出
　　　母　：0円
　　　長男：1906万6600円
　　　次男：953万3300円

レジュメ

1 第1ステップ：相続財産の集計
 (1) 相続財産の範囲
  →民法との主な違いを押さえる
  ア みなし相続財産（相続税法3条）
   死亡退職金や被相続人が保険料を負担していた生命保険で受取人が相続人となっている場合に死亡保険金は、相続人が死亡後に取得した財産であって被相続人が死亡時に保有していた財産ではないので遺産分割の対象にはならないが、相続税の課税対象になる。
  →民法との主な違いを押さえる
  イ 生命保険金・死亡退職金は500万円×法定相続人数の額までは非課税。
 (2) 相続財産の評価方法
「時価」で評価（相続税法22条）。ただし恣意的な評価を防ぐため財産評価基本通達等で評価方法が具体的に定められている
  ア 宅地
   (ア) 評価方法
    路線価方式：路線価図の道路の価格×土地の面積（㎡）
    倍率方式：固定資産税評価額に一定の倍率を乗じる。郊外の土地に多い。
   (イ) 小規模宅地等の特例（租税特別措置法69条の4）
    自宅がある土地や事業用の土地が主な相続財産の場合、相続税評価額が高額なため相続税の納税のために自宅や事業用の土地を売却しなければならないという事態を回避する必要がある。そこで、最小限の自宅の確保や事業の継続を図れるようにするため、一定の条件を満たした場合、一定の地積の範囲内で相続財産の評価額を一定割合減額する規定が設けられた。
  イ 非上場の同族株主[17]がいる会社の自社株評価
   (ア) 評価方法選択の流れ（次頁参照）
   (イ) 各評価方法の特徴
    純資産価額方式：所有資産の相続税評価額ベースの純資産額により評価
    類似業種比準方式：評価会社と事業内容が類似する上場企業の株価・配当・利益・簿価純資産をベースに評価
    配当還元方式：2年間の配当実績に基づき評価
   (ウ) 問題と対策
    事業承継の場合換価が難しい自社株の相続税評価額が高くなることが納税の障害となることが多い。一般に純資産額方式が最も評価が高くなり、類似業種比準方式、配当還元方式の順に評価額が低くなる傾向がある（あくまで傾向）。
    a 自社株の評価を引き上げている要因として、

—10—

I 経営者の高齢化対応

① オーナーの保有株式数が多い（配当還元が採用できない）
② 土地保有特定会社・株式保有特定会社に該当（純資産価額になる）
③ 企業規模が小さい（純資産価額の比率が高くなる）
④ 配当・利益・純資産額が高額（類似業種比準の価額が高くなる）
などの事情が考えられる。

b よくある対応策として

①→オーナーの所有する株式の保有割合を減らす。会社の支配権の関係で保有割合を減らすことに限界がある場合は従業員持株会社等を活用する。

②→会社の資産構成を組み替えて土地等の保有割合を下げる

③→企業規模が小さくならないような対策

④→利益を減らす。先代が退職して退職金を払って会社の純資産額を下げる。配当を実施しない。

→・株価を引き下げるために利益を減らそうとして（時にはあえて冗費を計上して）、会社の経営が悪化する。

・利益・配当・純資産額の三要素がゼロ以下になった場合、株価の評価方式が変わってむしろ評価額が上昇する可能性がある。

・退職金については金額が過大な場合の税務上否認されるリスク
先代が退職金取得後も会社で実権を握り続けて退職金支給が税務上否認され損金算入できなくなるリスク（会社にとっては退職金支給が

【評価方法選択の流れ】

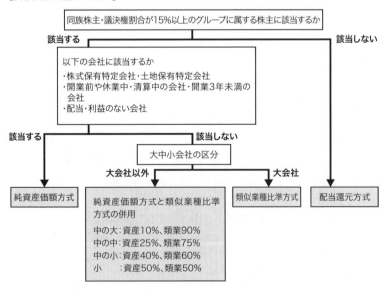

寄付金とみなされて損金算入できなくなる、先代にとっては退職所得から給与所得等になって所得税が増える）

　　c　自社株の評価額対策はやり過ぎると会社の経営を根本から蝕むおそれがある。
2　第2ステップ：相続税の総額の計算
(1) 基礎控除（5000万円＋1000万円×法定相続人数）
・基礎控除額の計算上は、相続放棄をした法定相続人もカウントする。
・養子がいる場合、基礎控除の計算上カウントされる法定相続人数は、実子がいる場合は1人、実子がいない場合は2人までと制限あり[18]。
(2) 法定相続分で相続財産を仮分割
(3) 法定相続分に応じた各法定相続人の税額を計算
(4) 各法定相続人の税額を合計して相続税の総額を算出
3　第3ステップ：実際に財産を取得した者が納めるべき相続税額の計算
(1) 相続税の総額を各相続人が実際に取得した財産価格の割合で按分
(2) 各種税額控除・加算
　ア　各種控除
　　① 配偶者控除
　　　配偶者は、相続により取得した財産が1億6000万円以下か、法定相続分以下かのいずれかであれば、相続税は課税されない。ただし、配偶者控除は相続財産が未分割の場合には原則適用がない。
　　② 未成年者控除
　　　（20歳－相続開始時の年齢）×10万円
　　③ 障害者控除
　　　（85歳－相続開始時の年齢）×10万円（特別障害者は20万円）
　イ　加算
　　被相続人の1親等内の親族、配偶者以外の者が相続により財産を取得する場合、相続税額が2割加算される。孫を養子にしても2割加算。ただし、代襲相続人は2割加算の適用なし。

第6　贈与税
1　贈与税の趣旨とみなし贈与財産
・贈与税は、個人が個人から財産を取得したときに課される税金
・相続前の補完
・みなし贈与財産（低額譲渡、債務免除益、生命保険、定期金受給権）
2　贈与税の種類
贈与税には、「暦年課税」と「相続時精算課税」の二つの制度がある。

Ⅰ　経営者の高齢化対応

3　暦年課税の贈与税

　事業承継を円滑にするために、事業用資産を後継者に生前に贈与することが考えられるが、通常の贈与税（「暦年課税」）は、下記のように極めて税率が高い。

(相続税率)

課税遺産総額×法定相続分	税　率	控除額
1000万円以下	10%	—
1000万円超　3000万円以下	15%	50万円
3000万円超　5000万円以下	20%	200万円
5000万円超　1億円以下	30%	700万円
1億円超　2億円以下	40%	1700万円
2億円超　3億円以下	45%	2700万円
3億円超　6億円以下	50%	4200万円
6億円超	55%	7200万円

(暦年課税の贈与税率)

基礎控除（110万円）後の課税価格	一般税率		特例税率	
	税率	控除額	税率	控除額
200万円以下	10%	0円	10%	0円
200万円超　300万円以下	15%	10万円	15%	10万円
300万円超　400万円以下	20%	25万円		
400万円超　600万円以下	30%	65万円	20%	30万円
600万円超　1000万円以下	40%	125万円	30%	90万円
1000万円超　1500万円以下	45%	175万円	40%	190万円
1500万円超　3000万円以下	50%	415万円	45%	255万円
3000万円超　4500万円以下	50%	225万円	50%	415万円
4500万円超			55%	640万円

(特例税率は直系尊属からの贈与により財産を取得した20歳以上の受贈者に適用)

　贈与税の課税を避けるために、毎年決まった時期に基礎控除相当額（受贈者1人あたり年間110万円）を子供などに贈与する例も見られるが、定期的にお金を受け取る権利を取得したとして一括して贈与と認定され、かえって高額の税金を払わなければならなくなる可能性があり勧められない。

4　相続時精算課税制度
　(1)　制度の概要
　　　ア　高齢化社会が進む中で、財産の次世代移転を円滑に進めるため、平成15年税制改正で設けられた制度。65歳以上の親が20歳以上の子に贈与すると

きに適用できる。
　　　贈与税額は
　　　（贈与財産の価格－2500万円）×20％
　　　つまり、2500万円相当の贈与までは贈与税はかからず、2500万円を超える部分の贈与に対しても税率は一律20％にとどまるので、贈与額が多額になるほどに税率も高くなる暦年課税の贈与税と比較すれば有利である。
　イ　なお、自己の住宅資金の贈与の場合、非課税枠が3500万円となり1000万円増額される。
(2)　暦年課税方式と相続時精算課税方式の関係
　暦年課税の贈与税と相続時精算課税制度は選択制であり、相続時精算課税制度を選択すると、当該贈与者から贈与を受ける場合、暦年課税の110万円の基礎控除は使えなくなるので、注意が必要（相続時精算課税を選択した贈与の贈与者以外の方から贈与を受ける場合は、110万円の基礎控除が使える。）
(3)　相続時の精算
　後に相続が発生したときには、相続時精算課税制度により贈与を受けた財産は相続財産に加算し、従来の課税方式により計算した相続税額から、すでに相続時精算課税制度に基づいて支払った贈与税額を控除して、納付すべき相続税額を算定することになる。仮にこの金額がマイナスになった場合、支払った贈与税の還付を受けることができる。
(例)　長男が父親から相続時精算課税制度により4000万円相当の財産の贈与を受けた場合
　①　贈与を受けたとき支払うべき贈与税額
　　（4000万円－2500万円）×20％＝300万円
　②　父親の死亡時の相続税の計算
　　・相続財産に相続時精算課税制度により贈与を受けた4000万円を加算して相続税総額を計算
　　・長男が支払うべき相続税額は、本来の相続税額から相続時精算課税制度により支払った300万円を控除した金額
　　・相続税額が200万円であれば、すでに支払った贈与税額との差額100万円の還付。
(4)　注意点
・相続税との関係では基本的には節税にはならない（相続時に精算するので）。
　むしろ、生前贈与では小規模宅地の評価減の特例等が使えないので、財産がこの小規模宅地のみといった事例では、相続時精算課税を利用すると税負担が重くなる。

Ⅰ　経営者の高齢化対応

・相続時精算課税を選択する際には、相続税の計算において加算される金額は、贈与時の時価である点に注意。つまり、贈与時点よりも相続時点で贈与した財産の時価額が下がった場合、相続時精算課税を選択したことで相続税の負担が増加する可能性がある。
・後継者への自社株の譲渡の利用例が多い。

(5)　2015年1月1日施行の相続税制改正

なお、2015年1月1日施行の相続税制改正で、贈与者の年齢要件が65歳から60歳に緩和され、受贈者についても改正前は推定相続人のみだったところ、孫が加えられた（子どもが生きていれば、孫は推定相続人にならない）。

第7　納税猶予制度

1　相続税の納税猶予制度

後継者が先代経営者から自社株について相続または遺贈（以下、相続等）を受ける場合、相続税の負担が事業承継の障害になっている。

そこで、後継者が、相続等により取得した自社株の80％に対応する相続税の納税を猶予する制度が設けられた。ただし、猶予されるのは、その会社の発行済議決権株式の総数の3分の2に達するまでの部分に限られる。

この特例の適用要件の概略は次のとおりである。

① 　先代経営者（被相続人）
　・会社の代表者であったこと
　・先代経営者と同族関係者で発行済議決権株式総数の過半数を保有していたこと
　・後継者を除いた同族関係者の中で筆頭株主であったこと
② 　後継者（相続人）
　・相続開始直前において対象会社の役員であること
　・後継者とその特別関係者で発行済株式総数の過半数を保有すること
　・特別関係者の中で筆頭株主であること
　・相続を開始した日の翌日から5ヶ月を経過する日に対象会社の代表者であること
③ 　対象会社
　・経営承継円滑化法の中小企業者であること
　・非上場会社であること
　・資産管理会社に該当しないこと
④ 　事業継続要件（相続税の申告期限から5年間継続）
　・代表者であり続けること
　・相続した株式を継続して保有し続けること

・雇用の8割を維持し続けること
⑤　担保の供与

2　贈与税の納税猶予制度
贈与税についても、相続税と類似の納税猶予制度が定められている。

2015年1月1日施行の改正で、代表権がなくなれば、役員であってもよいことになる。

3　活用上の留意点
事業を承継した相続人が、対象株式を死亡の時まで保有し続けた場合など一定の場合には、猶予税額は免除される。しかし、事業継続要件を満たしていないと認定された場合には、納税猶予は打ち切られ、打ち切りの時点で、猶予税額はもとより利子税も相続税の申告期限から遡って支払わなければならない中小企業者は「猶予」「免除」という言葉に飛びつきそうだが、実際には、ハイリスクでリターンは微妙（全額猶予になるわけではない。猶予額がそれほど多くはないケースもある。）。

雇用継続等の厳しい要件を課され、これが守れないと猶予税額に利子税をつけて払う必要がある。経営状態が悪化した状態で、破産した場合は非免責債権となる租税債権が現実化するというリスクがある。

5　運用の状況
施行（2009年3月1日）から2011年7月末日までの2年5月間の適用件数は、贈与認定96件、相続認定299件である。

1　2004年版白書171頁以下。
2　2007年版白書43頁以下。
3　2007年版白書45頁によれば、社長が個人資産を提供している企業は社長交代率が低い。
4　2011年版白書147頁では後継者への事業承継の話題が消え、「構造的課題への対応」とのタイトルで「中小企業の事業引継ぎ」と「中小企業の事業再生」を検討している。国の中小企業政策は、「事業承継」（後継者への経営権の譲渡を想定）から、「事業引継ぎ」（第三者への事業譲渡を想定）にシフトしている。
5　「事業引継ぎ」に関連して、平成23年7月産業活力の再生及び産業活動の革新に関する特別措置法（産活法）改正に基づいて「後継者のいない中小企業の事業引継ぎを支援する」ための機関が設立されることを受け、平成23年10月に東京商工会議所が国から委託を受ける形で「東京都事業引継ぎ支援センター」が設立され、以後各地で同様の組織が設立されている。
6　分類は吉岡毅「中小企業の事業承継と弁護士業務～相続編～」（「自由と正義」2008年8月号23頁以下による。
7　共同相続人の1人を死亡保険金の受取人とする養老保険契約に基づく死亡保険金請求

Ⅰ　経営者の高齢化対応

　　権が特別受益ないしこれに準ずるものとして持戻しとなるかについて、最小決平成16年10月29日民集58巻7号1979頁は原則特別受益にあたらないが、他の相続人との間で著しい不公平が生じる特段の事情がある場合は民法903条の類推適用により特別受益に準じるとした。
8　株式等以外の事業用資産（不動産や預貯金等）は除外合意の対象にならない。
9　いずれも、株主総会の決議取消事由（会社法831条1項3号）となるリスクがある。
10　手順としては、①何らかの種類株式を創設する定款変更、②普通株式に全部取得条項を付する定款変更、③全部取得条項に基づき全株主から株式を取得、④先代または後継者に株式を割り当て、という株主総会特別決議を1回でまとめて行うのが基本型である。
11　拒否権付株式を発行してまで発言権を確保したいのなら、そもそも株式を譲渡しなければよいので、事業承継で拒否権付株式をわざわざ発行する事例は極めて稀と思われる。
12　遺言等で拒否権付種類株式等は後継者に相続させる等の配慮は必要。
13　拒否権付種類株式の株主と株式の過半数を有する株主が対立し会社が意思決定をできない（デッドロック）状態になることを回避するため取得条項付とする等の対策をとる。
14　平成20年9月信託を活用した中小企業の事業承継円滑化に関する研究会「中間整理〜信託を活用した中小企業の事業承継の円滑化に向けて〜」より
15　後継ぎ遺贈とは、第一次受遺者の受ける財産上の利益が、一定の条件や期限が到来したときから第二次受遺者に移転するという形態の遺贈である。民法上は、①条件・期限付きの所有権を創設することが物権法定主義に反すること、②受遺者が長期間遺贈利益に関する法律関係に拘束されることの不都合、③第二次受益者が遺贈利益を取得するまでに遺贈利益を処分された場合の保護が不確実なこと等を根拠に無効とする説が有力である。新信託法91条は後継ぎ遺贈と同様の効果を信託で実現しようとしたものである。
16　ただし、小規模宅地等の特例の適用如何や二次相続を踏まえれば、遺産の分割方法は相続税額に影響する。詳細はLIBRA2012年1月号の特集「遺産の分け方によって税額がここまで変わる」（税理士　松岡章夫）等を参照、「ただし小規模宅地の特例については2015年1月1日施行の相続税制改正で適用範囲が変更がある。
17　株主とその同族関係者の有する議決権割合が50％超を占める場合、その株主と同族関係者のこと。ただし50％超の株式を有する株主グループがある場合、30％超50％未満の株主グループは同族株主にならない。
18　昭和63年の法改正前は基礎控除の対象となる養子の数の制限がなかったので、相続税対策で多数の養子縁組がされているケースがある。

Ⅱ 会社支配権の争い

弁護士　神村　大輔
弁護士　福原　竜一

Ⅱ 会社支配権の争い

　弁護士の神村と申します。どうぞよろしくお願い致します。今回は福原弁護士と2人で担当させていただきます。会社支配権争いの前半部分を福原先生にお願いしまして、支配権争いが一旦終わってしまった後の対応の後半部分については、私からお話しさせていただければと思っております。

第1　会社支配権争いの全体図

　今回の講義のテーマである「会社支配権争い」というのは、結局いかに多く株を押さえるかに尽きるのではないでしょうか。そういった争いになる背景や現実に表に出てくる争い事としては「争っている相手方である役員をなんとか会社から追い出したい」という主張が一番多いのではないかと思います。

　やや古い論文ではありますが、宍戸善一先生の論文では、かなりの数の閉鎖会社について内部争いの裁判例を分析されています（宍戸善一「閉鎖会社における内部紛争の解決と経済的公正(一)」法協101巻4号552頁、1984）。その論文に書いてあることを一部引用すると、「結局わが国においては経済的利害の対立の問題、支配権争奪の問題、及び相続等の家族法との関連が重要であって、少なくともこの三つの問題について検討しなくてはならない」と言われています。今回も、もちろん会社法の問題が出てくるのですが、中小企業・閉鎖企業の場合、親族が株主兼役員であることが多いため、株主の中に高齢の親族がいらっしゃる場合は、後見の問題等の家族法への対応が必要になるケースが少なくないかと思います。

　私も、取締役間の争いで、株主総会開催禁止の仮処分、取締役の職務執行停止・職務代行者選任の仮処分といった仮処分のやりあいを経験したことがあるのですが、そのときも、最後は株を押さえなくてはいけないという状況になり、ある株主に対して後見の申立てをしました。このように、中小企業の会社支配権の争いの場合、会社法の理解はもちろん極めて重要ですが、同時に家族法の問題も忘れてはいけないということをご留意いただければと思います。

　実際に相談を受ける支配権争いのケースでは、どちらかの側の役員兼株主から、「相手側がこういうヒドいことをしているので何とかしてほしい」と

相談を受けるケースが多いだろうと思います。冒頭に申し上げた「最終的には株式をどれだけ押さえるかだ」という面からすると根本的な解決にならないものの、こういった相談を受けた場合には、当面のニーズの解決手段として、商事仮処分を使った対応が必要になってくるケースが多いと思います。特に公開会社ではない中小企業では、株主総会の開催スケジュール等について、公開会社より時間の制約が厳しいため、迅速な対応ができる商事仮処分の利用は重要になると思います。

今回、私共も参考にしております、東京地方裁判所商事研究会編『類型別会社訴訟Ⅰ、Ⅱ（第3版）』（判例タイムズ社、2011）と東京地方裁判所商事研究会編『類型別会社非訟』（判例タイムズ社、2009）は商事仮処分とか支配権争いに関する訴訟手続に関して非常によくまとまっていると思いますので、こちらをぜひ参考にしていただきたいと思います。

早速、本題に入っていきます。ここからは福原弁護士に代わりたいと思います。

第2　支配権争い

1　事例設定

弁護士の福原と申します。まず支配権争いの検討をするに当たって、事例設定をさせていただいております。事例は以下のとおりです。

・中小企業の甲株式会社　創業30年　資本金5000万円
・会社法（平成17年法律第86号）の施行を受けての定款の整備等は一切行っていない。
・株券を発行しない旨の規定はない。
・創業以来、株式の全部に譲渡制限をつけている。
・取締役会設置会社（取締役3名、監査役1名）で、監査役会、会計参与、会計監査人は不設置である。
・取締役の任期は選任後2年以内に終了する事業年度のうち最終のものに関する定時株主総会の終結の時までとなっている。
・その他、定款上に特筆すべき定めはない。
・甲社はAが創業した会社であるが、Aの長男であるX、次男であるY、古参

II 会社支配権の争い

- の従業員であったZがそれぞれ取締役に、同じく古参の従業員であったαが監査役に就任している。
- 株式の保有割合はXが40%、Yが35%、Aが10%、その他Aの旧友であるB・C・Dが合計15%となっている。なお、Z及びαは株式を保有していない。
- Aは認知症が相当程度進行しているが、後見手続等はとられていない。Xと同居して在宅介護を受けている。
- XとYは事業方針について意見の合わないことが多く、お互いについて疎ましく思っている。それぞれ、機会があれば相手方を甲社から追い出したいと考えていた。
- Zは事なかれ主義で代表取締役であるXの言いなりであるため、取締役会においてはXとYの意見が対立しても、常にXの意見が通っていた。
- また、株主総会でも、A・B・C・Dはいずれも、総会の度にXに対して議決権行使を白紙委任することが常態化していた（B・C・Dは甲社の経営に関心がない。）ことから、XとYの持株比率は40%対35%で拮抗しているものの、事実上はXが65%を掌握していた。
- YはなんとかしてXを追い出し、自らが代表取締役になり、甲社の経営権を握ろうと考え、行動を起こすこととした。
- 具体的には、X及びZに代わる取締役候補者P及びQを立て、Y・P・Qの三人体制とすることを計画した。

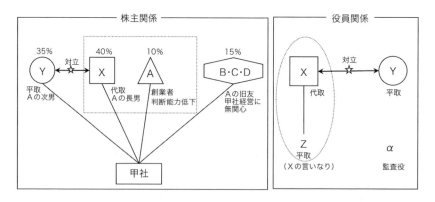

　講義ではまず2「Yによる議決権の過半数の把握」として、(1)でB・C・Dの15%の株式について、(2)でAの10%の株式について、それぞれX・Y間での応酬を検討した上で、3「株主総会決議に関する問題点」として、甲社

のような同族の中小企業で起こりやすい株主総会決議の問題について検討します。最後に、4「情勢が不利なことが明らかになった場合の対応策」として、累積投票制度の活用について検討します。

2 Yによる議決権の過半数の把握

取締役の選任及び解任は、ともに株主総会の権限であり、普通決議で決せられます。選任については329条1項、解任については339条1項です。そのためYはX・Zを取締役会から追い出して、Y・P・Qの三人体制にするという目的を達成するため、まずは株主総会で議決権の過半数を掌握するための行動に出ることになります。

(1) B・C・Dについて

ア B・C・Dに対する説得

まずB・C・Dの15％をYが押さえるために行動を起こすことになります。事例にもあるとおり、B・C・Dは甲社の経営に無関心で、株主総会の度にXに対して議決権の行使を白紙委任しています。そこでYとしてはまずB・C・Dに接触をして、次回の総会では自分に対して議決権の行使を委任してほしい旨説得することが考えられます。

イ 買い取りを求められた場合

このような要求にB・C・Dが素直に応じてくれればよいのですが、甲社の経営に無関心なB・C・Dとしては、親族間の争いに巻き込まれることを嫌がり、株式の買い取りを要求してくることが考えられます。この場合Yはその資力からして株式を買い取ることができる場合には、買い取りを検討していくことになるでしょう。そこで、まず株式譲渡の要件について検討します。

(ア) 株券関係

a 株式譲渡の効力要件

(a) 株券不発行会社の場合

株券不発行会社の場合、当事者の意思表示によって譲渡の効力が生じます。

(b) 株券発行会社の場合

株券発行会社の場合には、自己株式の処分以外、株券を交付しなければ譲渡の効力が生じません（128条1項）。

そのため株券発行会社であるか否かについての検討が必要になります。

Ⅱ　会社支配権の争い

　旧商法下では株券発行が原則で、株券を発行しない旨定款で定めている株式会社のみ株券を発行しないでよいこととなっていました。会社法では原則と例外が逆転し、原則として株券は不発行で、株券を発行する旨の定款の定めがある株式会社のみ、株券を発行することになっています（117条6項）。もっとも、旧商法下で株券を発行しない旨の定めがなかった株式会社の定款には、会社法施行と同時に株券を発行する旨の定めがあるものとみなされています（会社法の施行に伴う関係法律の整備等に関する法律（以下「整備法」）76条4項）。

　したがって、甲社のように会社法施行前から存在する株式会社で、株券を発行しない旨の定款規定がなかった場合には、株券発行会社となるのが原則です。そうすると、甲社は株券発行会社となってしまいます。

　　b　株券発行会社であるにもかかわらず、株券の発行がなかった場合
　　(a)　対応策

　甲社のような会社法施行前に設立された会社において、株券発行会社に該当するにもかかわらず、株券が発行されていなかった場合の対処が問題になります。

　先ほど述べたとおり、株券発行会社の場合、株券を交付しなければ株式譲渡の効力が生じません。そこで、甲社に対して株券の発行請求をしていくことになります（215条4項）。

　ただし、創業して30年もの間、株券の発行をしてこなかった甲社において、特に経営に無関心なB・C・Dから、いきなり株券発行の請求が来れば、それをきっかけにY側の計画がX側に明らかになってしまうこともあるでしょう。この点を踏まえて、株券発行の請求をするかどうかは検討が必要だと思います。

　　(b)　株券の交付のない株式譲渡の有効性

　甲社（具体的にはX及びZ）としては、株券の発行の請求を受けたとしても、Yの計画に気付いて株券の発行に応じないことが考えられます。そうすると株券発行会社である甲社の株式譲渡はできないのが原則です。しかしながら、会社が株券の発行を拒否している等、一定の場合には株券の交付がなくても株式譲渡が有効と認められる場合があります。それを示したのが、最判昭和

47年11月8日（民集26巻9号1489頁）です。この判例では会社が株券の発行を不当に遅滞している場合には、株主は意思表示のみによって株式を譲渡でき、会社は株券発行前であることを理由に当該株式譲渡の有効性を否定することはできない旨判断されています。本事例においても甲社が創業以来株券を発行しておらず、B・C・Dからの株券発行請求にも応じない等の事情があれば、株券の交付がなくともB・C・DからYに対する株式譲渡が有効と判断される可能性があると考えられます。

(イ) **譲渡制限関係**

a 譲渡制限株式を譲渡する場合の手続き

甲社の株式は譲渡制限株式ですので、譲渡制限株式を譲渡する場合の手続きが問題になります。

(a) 譲渡等承認請求者による承認請求（136条・137条1項）

まず、株主であるB・C・D単独、または譲受人であるYと共同で、甲社に対してB等の株式をYに譲渡等することについて承認するか否かの請求をしていくことになります。

(b) 譲渡等の承認の決定（139条1項）

それに対して、会社側は譲渡等の承認をするか否かの決定をします。この決定は定款に別段の定めがない限り、取締役会設置会社では取締役会が行います。なお、株式の譲渡に当たり取締役が譲受人となる場合、当該取締役は、特別利害関係人に該当しますので承認をするか否かの決定に関する取締役会決議に参加できません（369条2項）。

本件では、B・C・DからYへの譲渡について、甲社に対する承認請求がなされるわけですが、X及びZが取締役会決議で承認をすることは考えにくいので、不承認の決定がされることになるでしょう。

(c) 承認請求者への決定の通知（139条2項 なお、(a)から2週間以内に行う必要（145条1号））

この決定は承認請求者に対して通知されます。この通知が承認請求より2週間以内になされないと、会社と承認請求者が別段の合意をした場合でない限り、承認したとみなされてしまいますので、会社側としては注意が必要です。

承認請求をする場合には、承認請求と共に、不承認の場合の買取請求を行

うことが多いようです。これは承認請求をする株主は、何らかの形で株式を手放すことを希望していることが多いからであると思われます。

しかしながら、今回の事例で買取請求を行ってしまうと、X（及びZ）としては自己の保身のために、承認請求については不承認とした上で、買取請求に対する買受人の指定については、自己の味方となる者を指定するでしょう。これではYの目的を達成できませんので、本件において、B・C・D及びYは、承認請求はするものの、買取請求はしないことになると思われます。そうすると、取締役会でXが多数派を占めている限り、そもそもYが株式の譲渡を受けることができないので、Yは目的を達成することができないとも思えます。

b 会社に対する承認請求をするか否か

ここで少し視点を変えて考えてみたいのですが、そもそも本事例において、Yが自らの目的を達成するために、会社に対する承認請求をする必要があるのかについて検討します。

Yとしては、株主総会で議決権の多数を占めることができればよいので、当事者間で株式譲渡契約を締結して、承認請求は保留にしておくことが考えられます。会社の承認がない場合、当該株式譲渡は会社に対する関係では効力を生じませんが、当事者間では有効となります。

特に秘密裏に議決権を集めたい場合には、YがB・C・Dから株式を買い取るものの、ひとまず承認請求はしないでおいて、株式売買契約書上に、総会における議決権行使についてYに委ねる旨規定しておくことが考えられます。

なお、株券発行会社の場合には譲渡の際に株券を交付する必要があるので二重譲渡はできませんが、株券不発行会社の場合、二重譲渡が可能になるので譲受人として注意が必要でしょう。

以上のように、本事例のような場合、譲渡制限株式の譲渡に関しては、売主の理解が得られるのであれば、当事者間で売買契約を締結するにとどめ、承認請求についてはあえて保留にするという選択肢もあり得ると考えられます。

ウ Xによる対抗策

次にXによる対抗策について考えていきます。

Yによる計画をXが株主総会前に察知した場合、Xとしてはどのような対

応をすることが考えられるでしょうか。
　　㋐　Yに協力しないようにB・C・Dを説得
　まずはYに協力しないようにB等を説得することが考えられます。
　　㋑　Xがなりふり構わない行動に出た場合
　次に、Xが以下のような、なりふり構わない行動に出てしまった場合はどうでしょうか。
　　　a　議決権の行使に関しB・C・Dを買収しようとする
　第一にXが議決権の行使に関し、B・C・Dを買収しようと考え、謝礼等の支払を行った場合はどうでしょうか。甲社のような中小企業の支配権獲得抗争では、表に出るかどうかは別として、このような形で金員が飛び交うこともあるようです。このような場合の法規制について検討します。
　　　　(a)　会社財産から支出した場合
　当然のことながら、その金員が会社財産から支出された場合、利益供与となります（120条・970条）。
　　　　(b)　自らのポケットマネーから支出した場合
　これに対し、Xのポケットマネーから支出した場合は、利益供与には該当しません。
　次に、株主等の権利の行使に関する贈収賄罪の成立が問題になります（968条）。贈賄罪、収賄罪ともに、成立には不正の請託の存在が必要となりますが、単に議事進行や会社提案の可決への協力を依頼すること（例えば、議事進行の動議について反対したり、会社提案に賛成したりすること）自体は、不正の請託には該当しないと考えるのが一般的なようです。したがって、本件においてXがB・C・Dに対して金銭を供与して会社提案に賛成することを求めたのみでは、不正の請託の存在は認定されない可能性が高いでしょう。そうすると、本件においてXがポケットマネーを利用してB・C・Dの買収に出た場合、Yとしては買収行為の違法性を主張することが難しいと考えられます。
　　　b　明白な不法行為に出た場合
　XがB・C・Dに対して「取締役Yは会社財産の横領を繰り返している。」等と言い回ることも考えられます。このような場合、Yとしてはどのような手段を取ることができるでしょうか。

Ⅱ 会社支配権の争い

  (a) 株主が取締役の違法行為差止請求権を有することを根拠とした差止仮処分の申立て（360条1項、民事保全法23条2項）

 株主が取締役の違法行為差止請求権を有することを根拠とした差止仮処分の申立てを行うことが考えられます。

 当該申立てが認められるためには、保全の一般要件として、被保全権利の存在と、保全の必要性の疎明が必要になります。ここでいう被保全権利の存在は、被告が取締役として会社の目的の範囲外の行為、その他法令・定款に違反する行為をし、またはこれらの行為をするおそれがあること、及びかかる行為により会社に著しい損害が生じるおそれがあることの二つが要件となります（なお、甲社は監査役設置会社ではないため、360条3項の適用がありません（整備法53条、株式会社の監査等の商法の特例に関する法律1条の2第2項等参照）。）。

 なお、実務的には上記の被保全権利の存在が認められれば、保全の必要性も認められる傾向にあるようです。

 しかしながら、要件は「会社に著しい損害が生じるおそれがあること」です。上記のような行為の場合、Yに対する名誉毀損行為としてY個人に損害が生じていることは明らかですが、会社に著しい損害が生じていることの疎明は必ずしも簡単ではないと思われます。したがって、ケース・バイ・ケースではあると思いますが、この手段は一般的には取りにくいのではないかと考えられます。

  (b) 内容証明郵便等を用いた、不法行為に基づく損害賠償請求権行使の意思表示（民法709条）

 YとしてはXによる上記行為は「Yの名誉を毀損するものであるから不法行為に該当する。直ちにやめないと損害賠償請求をする。」等、内容証明郵便等を使って通知を行い、事実上のプレッシャーをかけていくことが考えられます。

  (c) 名誉権侵害に基づく差止請求権を有することを根拠とした差止仮処分の申立て（民事保全法23条2項）

 次に、名誉権侵害に基づく差止請求権を有することを根拠に、差止仮処分の申立てを行うことが考えられます。この場合にも被保全権利の存在と保全の必

要性の疎明が必要となりますが、疎明は必ずしも簡単ではないと考えられます。

　　　c　まとめ
　以上のように、Xがなりふり構わない行動に出た場合、Yとしては効果的な手段を取ることが意外と難しいと思われます。

(2)　Aについて
　次に、Aの議決権についてYが取ることのできる行動について検討していきます。

　　ア　Aに対する説得、Aからの買い取り
　これはB・C・Dの場面で検討したとおりです。ただし、事例にあるように、AはXと同居している上、認知症が進行しており判断能力が低下しています。したがって、他の株主とは異なって、YとしてはAを説得して、議決権の行使に関するYへの委任を約束させたり、株式を買い取ることは、ほぼ不可能と考えられます。

　　イ　成年後見手続について
　しかし、認知症が相当程度進行しているAが、株主総会の度に議決権行使できていることも不自然です。本事例のような場合、議決権行使に関する委任状を、Xが勝手に作成していることも疑われます。そこで、仮にXがAの議決権を違法に行使している場合には、Yとしては後見開始の申立て等を行って、これを防止しようとすることが考えられます。

　　　(ア)　成年後見制度の趣旨
　成年後見制度の趣旨は、判断能力の不十分な者の判断能力を補うことによって、その者の生命、身体、自由、財産等の権利を擁護する点にあります。したがって、当然のことではありますが、専ら企業の支配権獲得抗争において、自己に有利な効果を生ぜしめることを目的に後見開始の申立てをすることは、認められません。後見が開始されたことによって、支配権獲得抗争で申立人にとって有利な結果が生じたとしても、それは本人保護のために行った後見開始の申立ての結果にすぎないということになります。もっとも、本事例のように一部の株主が高齢化して判断能力が低下している場合には、支配権獲得抗争を契機に後見開始の申立てが行われる事例も、実際にはあるようです。そこで、以下では後見開始の申立てについて検討していきます。

Ⅱ 会社支配権の争い

　(イ) 手続きについて
　　a 申立てから開始まで
　後見開始の申立てに当たっては、申立書提出後、裁判所で面接を行って親族の意向調査を経た上で、明らかに必要がない場合を除いて、原則として精神状況の鑑定手続を経ることになります。なお、鑑定手続について明らかに必要がないと言われるためには、基本的には主治医等による診断書が必要となります。その後、後見開始の審判がされて手続きが開始することになります。
　　b 緊急性が高い場合
　　(a) 審判前の保全処分として、財産の管理者の選任・後見命令等の申立て（家手126条）
　もっとも、緊急性が高い場合、具体的には今すぐ第三者が財産管理を行わないと財産が散逸してしまう可能性が高い場合等には、審判前の保全処分として、財産の管理者の選任等の申立てを行って、後見開始に先立って財産の管理権限等を第三者に移すこともあり得ます。
　　(b) 財産の管理者が選任されるための要件
　財産の管理者が選任されるための要件ですが、①後見開始の審判の申立てがあること、②本案審判認容の蓋然性があること（ただし、この認容の蓋然性が認められるためにも、原則として診断書が必要になります。）、③本人の財産管理のために必要があること、の三つです。
　　c 成年後見人又は財産の管理者の選任
　要件を満たし、審判（又は保全処分）がされれば、成年後見人（又は財産の管理者）が選任されることになります。本事例のように、同居の親族以外から後見開始の申立てがあるような、いわゆる親族間で対立がある事案では、第三者である弁護士等が成年後見人又は財産の管理者に選任されることが多いようです。
　成年後見人又は財産の管理者の選任がされて、これらの者が議決権行使に関する本人の意思を確認できない場合には、成年後見人又は財産の管理者としては支配権獲得抗争に関わることを避けて、議決権行使をしないで棄権をすることも考えられます。
　したがって、成年後見人や財産の管理者が総会前に選任されれば、仮にX

がAの議決権を違法に行使しているような状態であっても、その状態を解消することができそうです。

　ただし、本事例のような場合に、Yの申立てにより成年後見人又は財産の管理者が選任されることは、必ずしも簡単でないと思われます。

　まず、先ほど述べた診断書は裁判所がウェブ上で提示している書式に従ったものが原則として必要です。しかしながら、本事例のようにXとYが対立をしている場合で、AはXと同居をしているとなると、YによるAの後見開始の申立てについて、Xから協力を得ることは難しく、Yは申立てに当たり必要となる診断書をそもそも準備することができない場合が多いでしょう。XがYに主治医が誰か教えないことも考えられますし、またYがAの主治医を知っていたとしても、医師としては、親族間で対立がある場合に、同居をしていない親族から診断書作成の要求を受けても、これには応じにくいようです。

　したがって、Yが後見開始等の申立てをするに当たっては、陳述書等でAの判断能力が低下している等の事情を補った上で申立てを行い、ひとまず裁判所に申立てを受理してもらって、その後同居の親族であるXに対してAの診断書の提出や鑑定への協力を求めざるを得ないと考えられます。そのため、このような場合には、成年後見人又は財産の管理者が選任されるとしても、選任までに時間がかかることが多いでしょう。

　　ウ　大株主の高齢化対策としての任意後見契約の締結
　上記のとおり、本事例のAのように、大株主の判断能力が低下していた場合、支配権獲得抗争を契機に後見開始等の申立てをされることがあります。本事例において、Yから後見開始等の申立てがあり、これが認められた場合、親族間での対立があるため、Xが後見人になる可能性は低いと言えます。

　Xとしてはこのような事態を避けるため、Aとの間で任意後見契約を締結して、株式の議決権行使を含めた財産管理行為について委任を受けておくことが考えられます。

　　　㈠　支配権獲得抗争においてAの議決権をXが行使することの可否
　もっとも本事例のような場合に、Xは、Aの任意後見人として、自らを役員とする議案に役員選任決議で賛成票を投じることができるのでしょうか。

Ⅱ　会社支配権の争い

　まず、任意後見人と被後見人の間で、利益が相反する法律行為については、任意後見監督人が行うこととなります（任意後見契約に関する法律7条1項4号）。

　利益相反行為に該当するか否かの判断においては、親権者と子どもの利益相反に関する民法826条の議論が基本的には妥当すると考えられています。

　この点、同上の議論においては、判例上、利益相反の有無は行為の外形から形式的に判断して、行為の動機、目的、結果その他の背景事情についての実質的考慮は行わないとする形式説が取られています（最判昭和43年10月8日民集22巻10号2172頁）。甲社の役員に誰がなるのかについては、外形上Aの利益には直接関係しないと考えられるので、形式説によれば利益相反行為には該当しないという結論も十分にあり得ると考えております。

　　(イ)　Yの対抗策

　では、任意後見契約が締結されていた場合に、XがAの議決権を行使したとしたら、Yはどのような対抗策をとっていくことが考えられるでしょうか。

　　　a　利益相反行為に該当する旨の主張、任意後見人の解任請求（任意後見契約に関する法律8条）等

　YとしてはXによる議決権行使は利益相反行為に該当して許されない、または議決権行使は任意後見監督人が行うべきで、このようなXは任意後見人にふさわしくないので解任されるべき等の主張をしていくことが考えられます。

　　　b　対抗的成年後見申立ての可否

　これに加えてYとしては、そもそもAの権利保護については成年後見によるべきと主張していくことが考えられます。

　そこで、対抗的な成年後見申立ての可否が問題になります。家族法一般の事例として、兄弟間の意見が割れていて任意後見派と法定後見派で対立している場合、事前に締結されている任意後見契約の無効等を主張するとともに、任意後見によることは妥当でないとして法定後見の申立てが対抗的に行われることがあります。

　この点、任意後見契約が締結されている場合には、家庭裁判所は「本人の利益のために特に必要があると認めるときに限り」後見開始の審判をなし得るとしています。「本人の利益のために特に必要があると認めるとき」の解釈については、大阪高決平成14年6月5日（家月54巻11号54頁）が、「諸

事情に照らし、任意後見契約所定の代理権の範囲が不十分である、合意された任意後見人の報酬額が余りにも高額である、法4条1項3号ロ、ハ所定の任意後見を妨げる事由がある等、要するに、任意後見契約によることが本人保護に欠ける結果となる場合を意味すると解される。」と判断しています。

したがって、本事例においても、上記解釈に該当するような事情がない限り、Yによる対抗的成年後見申立ては認められない可能性が高いでしょう。

3 株主総会決議に関する問題点

次に株主総会決議に関する問題点についてです。取締役の選任・解任は株主総会決議において行われます。本事例のような支配権獲得抗争においては、かかる決議に納得のできない当事者から、(当該訴えが認められる可能性が低くとも)手続き面の瑕疵等を理由に総会決議の取消しの訴え提起等がされることが多々あります。そこで、以下では甲社のような中小規模の同族企業において生じやすいと考えられる株主総会決議に関する手続的瑕疵を複数挙げた上で、総会検査役の選任について検討します。

(1) 瑕疵について

ア 招集手続に関する問題点

まず、招集手続に関する問題点について検討します。

招集通知の発送を行う際、一般的な中小企業では、普通郵便等で招集通知を発送している場合が多いかと思います。このように招集通知を普通郵便で発送したところ、対立当事者から、招集通知が届かなかった等、言いがかり的な手続的瑕疵の主張を受けた場合が問題となります。

会社法の126条の1項、2項、5項によって、株主名簿に記載されている住所に発送すれば、仮に到達しなくても到達したものとみなされるので、基本的には問題がありません。ただし、これは株主名簿が整っている場合の話で、中小企業においては株主名簿が存在しなかったり、名義書換の不当拒絶があったりする場合があります。このような場合には、126条1項、2項、5項の適用を受けることが難しいと考えられますので、注意が必要でしょう。

イ 議決権の行使に関する問題点

次に、議決権の行使に関する問題点について検討します。

II　会社支配権の争い

　(ア)　**名義株**

　まず中小企業にありがちな問題として、名義株の問題があります。甲社のような中小企業においては、例えば税金対策等から名義株関係が生じていることが少なくありません。名義株関係が存在する場合、会社としては誰を株主として取り扱えばよいのかが問題になります。

　株式の譲渡は株主名簿の名義書換がなければ、会社や第三者に対して対抗できませんので、名簿に記載されている株主に権利行使を認めれば足りるのが原則です。

　しかしながら、会社設立や新株発行による取得は原始取得であるため、名簿上の記載なくして会社に対抗できる、という見解が示された裁判例があるので注意が必要です（東京高判平成4年11月16日金法1386号76頁）。他人名義による株式の引き受けがなされて、実質上の株主が株主名簿に記載されていなかったところ、実質上の株主が、自己の株主としての地位の確認を求めるとともに、株主名簿上の株主によってなされた、取締役選任に関する総会決議の取消しを求めた事例です。この事例において裁判所は、実質上の株主は、株式を株式発行会社の設立又は新株の発行に伴い原始取得したものであって、当該株式の保有は、株式発行会社の株主名簿上にその旨の記載がなくても、会社に対抗し得る旨判断しています。

　(イ)　**相続により株式の準共有が生じている場合**

　また、相続により株式の準共有が生じている場合があります。この場合は、原則として権利行使者の通知がなければ、権利行使できません（106条本文）。

　ただし、例外として会社が同意をした場合には、権利行使できるとされています。会社としては、相続が起きているけれども、相続人間の対立が深く、それぞれ権利行使者の通知ができない場合、誰を権利行使者として認めればよいのかが問題になります。株式を準共有している場合には、議決権の行使は共有理論における管理行為に該当するので、当該共有者間の協議で決まるわけです。ですから会社は、権利行使者の通知がなければ、「誰が権利行使するのか」について、相続人に対して確認することが必要となります。

　なお、立法担当者は、会社がその確認を怠って、協議内容と異なる権利行使を許したとしても、共有者の議決権の行使自体には瑕疵がなく、決議取消事由

には該当しないと考えているようです。この考えによると、ある共有者に権利行使を認めたことによって、他の共有者に生じた損害について、会社が賠償責任を負うのみとなります（相澤哲ほか編『論点解説　新・会社法　千問の道標』（商事法務、2006）参照）。しかしながら、東京高判平成24年11月28日（判例タイムズ1389号256頁）は、準共有者の一人が他の準共有者との協議なく議決権を行使した事案において、かかる議決権行使を会社が認めることは違法であり、決議取消事由に該当すると判断しており、注意が必要です。

(2) 検査役の選任について

次に、検査役の選任についてお話しいたします。

ア　選任の目的（証拠保全目的・違法抑止目的）

Yが議決権の過半数を押さえることができた場合、Yとしては、Xによる違法行為を防止するとともに、X等による違法な議事運営を理由に総会決議取消しの訴えを提起する際の証拠を準備しておきたいところです。他方で、XとしてYによる計画を察知したけれども、議決権の過半数は確保したという場合でも、やはり事後的にYから言いがかり的な総会決議取消しの訴えが提起される場合に備えて、証拠を準備しておきたいところです。

そこで、総会決議取消しの訴えの提起を見越して、検査役の選任を申し立てることが考えられます。

総会決議取消しの訴えに当たっては、検査役が作成する検査役報告書が大変強力な証拠になります。また、検査役の選任後は、会社と検査役によるダブルチェックをしながら手続きを進めていくことができますので、会社側としては、手続き的なミスが減りやすいという副次的効果が得られるといえます。

イ　費用

次に費用について見ていきたいと思いますが、まず手数料は1000円とされています。ただ、この手数料とは別に、事案に応じて検査役報酬相当額を予納金として納める必要があります。予納金額は事案に応じて様々なので、一概には言えません。なお、裁判所が、予納金額が不足していると判断した場合には、追納を求められることになります。

申立費用は、会社法306条4項によって最終的には会社が負担することになりますので、株主申立ての場合にはひとまずは株主が裁判所に支払って、

Ⅱ 会社支配権の争い

後に会社に対して求償をしていくことができます。したがって、株主側でこの手続きを取る場合には、費用については、最終的には会社に請求可能であるというアドバイスができると言えます。

 ウ 手続きの流れ（一例）
  (ア) 審問期日

では、総会検査役の申立て後の手続きの流れについて一例を示していきます。

申立て後、総会検査役の選任を裁判する場合には、申立てから近接した日に審問期日が開かれます。審問期日では、裁判官と会社側と申立人側が集まって、面接が行われます。申立ての形式的要件を満たしていることが確認できれば、審問期日終了後速やかに検査役選任決定がなされて、手続きがスタートすることになります。

  (イ) 検査役と各当事者との面談

検査役としては、審問期日の後にいきなり総会当日を迎えるのではなく、特に申立人と被申立人が対立しているような事案では、検査役が双方と個別に面談を行うことが多いようです。まず会社側との面談ですが、特に株主総会を社屋で行うような場合には、検査役が社屋を訪問して、当日の流れや事務手続きについて、確認をすることがあります。この面談に前後して、検査役から会社側に対して、定款や株主名簿、株主取扱規則がある場合にはその写しの確認や、当日の採決方法、株主の入退場方法の確認等をします。これに対して申立人側との面談においては、申立てに至る経緯や、申立人として重点的に検査してほしい点等についての確認等が行われます。

  (ウ) 総会当日

総会当日は、検査役が総会の全てに立ち会います。なお、総会の議事については、記録のために、ビデオ録画やICレコーダーによる録音を行うことが多いようです。

  (エ) 裁判所に対する報告書の提出（306条4項）、会社（及び申立人）に対する写しの交付（306条7項）

総会終了後に報告書を作成し、裁判所に対して提出します。報告書は申立人と会社に対して、それぞれ写しが交付されます。

(オ)　裁判所による株主総会招集等の決定

　一定の場合には、裁判所による総会招集の決定があります（307条参照）。

　　エ　総会検査役の権限

　検査役は、あくまで総会の招集手続と決議方法に違法がないかどうかを判断するための基礎となる事実について調査を行い、報告書に事実の経過を記載するのみです。例えば代表取締役が、総会の場において議長として違法行為に出たとしても、これを抑止する権限はありません。

4　情勢が不利なことが明らかになった場合の対応策〜累積投票制度（342条）の活用〜

　最後に、情勢が不利になったことが明らかになった場合の対応策として、累積投票制度の活用を検討します。例えば今回の事例で、Aに対する後見開始の申立てが認められて、後見人がAの議決権を行使せず、その上でB・C・Dの議決権についてはYが押さえたとします。そうするとX対Yの割合としては、X側が40％で、Y側が50％となります。この場合、Xとして、累積投票制度を活用することが考えられます。

　　(1)　手続き

　まず手続きについてですが、これは株主総会開催の5日前までに、会社に対して累積投票による取締役の選任を求めることが必要です。なお、定款で当該制度自体を排除している場合には利用できませんが、一般的な中小企業の定款では、これを排除していない例が多いのではないかと思います。

　　(2)　具体例

　具体例として、申し上げたとおり、X側が40％、Y側が50％とします。分かりやすいようにパーセントを持株数とし、Xが40株、Yが50株とします。

　まず、株主総会において会社提案の議案（候補者X・Y・Z。場合によってはYの代わりに第三者）と株主提案の議案（候補者Y・P・Q）を個別審議する場合には、会社提案の議案が40票で否決されて、株主提案の議案が50票で可決されることになります。したがって、Y・P・Qが選任されることになります。

　次に、取締役候補者1人ずつに投票して、得票数の多いほうから3名選任する場合も考えられます。これはつまり、会社提案の議案と株主提案の議案

を一括審議する場合です。この場合はY・P・Qが50票、X・Zは40票得ることになりますので、やはりY・P・Qが選任されることになります。

これに対して累積投票制度を用いる場合には、株主は有する株式一株について、株主総会において選任する取締役の数と同数の議決権を有することになります。つまり、今回は取締役を3人選任するので、40×3と、50×3で、120票と150票となります。合計270票となるので、3位に入るためには270÷4＝67余り2ですから、68票取ればよいわけです。したがって、Xは120票持っているわけですから、Zは落選しても、自らを当選させることが可能になります。

(3) 累積投票制度利用の効果

累積投票制度を利用すると、累積投票で選任された取締役を解任するためには、特別決議が必要となります。本件においては、Xが40％を握っているので、累積投票制度で選任された後も原則として解任されることはありません。結果として、YはB・C・Dの議決権を押さえても、Xを追い出すことはできないことになります。

第3　支配権争いが一旦決着した後の対応

後半は、支配権争いの結果、どちらか一方が追い出された後の対応について、神村からお話しいたします（レジュメ8頁参照）。

支配権争いをしてどちらかが追い出されたということは、通常は株をどちらがたくさん持っているかということに関しては決着がついています。したがって、追い出された側からの株主総会の多数決による反撃は機能しないので、それ以外の方法で何かできないか考えてみます。

1　概　観

本件の事例のXとYとの支配権争いでYが追い出された場合、Yは役員から追い出されても株主のままではあります。したがって、まず考える対応としては、株主として権利行使できるXへの対抗策が何かないかです。

追い出されたYが、支配権争いをした相手Xも取締役から退かせたいと考えるなら取締役解任の訴えになりますし、自分を追い出したXに対して損害賠償を請求したいとすると、取締役への損害賠償請求や代表訴訟になります。

第3 支配権争いが一旦決着した後の対応

　また、支配権争いに負けてしまったので自分が会社から出て行くことはもう仕方がないということであれば、出ていくからには自分の退職金くらいは確実に確保したいという話になるのではないかと思います。この点、退職金支給には株主総会決議が必要であるため、株をより多く押さえているＸからの反撃も当然考えられます。したがって、いかに退職金を確保するか、あるいはいかにＸからの反撃を防ぐかが問題になります。

　さらに、もっと前向きな話としては、起業や転職によって、これまでの経験を生かした仕事でＸを見返したいというケースもあるかと思いますが、この場合は追い出された会社との競業行為として、このような活動が全く自由に認められるものなのかという問題が出てきます。

　これらが支配権争い決着後の反撃、対応策ですが、現実には会社支配権争いをしている中で一度株主総会での結論が出てしまった後でも、依頼者である追い出された側の株主兼役員に「納得できないので支配権争いで何とか抵抗したい」という気持ちはやはり残ることが少なくないと思います。多数決で最終的には負けてしまった場合であっても、とりあえず打てる手は何とか打って、最終的に和解に持ち込むという戦略を取るケースも多いのではないでしょうか。したがって冒頭に申し上げたとおり、最終的には勝てるわけではないという場合であっても、仮処分というのは有効な戦略として十分検討

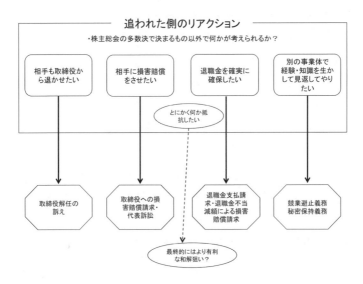

いただくべきものだと思います。

相手を役員から退かせたいとして、取締役の解任の訴えを起こす道は考えられるものの、相手は再任されてまた復帰することになるので、なんとか相手も役員から引きずり下ろしたいというのは結局多数決で勝てないと実現できないことです。追い出された方が支配権争いで抵抗したいという目的なり思いを達成できる手段というのは実はあまりありません。

損害賠償請求については、自分が追い出されたので相手に対して損害賠償を請求したいという依頼者も少なくないかと思います。しかし、ご存じのとおり、これは会社に損害が発生していないと損害賠償請求は認められません。支配権争いの中で相手側が違法なことをやっていない場合や、違法な行為があっても会社に損害が発生しているとは必ずしも言えない場合等は認められないので、こちらも意外と使えるケースは限られるのではないかと思います。

2 中小企業と手続瑕疵に対する攻撃の妥当性

今回は実際に相談が多いであろう退職金の問題、競業取引の問題、相手方に対する取締役解任の訴え、この三つを取り上げます。

まず具体的な話に移る前に、中小企業で手続瑕疵に対するこの手の攻撃がそもそも認められるのかです（レジュメ9頁参照）。つまり、長い間取締役会を適法に開いていないとか、総会も実は全然開いていなかった会社で、たまたま自分が支配権争いに負けた途端に、その瑕疵を攻撃するというのはいかがなものかという話です。

法律論からすれば当然瑕疵がある手続きですので、その瑕疵に対する攻撃をしても全くおかしい話ではないのですが、こういったケースに関して、権利主張が認められないとされた裁判例があることにはご留意ください（レジュメ9頁、裁判例参照）。

私自身は、このような裁判例があるものの、あくまで例外的な話で、瑕疵がある手続きに関しては、当然その瑕疵を主張するというのは認められて然るべきだと思います。詳しくは江頭憲治郎先生の『株式会社法 第5版』（有斐閣、2014）361頁をご参照いただければと思います。

第3　支配権争いが一旦決着した後の対応

3　取締役解任の訴え（854条）

(1)　なぜ相手方の解任を求めようとするのか？

取締役解任の訴えについていくつか検討したいと思いますが、そもそもなぜ解任を求めようとするのでしょうか。端的に言えば、自分が追い出されたので相手がその場にとどまるのは納得いかないという自然な感情からだと思います。

(2)　取締役解任の訴えの限界

ただ現実問題として、相手方に解任の訴えの解任事由があったとしても、任期が満了すればそもそも解任の訴えが認められなくなります。また、任期満了後にまた同じ役員（相手方）が再任されてしまうと、再任前の解任事由で解任の訴えは認められませんので、結局は株を多く押さえている方が勝ちきれるということになります。したがって、最終的な争い方としては、取締役解任の訴えで追い出された方の思いを遂げるのはなかなか難しいという結論にならざるを得ないのかと思います。

(3)　取締役解任の訴えの要件の検討（854条）

　　ア　取締役選任決議で選任されなかった（支配権争いの結果）場合は「解任議案が否決され」てはいない。

取締役解任の訴えの要件のうち、解任議案が否決されたという要件に関するポイントとしては、支配権争いに敗れて取締役会での決議で解任議案を取り上げてもらえなかったケースがあります。解任議案が株主総会に上程されていない以上、解任議案が否決されたことには当たらないので、解任の訴えは提起できないことになります。

ただ、解任の議案を株主総会に上げたものの、議長が横暴を振るってその決議自体をさせなかったようなケースに関しては、解任議案が否決されたケースに当たります（レジュメ10頁、高松高決平成18年11月27日裁判例参照）。したがって、このように相手方が横暴を働いたケースに関しては、一つの手段として解任の訴えは使えることになります。

　　イ　株主総会の決議から30日以内の提訴であること

もし解任の訴えを起こす場合、30日という期間の制限があるので、事前にある程度準備しておかないと大変です。

II 会社支配権の争い

　　ウ　解任対象の役員に「職務の執行に関し不正の行為又は法令違反若しくは定款に違反する重大な事実」があったこと

　不正行為なり法令違反、定款に違反する「重大な」事実があったということが要件とされているので、軽微なものに関しては解任事由に当たらないということが、先ほどの高松高裁決定で述べられています。この点について一つ面白い裁判例があったので紹介いたします。

　神戸地裁の昭和51年6月18日の裁判例で、経営判断に関する任務懈怠責任、いわゆる法令違反として任務懈怠責任に当たるかということを判断した事例です（レジュメ11頁参照）。繊維メーカーが12億円ものお金を投じてボウリング場の建設をした、しかもボウリング場の建設は会社の定款の目的に入っていなかったので、ボウリング場の建設を始めた後に定款変更までしたという事例です。明らかに定款の目的にも入っていないようなものに対して、こんなにお金をつぎ込んで、挙げ句の果てに1億7000万円も損をしたというケースなので、これは当然解任されてもおかしくはないかと思われるのですが、この裁判例では重大な違反には当たらないという判断がされています。解任事由に当たるものかどうかの判断には幅があるという点にご留意ください。

　　エ　その他

　支配権争いの最中は、権利義務取締役に関しては解任の訴えを起こせないことを忘れがちなので、ご留意いただいたほうがいいかなと思います。

　私も職務執行停止の仮処分を申し立てた支配権争いの事案において、相手方の子飼いの役員に対して職務執行停止の仮処分申立てを行ったことがあります。相手側によって会社内でめちゃくちゃなことをやられているものの、定時総会を開かずに放っておかれたためにその役員が権利義務取締役になってしまい、職務執行停止の仮処分が認められないという状況が作られてしまっていました。

　取締役会や株主総会の手続きをいい加減にやっていて、実は過去の選任決議が法的に有効ではない、つまり、有効ではない株主総会決議で選任された取締役であれば、法的に有効に選任されていない以上、権利義務取締役の問題が出てきます。したがって、このようなケースでは、解任の訴え、さらに

職務執行停止の仮処分も認められないという点はご留意いただければと思います。

ただ、職務執行停止の仮処分が認められないケースでは、一時取締役の選任の申立てができるとされていますので、実際に私がやったケースでも、最終的には一時取締役の選任が認められました。

次に、取締役解任訴えの事由と株主総会決議による取締役解任決議の「正当な理由」と、取締役の損害賠償責任の任務懈怠事由との関係というものがどういった関係にあるかというのを整理してみます。

株主総会決議による解任の「正当な理由」というのは、例えば病気や高齢といった不正な行為や法令違反に当たらないものもあります。そういった事由が取締役解任の訴えの解任事由と重ならないということは容易にご想像がつくかなと思います。

経営判断の失敗に関しては、広島地裁の平成6年11月29日の裁判例を挙げておきます（レジュメ11頁参照）。いわゆる経営判断の失敗についても解任事由に当たるとされた裁判例で、経営判断については解任事由に当たるべきではないという主張・学説もありますので、参考裁判例としてご参照いただければと思います。

以上検討してみましたが、取締役の解任の訴えは、やはり株の多数を押さえていないと最終的にはなかなか使いにくいかと思います。実際使うとすれば、おそらく訴えを提起する、あるいは仮処分を提起するなりして、最終的には、退職金の支払を優位にするといった何らかの金銭的な面での和解を目指そうとすることが多いのではないかと思っています。

4　取締役への損害賠償請求（423条等、代表訴訟854条）

取締役への損害賠償は、会社に対する会社の損害が必要なので、意外と支配権争いでは使いにくいのではないかと思っています。レジュメ12頁に二つほど裁判例を挙げていますが、経営判断の原則と任務懈怠責任に関して、法令違反については原則として経営判断の裁量が認められないので、攻撃する側としては相手側に何らかの法令違反がないか探すというのが有効な手段になるかと思います。

レジュメ12頁には、損害賠償権の消滅時効を10年としている裁判例と、

遅延損害金に関しては6%としている裁判例を挙げています。商事債権でしたら当然消滅時効は5年になるはずですが、消滅時効は10年とされながら、遅延損害金は6%としている裁判例があって、これはなかなか面白いと思いましたので、ご紹介させていただきました。

5 退職金支払請求・退職金不当減額による損害賠償請求
(1) 退職金支払の基本ルール

退職金支払の基本的なルールですが、退職金も取締役の報酬なので、支払には株主総会決議が必要というのが原則になります。

ただ通常は、株主総会決議では退職金支給総額の枠だけを決めて、個々の役員への具体的な金額に関しては、取締役会や場合によっては代表取締役に一任ということも認められて、実際にこのようなケースは多いかと思います。

万が一、支配権争いをして追い出される前の時点で、使用人としての給与も受け取っているような場合、使用人分の退職金は取締役の報酬ではないので、株主総会決議とは関係なく支払を請求できます。もちろんその旨の退職金規程があることが前提ですが、忘れずに請求するようにします。

退職金支払に関しては、株主総会決議がないと支払えないというのが一番大きなポイントになります。したがって、支配権争いの争い方として、どうやって株を集めていって争っていくか、秘密裏にやるのか、早い段階から争いごとを勃発させるのかとさまざまに戦略があるかと思います。退職金支払について言えば、株式の多数派をコントロールするX側が、Yの退職金支払について株主総会の議案を上げない場合や退職金支給の決議をしない場合に、Yが退職金の支払を求めていくのは難しいものがあります。

(2) 特定の取締役に対する退職金支払のみ議案を総会に上程しないということは許されるか

この点に関する裁判例として、大阪高裁平成19年3月30日の事例があります（レジュメ12頁参照）。こちらは追い出された取締役に対して退職金支払はしないと取締役会で決議し、当然ながら、株主総会でも退職金支給の議案を上げなかったという事例です。結論としては、人格的利益を侵害したことを理由に不法行為責任としてお金の支払を認めています。追い出された役員に対してそれぞれ300万円と500万円を認めているものの、もともとの想

第3　支配権争いが一旦決着した後の対応

定された退職金は2億円と4億円以上だったケースなので、このケースもお金の支払は認めているものの、あくまでも不法行為責任で、退職金の支払ではありませんので、株主総会決議がないと非常に厳しいというのがお分かりいただけるのではないかと思います。

(3) 株主総会決議がなされない場合の救済案

　支配権争いの場合だと、退職金支給の議案を上げない、その議案を決議しないという例は、いかにもありそうだとご想像いただけるかと思います。実際にそういうケースで救われている事例をいくつか挙げました。いずれも結論としては、株主総会決議の事実認定の問題で何とか救済しているという評価ができるかと思います。したがって、これらの裁判例では救済できる事実関係があるというどちらかというと例外的なケースではないかと思いますので、やはり原則としては株主総会決議がないと退職金は払われないというのが一番大きなポイントになるかと思います。

(4) 退職金請求権の具体的な発生時期——取締役会による決議がなされないケースを想定して

　では、仮に株主総会決議があったものの、退任取締役への退職金の支払に関しては、具体的な金額は取締役会に一任するという決議がされた場合には、具体的に退職金請求権が決まる時期はいつかが問題です。具体的な金額が決まれば、会社に対して退職金の支払を請求できるようになります。これに関しては、取締役会への一任のされ方、会社のこれまでの実務なり内規の運用の仕方によるかと思います。この場合、株主総会決議が一度されてしまうと、その後の一任をされた取締役会というのは、一任をされた以上は退職金の金額を検討して決める責任を負いますので、これをしないと任務懈怠責任を負うという判断が実際に裁判例で出されています（レジュメ14頁、京都地裁平成2年6月7日裁判例）。

　基本的には勤続年数や年齢で基本支給額が決まって、あとはどれだけ会社に貢献したかという加算部分がある会社はよくあると思います。この点、加算部分は取締役会で決めるものの、基本的部分というのは取締役会の裁量がありませんので、このケースに関しては株主総会の決議さえあれば基本的部分は確定するとされています。こういったケースでは、支配権争いをしてい

(5) 支給額の決定後の不支給・減額の可否

　一度株主総会決議はされたものの、支配権争いをしているために、何らかの理由を付けて不支給や減額をされるというケース、減額を会社が一方的に言ってくるケースもあるかと思います。この点に関しては、具体的にいったん退職金の金額が確定してしまうと、勝手に会社側がそれを変えることは原則としてできません。減額の株主総会決議をしても原則認められません。最判平成22年3月16日の判例は、退職年金の減額について争われた事例です（レジュメ14頁）。社会情勢が違うという事情があり、しかも会社が退職金支給の内規まで変えたとしても、やはり一度決めた以上は相手方の同意なく退職金の減額はできませんよという事例です。

　一方、「取締役就任時に差し入れた誓約書等による個別」合意ですが、取締役に就任するときに、「役職の降格があった場合には、退職金の何割を減らすこと」、あるいは「（退職金の減額について）取締役会に一任します」とか、「競争相手に退職後入社した場合には退職金は返還します」といった合意をしているケースが時々見られるかと思います。こういった場合、ご本人は就任のときのことですから、いざ（支配権争いが起きて）問題になったときには覚えていないことが多いと思うのですが、そのような合意を盾に会社側から減額や不支給の措置を取られることがあるので、その点ご留意いただきたいと思います。これは合意に基づく減額なり不支給として解釈され得るものですので、場合によっては減額や、不支給というのが適法と認められるケースが出てきます。

6　競業避止義務・秘密保持義務

(1) 取締役の競業避止義務（356条1項1号）

　次に競業避止と秘密保持の問題です。退任後に同種同業の仕事を、別の会社あるいは自分で事業を立ち上げてやってやろうというケースです。取締役の競業避止義務（会社法356条1項1号）は、あくまで在任中の義務であって、退任した後は原則対象外となるので、会社法に基づいて競業避止義務を負ったり、秘密保持義務を負うということはないということになります。

第3　支配権争いが一旦決着した後の対応

⑵　不正競争防止法による規制

ただ秘密に関しては、不正競争防止法による規制があるので、追い出された役員が非常に重要な営業秘密を持っていて、それを使ってライバル会社を立ち上げようとする場合等には問題になります。

⑶　競業避止義務・秘密保持義務の合意なくても退任後の秘密保持義務を認めた裁判例

それに関する裁判例として、大阪高裁平成6年12月16日の裁判例があります。特段合意がなくても、営業秘密に当たるようなものに関しては秘密保持義務があると言っている事例です。

⑷　退任後の競業避止義務の特約合意

ア　合意内容の有効性判断要素

ただ原則としては、あくまで退任後は競業避止義務や秘密保持義務の合意がなければ、そういった制約を負わないので、合意があった場合には、その合意に関して何らかの条件や制約があるかということを検討することになります。

辞めた後の競業避止義務は、従業員でも取締役でも、職業選択の自由や営業の自由への制約になるので無制限には認められません。

この点に関しては、東京地裁平成21年5月19日の裁判例をご覧いただければと思います（レジュメ15頁、下線部参照）。ほかの裁判例でも同じような判断がされているかと思います。競業禁止制限の期間と制限される場所、職種、それと（会社からの）お金の面の代償措置といった要素を総合的に判断して、競業避止合意の有効性を考えるというのが今の裁判実務かと思います。

イ　制限期間の目安

依頼者から相談を受ける場合で、退任した場合だけではなくて、新たに取締役が就任する場合に、退職後の競業避止の合意をあらかじめ得ておきたいというケースもあるかと思います。そういった場合、競業避止の期間をどうすればいいのか。2年間というのは多くの裁判例で有効とされています。では、2年を超える期間はどうかということについてをいくつかの裁判例を調べてみました。3年で無効とされたのは、浦和地裁の平成9年1月27日の決定です。ただ、これは地域がかなり広かったので、地域とのバランスもあっ

Ⅱ　会社支配権の争い

て、3年で無効とされたのではないかと考えています。

　他方で、5年間の競業避止期間で有効とされた例もあります。東京地裁の平成5年10月4日決定です。こちらは、期間だけではなくて、場所も広いのですが、少し特殊な例で、この事例は確かフランスからの食材の輸入事業だったと思いますが、競業避止義務を負っている役員の方がフランス側とのコネクションが非常に強く、この人が抜けていなくなると仕事が成り立たないということが分かっていて、それを前提にこの人を招いた例でした。そういった事情もあり、また役員報酬もそれなりに払っていたので、5年の競業避止合意でも長すぎないという判断がここではされています。

　また、同じ5年で無効とされた例があります。大阪地裁の平成10年12月22日の判決です。この事例では、競業避止期間が5年である上に、対象地域がかなり広かったこともあって、5年の競業避止合意は無効とされています。

　単純に2年を超えると無効というわけではないのですが、裁判例を見る限り、2年はかなり安全なラインといっていいのではないかと思います。

(5)　退任後の従業員引き抜き行為

　最後に競業行為に関連して、追い出された役員自身が競業行為を行うだけではなくて、元いた会社から従業員を引き抜くというケースもあります。元従業員ならよく知っている間柄だし、人材としての能力も把握しているからです。こういった引き抜き行為の責任、不法行為責任が問われるかということに関しては、いくつもの数の裁判例が出ています。

　結論としては、社会通念上自由競争の範囲を逸脱した違法な様態で顧客等を奪取するとか、一斉に退職させるとか、かなり特殊というか、激しいことをしないと、従業員の引き抜きが不法行為に当たると判断されていないと言っていいのではないかと思います（レジュメ16頁、東京地裁平成6年11月25日裁判例参照）。

　東京地裁の平成5年8月25日の判決は、退職した役員の引き抜きというケースでは恐らくご存じの方も多いかと思います。昔あったTAPという学習塾の役員なり講師が一斉に抜けて、SAPIXという同じようなやり方の塾を作った事件です。これは業態もそうですし、講師も生徒も相当引き抜かれ

第3　支配権争いが一旦決着した後の対応

て移っていますし、新しく作ったSAPIXに通っている子どもたちの通学範囲もTAPのそれと重なっているという事例だったのですが、この事例に関しても、結論としては、社会的相当性を逸脱した引き抜き行為を行ったという評価はされていません。したがって、もちろん無制限に許されるものではないですが、引き抜きが不法行為に当たるとして損害賠償責任を問われるというのは、かなりレアケースといっていいのではないかと思います。競業避止に関しては、会社を抜ける方からするとどのような競業の合意を結ぶかの問題です。これは、もちろん自分として受け入れられる内容かどうかという問題もありますし、場合によっては争いになったら無効主張をする前提で、抜けることを優先して会社側の意向に応じて、5年とか3年とか長い期間の合意をするというのもあり得なくはないかと思います。

　一方で、追い出した会社側としては、原則として、競業避止や秘密保持は特約を結ばないと追い出された側にそういった義務は負わせられませんので、そのような特約合意をしようとするわけですが、その特約を結ぶ際には、どのような内容でもいいわけではなくて、その内容に制約があるという点は十分留意したほうがいいのではないかというのが、ここでの結論になります。

　最後のレジュメ16頁ですが、参考文献をいくつか挙げさせていただきました。会社法一般のものは先生方がよくご存じだと思いますので挙げていません。先ほどの東京地裁商事部の『類型別会社訴訟Ⅰ、Ⅱ（第3版）』と『類型別会社非訟』以外にも、こういった中小企業や同族会社の支配権争いを扱っている本があるので参考文献としていくつか挙げました。例えば『事例でわかる同族会社・中小企業の会社経営をめぐる実務一切』とか『法務Q&A 非上場会社の支配権獲得戦』等ですが、特に後者は薄いですけれど、とてもよくまとまっていて参考になると思います。

　以上でわれわれからのお話は終わらせていただきます。

レジュメ

II 会社支配権の争い

弁護士　神村大輔
弁護士　福原竜一

第1　会社支配権争いの全体図

　兄弟役員間における役員からの追い出し紛争を例に
　　・一方が多数株式を押さえているとは言えないケース
　　・一方が明らかな違法行為を行っているわけではないケース
　最終的には争っている者同士の間でどちらがより多くの株式を押さえる（コントロールできる）かによる。

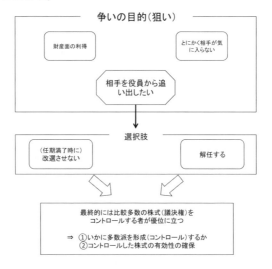

　「閉鎖会社の内部紛争における実質的な争いは、支配権争奪の問題と経済的利害対立の問題に還元できるように思う。」（宍戸善一「閉鎖会社における内部紛争の解決と経済的公正(一)」法協101巻4号552頁、1984）
　取締役会レベルでの争い（瑕疵）
　　・多数株式を押さえていれば（通常）押し通せるので、取締役会レベルでの争いのみでは最終決着することにはならないことが多い。

ただし
- 「(最終的な勝敗はともかく)とにかく相手方の(違法な)動きを止めたい」といったニーズに対しては、取締役会レベル、(相手方の)業務執行レベルでの争いも選択肢。
- (最終的な)株主総会での決着に至るまでの過程における争いでは(商事)仮処分の活用が有効

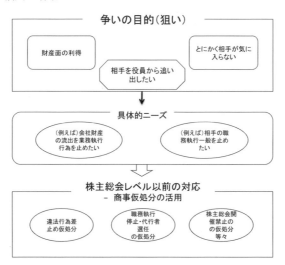

第2 支配権争い
1 事例設定（本文参照）
2 Yによる議決権の過半数の把握
　取締役の選任及び解任は、共に株主総会の権限（選任について329条1項、解任について339条1項。共に普通決議）
(1) B・C・Dについて
　ア　B・C・Dに対する説得
　イ　買い取りを求められた場合
　　B・C・D「親族間の争いに巻き込まれたくない。買い取って欲しい。」
　　→株式譲渡の要件について検討することとなる。
　　㋐　株券関係
　　　a　株式譲渡の効力要件
　　　　(a)　株券不発行会社の場合
　　　　　　当事者の合意により譲渡の効力が生じる。
　　　　(b)　株券発行会社の場合

Ⅱ　会社支配権の争い

　　　　　　　自己株式の処分以外、株券を交付しなければ譲渡の効力が生じない（128条1項）。
　　　　　→株券発行会社であるか否かについて（会社法の施行に伴う関係法律の整備等に関する法律76条4項）
　　　　　　（株式会社の定款の記載等に関する経過措置）
　　　　　　　4　旧株式会社又は第六十六条第一項後段に規定する株式会社の定款に株券を発行しない旨の定めがない場合における新株式会社の定款には、その株式（種類株式発行会社にあっては、全部の種類の株式）に係る株券を発行する旨の定めがあるものとみなす。
　　　b　株券発行会社であるにもかかわらず、株券の発行がなかった場合
　　　　(a)　対応策
　　　　　株券発行請求（215条4項）
　　　　(b)　株券の交付のない株式譲渡の有効性
　　　　　会社が株券の発行を不当に遅滞している場合には、株主は意思表示のみによって株式を譲渡でき、会社は株券発行前であることを理由に当該株式譲渡の有効性を否定することはできない（最判昭和47年11月8日民集26巻9号1489頁）。
　　(イ)　譲渡制限関係
　　　a　譲渡制限株式を譲渡する場合の手続き
　　　　(a)　譲渡等承認請求者による承認請求（136・137条1項）
　　　　(b)　譲渡等の承認の決定（139条1項）
　　　　(c)　承認請求者への決定の通知（139条2項　なお、(a)から2週間以内に行う必要（145条1号））
　　　b　会社に対する承認請求をするか否か
ウ　Xによる対抗策
　(ア)　Yに協力しないようにB・C・Dを説得
　(イ)　Xがなりふり構わない行動に出た場合
　　　a　議決権の行使に関しB・C・Dを買収しようとする
　　　　(a)　会社財産から支出した場合
　　　　　当然に利益供与となる（120条・970条）
　　　　(b)　自らのポケットマネーから支出した場合
　　　　　・利益供与には該当しない
　　　　　・株主等の権利の行使に関する贈収賄罪（968条）該当性
　　　　　　→「……実務的には、単に議事進行や会社提案の可決への協力を依頼すること（例えば、議事進行の動議について反対したり、会社提案に賛

成したりすること）自体は、不正の請託には該当しない」（江頭他『論点体系会社法6』第一法規508頁）

  b 明白な不法行為に出た場合
   XがB・C・Dに対して「取締役Yは会社財産の横領を繰り返している。」等と言い回った場合
   (a) 株主が取締役の違法行為差止請求権を有することを根拠とした差止仮処分の申立て（360条1項、民事保全法23条2項）
    ① 被保全権利の存在
     ・被告が、取締役として、会社の目的の範囲外の行為、その他法令・定款に違反する行為をし、又はこれらの行為をするおそれがあること
     ・かかる行為により会社に著しい損害が生じるおそれがあること
     ※甲社は「監査役設置会社」（2条9号）ではないため、360条3項の適用がなく、要件は上記のとおりとなる（会社法の施行に伴う関係法律の整備等に関する法律53条、株式会社の監査等の商法の特例に関する法律1条の2第2項等参照）。
    ② 保全の必要性
   (b) 内容証明郵便等を用いた、不法行為に基づく損害賠償請求権行使の意思表示（民法709条）
    →Xに対し、事実上プレッシャーをかける。
   (c) 名誉権侵害に基づく差止請求権を有することを根拠とした差止仮処分の申立て（民事保全法23条2項）
    ① 被保全権利の存在
    ② 保全の必要性
  c まとめ
(2) Aについて
 ア Aに対する説得、Aからの買い取り
 イ 成年後見手続について
  (ア) 成年後見制度の趣旨
   判断能力の不十分な者の判断能力を補うことによって、その者の生命、身体、自由、財産等の権利を擁護することを目的とするもの。
   →支配権獲得抗争において自己に有利な効果を生ぜしめることを目的に後見開始の申立てをすることは認められない。
  (イ) 手続について

Ⅱ　会社支配権の争い

　　　　a　申立てから開始まで
　　　　　「明らかに必要がない」（家事事件手続法119条1項但書）場合を除き、原則として精神状況の鑑定が必要である。
　　　　b　緊急性が高い場合
　　　　　(a)　審判前の保全処分として、財産の管理者の選任・後見命令等の申立て（家事事件手続法126条）
　　　　　(b)　財産の管理者が選任されるための要件
　　　　　　①　後見開始の審判の申立てがあること
　　　　　　②　本案審判認容の蓋然性があること
　　　　　　　これが認められるためには原則として診断書が必要である。
　　　　　　③　本人の財産の管理のために必要があること
　　　　　　　後見開始の審判を待っていたのでは本人の財産が減少してしまう等、本人に損害の生じるおそれがあることから、直ちに財産の管理者を選任する必要があることを要する。
　　　　c　成年後見人又は財産の管理者の選任
　　　　　本人の意思が確認できない場合、支配権獲得抗争に関わることを避け、議決権を行使せずに棄権することも考えられる。
　　ウ　大株主の高齢化対策としての任意後見契約の締結
　　　(ア)　支配権獲得抗争においてAの議決権をXが行使することの可否
　　　　　利益相反行為については、任意後見監督人が行うこととなる（任意後見契約に関する法律7条1項4号）。
　　　　　利益相反の有無は、行為の外形から形式的に判断し、行為の動機、目的、結果その他の背景事情についての実質的考慮は行わない（形式説　最判昭和43年10月8日民集22巻10号2172頁）。
　　　(イ)　Yの対抗策
　　　　a　利益相反行為に該当する旨の主張、任意後見人の解任請求（任意後見契約に関する法律8条）等
　　　　b　対抗的成年後見申立ての可否
　　　　　任意後見契約が締結されている場合は、家庭裁判所が「本人の利益のため特に必要があると認めるときに限り」、後見開始の審判をなしうる（任意後見契約に関する法律10条1項）。
　　　　　→「本人の利益のため特に必要があると認めるとき」とは、「諸事情に照らし、任意後見契約所定の代理権の範囲が不十分である、合意された任意後見人の報酬額が余りにも高額である、法4条1項3号ロ、ハ所定の任意後見を妨げる事由がある等、要するに、任意後見契約によ

—5—

ることが本人保護に欠ける結果となる場合を意味すると解される。」
（大阪高決平成14年6月5日家月54巻11号54頁）
3　株主総会決議に関する問題点
(1)　瑕疵について
　ア　招集手続に関する問題点
　　　招集通知の発送（126条1項・2項・5項）
　　　→株主名簿の不存在、名義書換の不当拒絶の存在等
　イ　議決権の行使に関する問題点
　　(ア)　名義株
　　　　株式の譲渡は、株主名簿の名義書換がなければ会社や第三者に対して対抗できない（130条1項）。これに対し、会社設立や新株発行による取得は原始取得であり、株主名簿上の記載なくして会社に対抗できる（江頭他『論点体系会社法1』第一法規419頁）。
　　　→他人名義による株式の引き受けがなされ、実質上の株主が株主名簿に記載されていなかったところ、実質上の株主が、自己の株主としての地位の確認を求めるとともに、株主名簿上の株主によってなされた、取締役選任に関する株主総会決議の取消しを求めた。
　　　　裁判所は、実質上の株主は、株式を株式発行会社の設立又は新株の発行に伴い原始取得したものであって、当該株式の保有は、株式発行会社の株主名簿上にその旨の記載がなくても会社に対抗し得ると判示している（東京高判平成4年11月16日金法1386号76頁）。
　　(イ)　相続により株式の準共有が生じている場合
　　　a　原則
　　　　権利行使者の通知がなければ、権利行使不可（106条本文）
　　　b　例外
　　　　株式会社が権利行使に同意した場合は権利行使可（106条但書）
　　　→権利行使者の通知のない共有株主に議決権を行使させる場合、あらかじめその協議内容等を確認すべきである。ただし、会社がその確認を怠って、協議内容と異なる権利行使を許したとしても、共有者の議決権の行使自体には瑕疵がないので、決議取消事由には該当しない。特定共有者に権利行使を認めたことにより他の共有者に生じた損害について、会社が賠償責任を負うのみである（相澤他『論点解説　新・会社法　千問の道標』商事法務492頁）。
　　　→準共有者の一人が他の準共有者との協議なく議決権を行使した事案において、かかる議決権行使を会社が認めることは違法であり、決議取

Ⅱ 会社支配権の争い

　　　　消事由に該当すると判示した裁判例あり（東京高判平成24年11月18日判例タイムズ1389号256頁）。
(2) 総会検査役選任申立てについて（306条1項）
　→株主のみならず、会社側も申立て可能（306条1項）
　ア 選任の目的
　　(ｱ) 証拠保全目的
　　　→事後に株主総会決議取消しの訴え等が提起された場合、総会検査役の報告書（306条5項）が証拠として有用である。
　　(ｲ) 違法抑止目的
　　　→第三者である総会検査役が一連の手続に関与するため、事実上、違法行為がなされにくくなる。
　イ 費用
　　検査役の報酬は、株式会社の負担（306条4項）
　ウ 手続の流れ（一例）
　　(ｱ) 審問期日
　　(ｲ) 検査役と各当事者との面談
　　(ｳ) 総会当日
　　(ｴ) 裁判所に対する報告書の提出（306条5項）、会社（及び申立人）に対する写しの交付（306条7項）
　　(ｵ) 裁判所による株主総会招集等の決定（307条）
　　　→「必要があると認めるとき」（307条1項）とは、調査された総会決議に取消し、無効又は不存在の事由があり、総会決議のやり直しをさせることが妥当な場合をいう。
　エ 総会検査役の権限
　　総会の招集手続及び決議方法に違法がないかどうかを判断するための基礎となる事実について調査を行い、報告書に事実の経過を記載するのみである。例えば代表取締役が株主総会の場において、違法行為に出たとしても、これを抑止する権限はない。
4　その他～情勢が不利なことが明らかになった場合の対応策～累積投票制度（342条）の活用～
(1) 手続き
　株主総会開催の5日前までに、会社に対して累積投票による取締役の選任を求める（342条2項）。
(2) 具体例
　X側40％、Y側50％の場合（％＝持ち株数とする）

ア　会社提案の議案（候補者XYZ。場合によってはYの代わりに第三者）と株主提案の議案（候補者YPQ）を個別審議する場合
　　→会社提案の議案が否決され（40票）、株主提案の議案が可決されることとなり（50票）、YPQが選任される。
イ　取締役一人ずつに投票し、得票数の多い方から3名選任する場合（会社提案の議案と株主提案の議案の一括審議）
　　→YPQ50票、XZ40票でYPQが選任される。
ウ　累積投票制度を用いる場合
　　→X側120票、Y側150票となる。
　　　　合計270票となるので、68票とれば確実に選任される。
　　　　したがって、Zは落選するが、Xは当選することが可能となる。
(3) 累積投票制度利用の効果
　　累積投票で選任された取締役を解任するには特別決議が必要となる（339条2項・309条2項7号）。

第3　支配権争いが一旦決着した後の対応

1　概観

会社を追われた側がどのようなリアクションを考えるであろうか。

取締役解任の訴えは解任対象の相手が再任されると原則として認められなくなる（後述）とされているので、結局のところ株主総会の多数決で決着してしまう問題である。取締役への損害賠償請求・代表訴訟は追われた側の個人ではなく会社に対

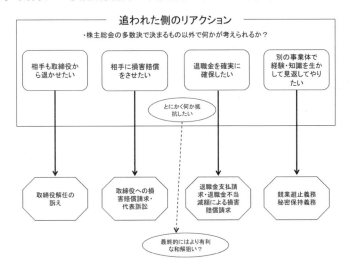

—8—

Ⅱ 会社支配権の争い

して損害が発生していることが必要なので適さない場合も少なくない。ここでは、退職金の問題と競業取引の問題を主たるテーマとし、支配権争いで問題となることの多い取締役の解任についても検討する。

2 中小企業と手続瑕疵に対する攻撃（「とにかく何か抵抗した」場合など）の妥当性

　会社は従前から瑕疵ある手続（例：瑕疵ある株主総会手続）を繰り返しており、支配権争いで負けた方も含めて誰も問題視したことなどなかったのに、負けた途端に突如としてその瑕疵を攻撃し始めてもよいか。

　　→認めない裁判例あり

　　　「被告会社は、第一回定時株主総会以後は、株主総会を開催せずに・・・取締役において議事録を作成して、役員の改選等をおこなうのが通例で、原告も取締役としてこれに加担してきたもので……右通例に従って、議事録の作成、登記の申請がおこなわれたものであるのに、後に至って、自己に都合が悪いと考える決議だけを取りあげて、その不存在の確認を求める本訴請求は訴権を濫用するものと言わざるを得ない」（鹿児島地判昭和62年7月29日判例タイムズ651号223頁）

　　　「本件決議の内容について予め承諾し……原告が、本件総会が現実に開催されていないことのみを理由として、本件決議の不存在を主張するのは、被告の経営権の争いの道具としてであって、権利行使に藉口するに過ぎないものと解され、原告の従前の行動からして著しく信義に反するものというべきであるから、権利の濫用として許容し難いものといわざるを得ないところである。」（高知地判平成3年12月24日判例時報1424号119頁）

　　　「そのことだけで原告【注：追い出された方】を批判すべきではない。」との見解もある（江頭『株式会社法 第5版』有斐閣361頁）。

3 取締役解任の訴え（854条）

（1）なぜ相手方の解任を求めようとするのか？

　・相手方が会社の経営（役員）にとどまること自体に不満がある。
　・支配権争い（追い出し合い）をしたぐらいだから、過去の相手方の何らかの行為について問題があったと考えている。
　・過去の問題行為が解任事由に該当する可能性がある。

（2）取締役解任の訴えの限界

　ア　時間切れになる可能性―相手方の任期が満了すると訴えの利益欠く（神戸地判昭和51年6月18日下級民集27巻5〜8号378頁）。

　イ　多数決で押し切られる可能性―任期満了後に再任された場合も解任事由無しとされる（後述）。

　　・仮処分の活用も

—9—

(3) 取締役解任の訴えの要件の検討（854条）
　ア　取締役選任決議で選任されなかった（支配権争いの結果）場合は「解任議案が否決され」てはいない。
　　→総会当日に緊急動議で取締役解任の議題を上程して対応する案……ただし、取締役設置会社では緊急動議は認められない（309条5項）
　　→株主総会に解任議案を付議しても可決見込みがない場合は株主総会における解任否決決議がなくてもいいのではないか。
　　　……株主総会決議を経る必要がある。少数株主による株主総会招集請求（297条4項）などで対応する必要あり。
なお、解任の訴えを提訴するには株主総会で解任議案に賛成票を投じていなくてもよい。
・議長の専断等により株主総会で役員解任の議案の決議自体がなされなかった場合は「株主総会で役員解任の議案が否決されたとき」には該当しないことになるのか。
　→該当しうる
　　（「『株主総会で否決されたとき』とは、議案とされた当該役員の解任決議が成立しなかった場合をいい、多数派株主の欠席により定足数が不足したり、定足数を充たしているにもかかわらず議長が一方的に閉会を宣言するなどして流会となった場合をも含むと解するのが相当である。なぜなら、『株主総会で否決されたとき』の意義について、定足数の出席を得て解散議案を上程し、これを審議した上で決議が成立しなかった場合でなければならないと解するとすれば、多数派株主が株主総会をボイコットすることにより、取締役解任の訴えの提起を妨害することが可能となり、相当ではないからである。」（高松高決平成18年11月27日金融・商事判例1265号14頁）
　イ　株主総会の決議から30日以内の提訴であること
　　　時間的制約が厳しいので事前の準備が重要
　ウ　解任対象の役員に「職務の執行に関し不正の行為又は法令違反若しくは定款に違反する重大な事実」があったこと
　　　「法令若しくは定款の『重大』な違反」があったことが解任事由であり、軽微な違反は含まれない。なぜなら、軽微な違反についてまで裁判所の介入を認めることは、株主総会の自治を侵すことになって相当でないからである。」（上記高松高決）
　　※経営判断の原則に関わる解任事由のときはとりわけ留意
　　　例：繊維メーカーがボウリング場建設に乗り出して失敗したケースで（12億投資して、1億7,000万円程度損失発生）重大な忠実義務違反なしとされ

II　会社支配権の争い

た（「会社の定款所定の目的自体には包含されないボーリング場の建設と機械設備の購入のため約12億円の巨費を投じ、その資金調達のため自社所有の不動産を担保に提供し、被告会社の定款目的に娯楽場経営等を追加する旨の議案が株主総会において否決されたが、なお右事業を続行し、……経営不振のため1億7,355万円余の債権放棄を余儀なくされたものである。……ボーリング場の建築賃貸を始めたのは、多角経営による被告会社の経営基盤の安定強化と不況対策としてなしたもので、当時の黄麻紡織業界等の動向に照らすと、まことに無理からぬ経営上の判断であり、善意に基づく会社財産の管理運営とみるのが相当であって……これを直ちに取締役の忠実義務違反に帰せしめるのは相当でないというべきである。」（神戸地判昭和51年6月18日判例時報843号107頁）

エ　その他
  (ｱ)　権利義務取締役（346条）に対しては解任の訴えを起こせない（最判平成20年2月26日民集62巻2号638頁）
    →取締役解任の訴えを本案とする職務執行停止・職務代行者選任の仮処分も認めらない点にも注意（一時役員の選任の申立てができる（346 II））
  (ｲ)　解任の訴を提起された後に、解任対象の取締役が一旦退任あるいは辞任してその後再任された場合は、解任は認められなくなるのか。
    →原則は認められなくなる。（「特段の事情が存しない限り、当該任期の開始前に発生・判明した事由は、……解任事由に当たらないと解するのが相当である。」（京都地裁宮津支部判決平成21年9月25日判例時報2069号150頁））
    →「特段の事情」があれば解任請求認められる。（「当該役員による辞任とその後の再任とが一体として少数株主による解任の訴えを免れる目的をもってなされたと認められる」場合など（上記京都地裁判決））。
  (ｳ)　株主総会決議による解任における「正当な理由」（339条2項）と解任の訴えにおける「職務の執行に関し不正の行為又は法令違反若しくは定款に違反する重大な事実」との関係
    →解任の訴えの根拠にはならない「正当な理由」もある。……心身の故障、職務への著しい不適任など
    →法令違反は「正当な理由」にあたる（「重大」要件はない）。
    →経営判断の失敗については、正当な理由と認めた裁判例あり。（「経営事項ということで取締役の損害賠償責任が肯定されない場合であっても……（解任の）正当事由には……経営判断の誤りによって会社に損害を与えた場合も含まれるものというべきである。」（広島地判平成6年11月29日判例タイムズ884号230頁））。

レジュメ

4 取締役への損害賠償請求（423条等、代表訴訟（854条））
会社に関する損害の発生が必要
- 経営判断の原則と法令違反（「（法令違反行為をしたときには）取締役の右行為が一般規定の定める義務に違反することになるか否かを問うまでもなく、本規定にいう法令に違反する行為をしたときに該当することになるものと解すべきである。」（最判平成12年7月7日民集54巻6号1767頁）
  「取締役には広い裁量が与えられているが……取締役に対し、外国法令を含む法令に遵うか否かの裁量が与えられているものではない。」（大阪地判平成12年9月20日判例タイムズ1047号86頁）
- 損害賠償請求権の消滅時効は10年（民法167条1項）（最判平成20年1月28日判例タイムズ1262号56号）
- 遅延損害金（6％とする裁判例もある（大阪高判平成2年7月18日判例タイムズ734号218頁））

5 退職金支払請求・退職金不当減額による損害賠償請求（361条）
(1) 退職金支払の基本ルール
　ア 退職金も取締役の「報酬等」（361条1項）に含まれ、支給には株主総会決議が必要。
　イ 株主総会では総額枠方式での決議でよく、枠内での具体的な配分、金額算定は取締役会へ一任すること可。
　ウ 使用人兼取締役が受け取る退職金のうち、使用人としての退職金（が区分できる場合）は株主総会決議なくとも会社に請求可。
　※退職金支払請求のためには（有効な）株主総会決議がなされていることが重要
(2) 退任する取締役には退職金を支給し、そのための議案を株主総会に上程するのが慣例となっていた会社で、特定の取締役に対する退職金支払いのみ議案を総会に上程しないということは許されるか。
　参考裁判例：
　　「退職慰労金請求権は、取締役の報酬とは異なり、定款又は株主総会の決議によってはじめて発生するものであり、株主総会決議は、退職慰労金の効力発生要件であって、民法128条、130条に定める条件ではない……不支給という控訴人ら【注：追い出された方】の期待に反する結果を惹起したものであるから、被控訴人会社の取締役会の上記措置は、控訴人らの上記期待を裏切り、その人格権的利益を侵害した違法があるといわざるをえない……上記人格権的利益を侵害した不法行為責任を免れないというべきであり……控訴人らの精神的苦痛を慰謝するには、控訴人Aについて300万円、控訴人B

—12—

Ⅱ　会社支配権の争い

について500万円と認めるのが相当である（内規に基づいて退職慰労金を算定した場合、控訴人Aについては2億円を、控訴人Bについては4億円を下らない）。」
（大阪高判平成19年3月30日判例タイムズ1266号295頁）
　　　←通常は任務懈怠や不法行為には該当しないのではないか。
(3) 株主総会決議がなされない場合の救済案
　ア　退職金支給に関する内規が存在する場合には株主総会決議がなくとも内規に従って退職金支給ができるのではないか。
　　　→株主総会決議がない限りは退職金請求権は発生しない。（「退職慰労金に関する支払規定が存する場合であっても、定款又は株主総会の決議によって退職慰労金の金額が定められない限り、取締役が会社に対して退職慰労金を請求することはできないと解される。」「もっとも、株主総会の決議がない場合でも、たとえば株主総会の決議に代わる全株主の同意があるなど、株主総会の決議があったと同視しうる特段の事情が認められる場合には、会社が取締役に対して、株主総会決議がないことを理由に、退職慰労金の支給を拒むことは信義則に反すると解される。」（大阪高判平成16年2月12日金融・商事判例1190号38頁））
　　　→全株主の同意が認められた例。（「本件支払金を控訴人に支払うことについては実質上の株主である●●及び▲▲が承諾していたのであって……実質的な株主全員の承諾を得たことにより、その目的とする弊害は防止し得るのであるから、本件支払金については株主総会の決議があったものとして扱うのが相当であるというべきである。」（大阪高判平成元年12月21日判例タイムズ715号226頁））
　　　→「違法ではあっても事実上株主の了解を得て慣行とされてきた手続を経て、退任した役員への退職金支給決定がされ、それによって、実質的に株主の利益が害されないなどの特段の事情が認められる場合には、株主総会の支給決議が欠缺していることを理由に退職金の支払を拒むことは信義則上許されないというべきである。」（東京高判平成15年2月24日金融・商事判例1167号33頁）
　　　　←救済例はあるが、例外的なケースではないのか。
(4) 退職金請求権の具体的な発生時期……取締役会による決議がなされないケースを想定して（具体的金額の配分を一任される）取締役会にどの程度裁量があるか。
　　　→基本部分については取締役会の裁量の余地がない場合（功労加算の条項のみがあり、基本部分は内規による計算で一義的に決まる場合）は、基本部分について株主総会決議により確定。
　　　　株主総会決議により一任された取締役会が適切な金額等の決定をしない場

合には任務懈怠責任負う（「支給時期、方法等を定める義務があるのに……これを怠った……ものといわざるを得ない」「右権利を侵害され、同権利（退職金請求権）相当の損害を蒙っているということができる。」（京都地判平成2年6月7日判例タイムズ746号196頁））

(5) 支給額の決定後の不支給・減額の可否

具体的な退職金請求権が成立した後は、変更には退職役員の同意が必要であり、原則として会社が一方的に減額、不支給とすることはできない。

ア 取締役就任時に差し入れた誓約書等による個別合意
イ 株主総会決議（減額の決議）をしても原則不可
ウ 経営状態や社会経済情勢の変化に応じて内規（退職金規程等）を廃止したことを理由に支給中の退職慰労年金の支払いを中止できないか。

→「退任取締役が被上告人の株主総会決議による個別の判断を経て具体的な退職慰労年金債権を取得したものである以上、その支給期間が長期にわたり、その間に社会経済情勢等が変化し得ることや、その後の本件内規の改廃により将来退任する取締役との間に不公平が生ずるおそれがあることなどを勘案しても、退職慰労年金については、上記のような集団的、画一的処理が制度上要請されているという理由のみから、本件内規の廃止の効力を既に退任した取締役に及ぼすことは許されず、その同意なく上記退職慰労年金債権を失わせることはできない。」（最判平成22年3月16日判例タイムズ1323号114頁）

(6) 遅延損害金

商事法定利率の6％（取締役の報酬等は商事債権（最判平成4年12月18日民集46巻9号3006頁））

6 競業避止義務・秘密保持義務

(1) 取締役の競業避止義務（356条1項1号）

在任中の義務であって、退任後は会社法356条の対象外。

(2) 不正競争防止法による規制

「営業秘密を保有する事業者（以下「保有者」という。）からその営業秘密を示された場合において、不正の利益を得る目的で、又はその保有者に損害を加える目的で、その営業秘密を使用し、又は開示する行為」（不正競争防止法2条7項）は「不正競争」として差止請求（不正競争防止法3条）や損害賠償請求（不正競争防止法4条）の対象となる。

(3) 競業避止・秘密保持義務の合意なくても退任後の秘密保持義務を認めた裁判例

「特約がない場合であつても、退職、退任による契約関係の終了とともに、営業秘密保持の義務もまったくなくなるとするのは相当でなく、退職、退任に

Ⅱ 会社支配権の争い

よる契約関係の終了後も、信義則上、一定の範囲ではその在職中に知り得た会社の営業秘密をみだりに漏洩してはならない義務をなお引き続き負うものと解するのが相当であるし、従業員ないし取締役であった者が、これに違反し、不当な対価を取得しあるいは会社に損害を与える目的から競業会社にその営業秘密を開示する等、許される自由競争の限度を超えた不正行為を行うようなときには、その行為は違法性を帯び、不法行為責任を生じさせるものというべきである。」（大阪高判平成6年12月26日判例時報1553号133頁）

(4) 退任後の競業避止義務の特約合意

職業選択の自由、営業の自由への制限に注意

ア 合意内容の有効性判断要素

制限の期間、場所的範囲、制限の対象となる職種の範囲、代償の有無を考慮して合理的な制限といえるか判断される。

「競業の制限が合理的かつ必要な範囲を超える場合、当該合意は、公序良俗に反し無効となるというべきである。そして、その合理的かつ必要な範囲を定めるに当たっては、制限の期間、場所的範囲、制限の対象となる職種の範囲、代償の有無等を斟酌して、当該制限によって守られる使用者の利益及びこれによって生ずる労働者の不利益等を比較考量する必要があるというべきである。」（東京地判平成21年5月19日判例タイムズ1314号218頁）

イ 制限期間の目安

2年間は有効と判断されている裁判例多数

3年間で無効と判断された例

「本件各競業禁止特約が債務者らに課する競業禁止の負担は、退職後3年間すべての競業行為をすべての地域において禁止するというものであり、その期間、地域、職種などの範囲のいずれからみても、競業を行おうとする債務者らにとって重大な制約となるものである。……本件各競業禁止特約は少なくとも現在においては効力を有しない」（浦和地決平成9年1月27日判例時報1618号115頁）

5年間で有効と判断された例

「債務者らが債権者の取締役でなくなった日……から5年間が満了するまでは……競業する業務に自ら従事してはならず……本件競業禁止合意に合理性がないとはいえず、公序良俗に反するということはできない。」（東京地決平成5年10月4日金融商事判例929号11頁）

5年間で無効と判断された例

「本件誓約書の競業避止の条項の内容を検討すると……地域的な限定もなく、その期間も5年間と相当長くなっている。……本件誓約書による競業避

止の約定は、その対象について非常に広範であること、場所的限定がないこと、期間が長期に過ぎること、代償措置がないか不十分であることを考慮すると、営業秘密の開示、使用の禁止以上に競業避止を認める合理性に欠け、公序良俗に反し無効であると認めるのが相当である。」(大阪地裁平成10年12月22日知的財産関係民事・行政裁判例集30巻4号1000頁)

(5) 退任後の従業員引き抜き行為

退職後の競業避止合意がなかったケースで多数の従業員を引きぬいた例
「被告らは……退任ないし退職して……同一通学圏内ともいうべき地域に同一目的の学習塾を開設し……退職した講師や従業員の多数を雇い入れて営業を開始し、TAPに在籍していた生徒らの多数がこれに移籍したものであり、そこで採用された授業方法や教材等もTAPにおけるそれと類似のものであることが窺われるけれども、……その方法又は態様において、<u>単なる転職又は転校の勧誘の域を超え、社会的相当性を逸脱した引抜行為を行つたものとまではいうことはできない</u>……被告らの前記の一連の所為が自由競争の範囲を明らかに逸脱した違法なものであるということはできない」(東京地判平成5年8月25日判例時報1497号86頁)

退職後の引き抜き行為の違法性にかかる裁判例
「雇傭契約終了後の競業避止義務は、法令に別段の定めがある場合、及び、<u>当事者間に特約がなされた場合に合理的な範囲内でのみ認められるものであ</u>り、右の競業避止義務が認められない場合は、元従業員等が退職後に従前勤務していた会社と同種の業務に従事することは、原則として自由である。しかしながら、元従業員等の競業行為が、雇傭者の保有する営業秘密について不正競争防止法で規定している不正取得行為、不正開示行為等(同法二条一項四号ないし九号参照)に該当する場合はもとより、<u>社会通念上自由競争の範囲を逸脱した違法な態様で雇傭者の顧客等を奪取したとみれるような場合、あるいは、雇傭者に損害を加える目的で一斉に退職し会社の組織的活動等が機能しえなくなるようにした場合等も、不法行為を構成することがあると解すべきである。</u>」(東京地判平成6年11月25日判例タイムズ877号242頁)

競業避止合意がなされている場合は、当該合意内容(有効である場合)に応じた制限がかかる。

〔参考文献〕

1 東京地方裁判所商事研究会編『類型別会社訴訟I、II(第三版)』(判例タイムズ社)、『類型別会社非訟』(判例タイムズ社)
2 東京弁護士会親和全期会著『事例でわかる同族会社・中小企業の会社経営をめ

Ⅱ 会社支配権の争い

ぐる実務一切』(自由国民社)
3 高村隆司著『法務Q&A 非上場会社の支配権獲得戦』(中央経済社)
4 堀越董著『実例同族会社のトラブルと対策』(税務研究会出版局)
5 高橋眞・村上幸隆編『中小企業法の理論と実務〔第2版〕』(民事法研究会)
6 相澤哲・神門剛著『中小企業のための新会社法徹底活用マニュアル』(ぎょうせい)
7 小林昭彦・大門匡編著『新成年後見制度の解説』(きんざい)
8 赤沼康弘・鬼丸かおる編著『成年後見の法律相談〔第2次改訂版〕』(学陽書房)
その他、会社法及び家族法の体系書・逐条解説等

Ⅲ　企業の清算と再生

弁護士　堂野　達之

III 企業の清算と再生

はじめに

　東京弁護士会の堂野達之でございます。
　今回は『企業の清算と再生』ということでお話をさせていただきます。第1からは、事業再建の基本的なことを総論、各論という順番で論じております。最後の第10で「会社（事業）の清算」ということについて触れたいと思います。清算に関しても、もちろん慎重にきちんとやっていかなければなりませんが、やはり再生、事業を生かしていくことのほうが、はるかに難しい問題に直面し、労力を要しますので、こちらにかなりクローズアップをしてお話をしていきたいと思います。
　私は、現在、日弁連の中小企業法律支援センター（ひまわりほっとダイヤルを運営している組織）で、事務局次長として主に諸団体の連携を担当しております。中小企業の相談先というのはたいていは税理士さんでして、弁護士にはなかなか相談していただけないという実態がございます。これは日弁連で公表している調査報告書等にも出ているところなのですが、センターとしてはそこを突破して、中小企業に弁護士を使ってもらえるようにしたいということで、日々活動をしています。
　また、『中小企業事業再生の手引き』という本を、日弁連企業法律支援センターの編集で、2012年の8月に出版致しました。センターには全国の単位会の精鋭の委員がいらっしゃいます。その先生方で中小企業庁と連携して、2年前に「事業再生研究会」という研究会を立ち上げ、年に5回、中小企業再生支援協議会の方や、事業再生に通じている弁護士の先生、西村あさひ法律事務所の松嶋英機先生等をお呼びして研さんを積みました。その成果をまとめたのがこの本で、各単位会の委員の先生方に書いていただいております。私も編集者の一員に加わらせていただきました。この本はいわゆる事業再生に関する私的整理、法的整理を含めた様々なツール（法的整理であれば民事再生等）の中身や、それぞれのツールで共通した問題になる点（事業譲渡や会社分割、それから資金繰りをどうするか等）について、実務的な側面を分かりやすく書いたものですので、事業再生に関する決定版と思っております。
　この本と、私の講義、レジュメ（末尾掲載）を見ていただければ、事業再

生の弁護士に関わるポイントになる部分はほぼ網羅できているのではないかと思っておりますので、適宜ご参照いただければと思います。

第1　事業再生（企業再建）とは何か

1　倒産とは何か

　事業再生とは何かについてお話をしていきます（レジュメ1頁、第1参照）。
　「倒産」とはどういう状態なのか。お金の支払いが回っている会社で倒産する会社は、私は見たことがありません。逆に言うと、もうすぐ倒産すると弁護士のところに駆け込んできて、実際に破綻してしまう会社というのは、ほぼ例外なくお金の支払いができないから破綻するのです。逆に言うと、お金を払えれば事業は回ります。身も蓋もない話に聞こえるかもしれませんが、事業再生で一番ポイントにしていかなければいけないことは、お金を回していくということです。私は会社の事業が続いていくために一番重要なのは人だと思っていますが、事業が破綻する最も直接的な原因は金ということになります。

　倒産する会社の問題には、大きく二つあります。利益を出せないことと、負債が大きすぎることです。利益というのはキャッシュ・フローとも言えますが、単純に言えば、収入から支出を引いた残りを意味します。負債のほうは、例えば、ある会社が年間1000万円の営業利益を出していますが、負債が10億円あるとなると、100年掛からないと返済できません。100年というと、社長が何代代わらなければならないのだという話になってしまいます。

2　倒産を防ぐための二大ポイント

　そこで、倒産を防ぐためには、簡単に言うと二つのことをすればよいのです。①利益を出せるようにすること、②負債を適正な額に調整することです。負債の調整には、ゆるやかな方法としてリスケジュールをして返済を延ばす場合と、よりドラスティックな方法として、債務を一部カットしてもらう場合があります。しかし重要度でいうと、前者の「利益を出す」ということがやはり重要だと思います。負債が多くとも、きちんと弁護士が付いて手順を踏めば、手間はかかりますが、減らすことができます。けれども利益が上がらなければ、負債が少なくても結局支払いをすることができません。

Ⅲ　企業の清算と再生

　重要なことは利益を出すことです。極論を述べれば、負債が多くて倒産するという会社はありませんが、利益が出なければ確実に倒産します。ピーター・ドラッカーが言っているように、利益というのは会社存続の最低条件です。利益が目的かどうかはともかく、それがなかったら生きていけない、不可欠なものなのです。弁護士サイドからすると、負債の調整に関しては、法的な整理が必要なら裁判所に持っていかなければならないし、交渉は弁護士の専門領域です。そもそも弁護士法72条があるため、弁護士以外が代理人として交渉ができるかという問題があります。したがって、負債の調整となれば弁護士の独壇場なのですが、利益を出すことについては、残念ながら弁護士は専門家ではありません。しかし、弁護士でも様々なサポートができるだろうし、していかなければならないと考えています。

　金融機関のコンサルティング機能ということが強調されており、金融庁も金融機関に発破をかけています。最近、東京商工会議所の東商新聞で金融機関と中小企業に対するアンケート結果を見たのですが、一番差があったのは、中小企業に「金融機関に経営改善やコンサルティングやマッチング等ということを期待していますか」という問いでした。金融機関は8割ぐらいが自分たちは期待されていると答えています。一方中小企業のほうを見ると、確か1割か2割ぐらいの中小企業しか期待しているという回答をしておらず、意識の差が顕著です。金融機関は自分たちが経営改善やコンサルティングを中小企業から期待されていると考えているのですが、肝心の中小企業はそのような期待はほとんどしていません。むしろタイムリーに融資をしてくれることを期待しています。それはやむを得ない部分があります。

　まず、今ではどの金融機関も自社のリストラを進めており、支店でも人員が減っています。かつては、信用金庫等の金融機関の行員が、よく顧客の自宅を訪問して記帳した預金通帳を渡したりと、お互いに身近なつながりがあったと思いますが、今はそういうことは少ないと思います。スコアリングということで、定型的に数字だけ見てコンサルティングをする、だからなるべく本部のほうにコンサル機能を移管して、現場の支店のほうは弱っているという話も耳にします。そういった状況があるので、金融機関にコンサル機能を求めるということは、実際のところはなかなか難しいのではないかと思います。

そこで出番があるのはやはり弁護士ではないでしょうか。実際は税理士がコンサル的な機能を担ってきたと思います。税理士は中小企業の数字を全部見ていますから、社長がどこの店で飲食した等、そういったことも知っています。ただ税理士さんには、人によってかなり意識の差があって、自分が数字を見ているということを売りにして、きちんとコンサルティングをして、こうやったら利益が上がります、こういうところを改善できますということをアドバイスできる方は、私が見る限りでは少ないです。平均年齢が高くて、国税局のOBの方が多いという事情もあるのでしょうが、意外と少ない。弁護士も会社の数字をある程度把握できるようになれば、経営の大体のことはアドバイスできるようになります。弁護士は様々な会社の相談を受けていますので、そういった例を参考に、経営をサポートする能力をもっと高めて、いろいろなアドバイスができるのではないかと思います。

3 事業を再建できるかどうかのポイント

事業を再建できるかどうかの見極めについて、特に新規の相談で見るべきなのは、まず肝心の経営者自身に再建の意欲があるかどうかということです。次に、事業自体に利益を上げられる見込みがあるかどうかです。ここは重要なポイントです。利益がどうしても上がる見込みがなければ、経営者に実情を説明して、事業をやめることを決断してもらうことも考えなければなりません。それから周りの理解と協力を得られること、そしてスポンサーがいるということです。特に民事再生等をするときには、スポンサーがいることが大変望ましいです。

第2 債務者企業は何をなすべきか（総論）

債務者企業がやるべきことを、三つ挙げました。

まず、本業をとにかく立て直すこと、利益を上げること、これが出発点です。その上で金融機関と積極的にコミュニケーションを取ることが重要なのではないかと思います。資料1で、区分等を示しましたけれど、これは金融機関に行って、「正直なところうちの格付け、位置付けはどこらへんなのですか」と、計画をどこまで達成すればどこまで評価されるのかを率直に聞きにいったほうがいいと思います。なぜかと言うと、会社によっても置かれている状

III　企業の清算と再生

況は千差万別です。業種も違う、利益を上げるポイントも違う、それと負債の額と利益のバランスも違うし、年次の傾向も違って、同じ会社は一つもありません。したがって、金融機関も結局ケース・バイ・ケースの対応になります。一般的なことを押さえておくことも大切ですが、まずは金融機関へ行って率直に聞くという姿勢が大切です。

　聞きにいっても金融機関から警戒されるのではないかという心配はありません。なぜかというと、まず金融機関は、金融円滑化法のおかげでリスケジュールに慣れてしまっているからです。これについては円滑化法の良かった点だと思うのですが、円滑化法ができる前までは、金融機関にリスケジュールをお願いするということは、中小企業にとって清水の舞台から飛び降りるぐらいの覚悟だったのです。ところが今は円滑化法のおかげで、今後の再延長はないとしても、金融機関としても全体にリスケ慣れしてきていますから、中小企業の経営者のほうも心理的な抵抗がだいぶ下がってきていると思います。また、金融機関の担当者は数多くの融資先を抱えており、本当は一つひとつをきちんと見ていきたいのだけれども、時間の制約がある中で、なかなか自分から出向いていくことも難しい。ですから、融資先のほうから出てきてくれるとすごく有り難いと思うのです。手間も省けますし、腹を割って話すこともできます。

　金融機関の担当者でも、融資先がつぶれてほしい、つぶれていいなんて思っている人はまずいないと思います。自分の成績が下がるということもあるでしょうが、金融機関も人間ですから割と融資先のことを考えて、きちんと融資をしてそこが返済をできて事業が成功していけば、それは自分にとっても嬉しいというところもあります。なるべくつぶしたくないと思っています。だからそういう中小企業の債務者が自分から来てくれれば、金融機関もありがたいので、ざっくばらんに話してくれるという可能性もあります。先ほど、金融機関にコンサル機能はないかのような話もしましたが、こういった話の中で、「社長、そこのところで困っているのだったら、うちの融資先でこういう会社がいるので紹介しますよ」とか、逆に再建のための糸口が見つかることもあります。ですからやはり金融機関と積極的にコミュニケーションを取ること、できれば中小企業のほうから出向いていくことが大切です。

金融機関に訪問する際に、弁護士が同行するのも良いと思います。弁護士がついているからといって、警戒するような金融機関はないでしょう。むしろ後で社長のいないときに、「実は社長に言えないのだけれど、先生だけに話すのですが……」という話し方をしてくる金融機関もあります。社長のほうも誰かついてくれるほうが心強いですし、そういう場面では弁護士が積極的に同行すべきだと思います。

　なお、金融機関とのコミュニケーションと、業績改善には一定の関連性があるという報告もあります。これは支店長が会ったか会わないかで分けて、会っている会社のほうが会っていない会社よりも、経営が改善できる確率が倍ぐらい高いというデータでした。確かに、支店長がきちんと訪問している先というのは、それだけ融資量も多く改善できる見込みがある会社であるという面もあるかもしれませんが、金融機関とのコミュニケーションの大切さを裏付ける資料だと思います。それから、抜本的な負債の削減については、弁護士をはじめとする専門家のサポートが重要です。

第3　弁護士は何をなすべきか（総論）

1　窮境にある企業に対する基本的な方針

　では、弁護士として何をなすべきでしょうか。

　基本とすべき姿勢は、やはり可能な限り自主再建を目指すということです。日弁連の中小企業センターで商工会議所、商工会等の中小企業関連団体の人とお会いしたり、全国でキャラバンの意見交換会をしたりしているのですが、よく言われるのは、とにかく弁護士のところに事業再建の話を持っていくと、破産を勧められるということです。「弁護士＝破産」というイメージをだいぶ持たれているようです。

　ただ、これにも事情があって、おそらくその弁護士のところに話が来た時点でもう手遅れの場合が多いのです。手形の期日が明日だとか、本当に切羽詰まって、抜き差しならない状況になってから法律事務所へ駆け込んで、もう破産しか勧めようがないというケースが多いのだろうと思います。もう一つ、弁護士サイドからは、やはり破産のほうが手離れがいいというか、申立てをすればまとまったお金が入るので、そちらに誘われがちだという本音も

否定できないと思います。

　事業で利益が上がる見込みのない会社は、一旦は破産してイチからやり直す必要があるのでしょうが、このような声も大きいということを弁護士も肝に銘じて、安易に破産を勧めてはいけないと思います。少なくとも経営者がもう破産をすると腹を決めない限り、勧めることはしないほうがいいと思います。どうしても俺がやりたい、利益がなくてもスポンサーがあそこにもいるから、何とか借入れでつなぐのだという社長さんに、客観的な数字を見せて、「社長、そうは言っても、もうこれで半年後はショートしていますよ」と説得していって、最後に社長が自分で判断して決断することが肝心で、弁護士から安易に勧めることはしないほうがいいと思います。逆に、経営者自身が事業の状況をよく理解して、「見通しが立たないので破産するしかない」、「みんなに迷惑を掛けられないので……」となった場合には、これはもう意欲を失っているので、きちんと破産の手続なり、清算のための私的整理の手続なりを進めていくべきだと思います。

2　事業再生で留意すべきポイント

　事業再生で重要なのは、ともかくお金を集めることです。先立つものは金です。そして数字を見て、この会社はあと6か月しか、あるいは1年しかもたないけれど、ここをこうリストラしてこうすれば何とかやっていける、といった見通しをきちんと付けることが重要です。

　それから優先順位を決めることです。事業再生を迫られる会社は資金繰りが悪化していきますので、従業員への支払いができなくて、リストラもしていかなくてはいけないという状況もあります。支払いの優先順位を明確にして、一刻も早く必要のない支払いを止めていく決断をしなければなりません。社長はこういった修羅場は慣れていませんので、弁護士が後押しをしてあげたり、積極的にサポートをしたりしていかないと、なかなか進んでいきません。こういったスピード感や、情報を慎重に取り扱うといったところは重要だと思います。

3　債務者企業との関わり方

　これは大きくパターンを二つ分けました。

　顧問会社をもっている弁護士は、自らの顧問先が再生支援協議会送りにな

らないよう、早め早めに再建に着手することが重要です。私も今、顧問会社で、小さな会社ですが、役員会を毎月開いて、きちんと月次のキャッシュ・フローを資料として作ってもらって、この調子だと3か月後、6か月後は危ないから、ここの支出は絞ったほうがいいのではないかといったアドバイスをしております。それによって、早めに手を打てたという部分もあると思います。早期に会社と情報共有し、できれば税理士さんと共同で数字面のサポートをすることは大切です。一つの目安として、再建が必要だと認識をしなければいけないポイントというのは、例えば月単位の赤字が1年間続いている、手元の資金があと1年しかもたないというところになると、やはり黄色信号、赤信号というところになってくるのではないかと思います。

　会社によっては売上がどんどん下がっているような場合があって、これだと間に合わないかもしれませんが、シグナルを見て、そうならないように早めに手を打っていくことです。事業再建というのは早めに手を打っていくことが重要です。月100万円の支払いを、今止めるか、6か月後で止めるかで、手元に残る資金が600万違うのです。600万のお金というのはとても重要です。1年間止めれば1200万円です。これは年商が数億という会社であれば、かなりの額です。逆に言うと早く不要な費用を止めて、それだけ内部留保を蓄積していれば、それだけ手元資金が厚いので、打てる手も広がってきます。従業員を解雇しなくて済む、設備投資やマーケティングに充てられる等、いろいろな手を打てます。ところが支払いを止めることを遅らせてしまうと、1200万円がなかったために、打てる手も打てなくなって、どんどん売上も落ちていって、企業は右下がりになっていくということがあります。優れた経営者というのは、打つ手が本当に早いですね。新聞で有名になっているクラスの経営者というのは別格ですが、ああいう人たちというのは黒字のうちから先を見越してどんどん手を打っていきます。やり過ぎではないかと思うこともありますが、やはり事業再建の現場では、早く手を打つというのは本当に大切です。

　早く手を打てば選択肢は広がるし、何かあったときに大口の売掛金が焦げ付いたり、突然失注したという不測の事態でも対応できる。それこそ先般の大震災等でも売上を下げてしまった会社が多くあります。ドラッカーは、利

III 企業の清算と再生

益というのは保険なのだ、つまり何かあったときに利益の蓄積があれば対応できるし、将来に向けての投資もできると言っていました。

　今までとは違う二つ目のパターンで、顧問先ではないのだけれど、初めて相談にきましたというケースもあります。会社の資金繰りがまずいことになっている、先生何とかしてくださいと言ってきている状態の場合には、どこを見極めるのかというと、先ほども言ったように経営者の意欲、それからキャッシュフロー、利益が出せるかどうかです。ヒアリング、財務資料とのチェック、あと意外と重要なのは、社長自身が数字のことを分かっているかどうかということです。必ず最初に社長に聞くべきことは、大体月の損益はどれくらいかということです。どこの商品でどれぐらい、どこの現場でどれぐらいと、三つか四つのポイントでグルーピングをして、これぐらいの売上ですか、支払いのほうはどうですか、例えば仕入れはどれぐらいで、従業員の給料はどれぐらいで、固定費はどれぐらいですか、事務所の賃金や家賃、ローンで借入れをしているのであれば返済のほうはどうですかと、大体の月の収支というのを聞きます。

　これを聞いていくと答えられない社長さんが時々います。全部経理に任せていますとか、答えられるのだけれど、その答えのとおりだと明らかに赤字ということもあります。「どうするんですか、社長」と聞いたら、「いやーほんとね、これ大変だと私も思っているんだけれど」と、そういう人に限って結構資金支援をしてくれる人がいて、「今度はここのスポンサーさんから何とか引っ張ろうかと思って……」という話になってくるのです。「社長それだと駄目です、そのままでいくと生きていけないわけで、返せるものも返せないで、タコの足を食っているようなものですから」という話をして、それじゃあどう赤字を減らしていくかという話に移っていくのですが、やはり経営者が大きなところを分かっているかどうかというのは非常に重要です。分かっていない経営者はかなりの赤信号です。ある程度のところだけ分かっている経営者であれば、ここの部分はこうしていきましょう、例えば「事業所が無駄に広いから家賃が安いところに移ってコストカットをしましょう」という話をしたりもできてくると思います。それから大きな方針の決定が非常に重要なので、これを早めにしていかなければなりません。

4　金融機関の特性に対する理解

　事業再生をしていく上で、なくてはならないのは金融機関との交渉ですが、交渉に当たっては、金融機関の特性を把握しておきたいところです。

　まず、金融機関は債務免除を原則としてしません。安易に債務免除をするような提案を最初にしてしまうと、不信感を持たれるリスクがあります。仮に事業の見通しは厳しいと思っていても、最初は取りあえず、とにかく努力して継続的に利益を上げて、何とか返せますというスタンスで計画を示したほうがいいと思います。その上で、金融機関から計画の予測が甘いと言われたら、そこで改めて練り直して、「これだと負債が多いので何とかカットしてもらえませんか」と言ってみるべきです。

　もう一つ重要なこととして、通常は、金融機関は売掛金の差押えのような強硬なことは絶対にしません。なぜかと言うと、自行が破産の引き金を引いたというレピュテーションリスクをとても恐れているからです。これは大銀行でもそうですが、地方というのはそういう噂があっという間に広がりますので、地方の信金や信組では特に注意をしています。ただ、不正行為や財産を隠す行為をしていた場合には、逆に断固たる手段をとってくる可能性もありますので、注意しておかなくてはなりませんし、逆に弁護士としては、そういった不正を見つけた場合には、きちんと金融機関に開示するという方向で会社を説得していくべきでしょう。

　また、金融機関の担当者は、他行とのバランスをとても気にしていて、口を開くと「他行はどうですか」と聞くものです。「メイン寄せ」というのもあって、融資先が複数あった場合に、メインバンクに多くの負担を求めることがあります。ただ、最近はメインバンクという意識のある金融機関が少なくなってきたので、このメイン寄せについては今後はあまり強調されないかもしれません。

　それから、金融機関は預金は絶対に解放しません。これから債務免除の交渉等をするときには、預金はなるべく借入れのある金融機関から別の借入れのない金融機関へ動かさなくてはなりません。借入れのある金融機関の口座に売掛先からの入金が入ってくる場合は、借入れのない金融機関の口座へ入金してもらうように得意先に通知すべきです。もっとも、メインバンクでそれをやると、今後信頼関係を構築する上で障害になるリスクもあるので、場

合によってはやらないほうがいいケースもありますが、基本的にはやったほうがいいと思います。

　あとは、金融機関というのは組織ですので、こちらが出す資料も稟議を通りやすいように作ってあげることです。われわれは日々裁判所に提出する準備書面を書いていて、結構文章を書くのが得意です。裁判所を説得するのは若干違うところもありますが、相手に分かるように作るという基本は同じです。われわれの「説得する能力」を使って、文書をきちんと書き、細かい数字の部分では税理士さんのサポート等も得て、計画にまとめて出してあげます。そうすると担当者の手間がはぶけますから、金融機関の担当者はとても喜びます。こういったことを意識してやることが重要だと思います。

　また、組織としての考えというのをきちんと持っていますから、金融機関の基本姿勢にはブレが少ないです。金利だけは何とか払っていれば、おかしなことをしていない限り、金融機関は何とか生かしていこうという方針をとります。あとは説明の仕方です。それこそ弁護士は交渉のプロなので、うまく本部を説得しやすい説明をしていくべきでしょう。

第4　本業の立て直し（経営改善）

　ここからは各論に入ります。大きく分けると、①利益を上げること、②経営改善、③負債の調整カットをしていかなくてはなりません。参考文献として、『中小企業事業再生の手引き』の190頁以降をご参照ください。

1　意識の向け方

　事業の再構築、つまり利益をいかに上げられるかということについて、弁護士もコミットしていかなくてはならないと思っております。どのようにコミットしていけばいいのかは、ポイントだけかいつまんで言うと、数値の把握、分析が重要だと思います。

2　数値の把握・分析

　最初に作らなければいけないのは、月次資金繰り表（キャッシュフロー表）です。これを作るだけでだいぶ状況が分かります。キャッシュフロー表と月次資金繰り表は日本公認会計士協会近畿会のホームページ（https://www.jicpa-knk.ne.jp）から、エクセルでダウンロードできます。月次で資金繰り

の状況をまとめ、項目の分け方は基本的に経常収支、財務収支として、経常収支も収入は大きく三つぐらいに分け、支出のほうも大きく固定費、仕入れの支払い、外注費、従業員への給与支払、その他というぐらいに分けたらいいと思います。これを1年分作るだけでも、だいぶ様子が分かります。

ダイエットで例えてみましょう。ダイエットで一番効果的なことが何か、ご存じでしょうか。それは、毎日体重計に乗ることです。体重計に乗ると意識が高まるのです。ずっと乗り続けてなかなか減らないと、今日のお昼はこれを抜こうとか、夜のお酒を控えめにするかなとか、そういうことを考えて行動に移して、少しずつ体重が減っていくわけです。体重計に乗るということが基本なのです。中小企業の事業再生に当たってキャッシュフロー表を作ることは、ダイエットにおいて体重計に乗るということと同じです。キャッシュフローというのは事実ですので、嘘偽りがない。損益だと主観が入ってくるのですが、お金の出入りというのは動かしようがないので、一番リアルな姿というのが見えます。

3 事業計画の策定、具体策の実行

キャッシュフロー表を作って数値を把握したら、事業計画を作って具体策を実行していきます。売上の向上をいかにするかがポイントになりますが、相対的に利益を上げる方法として、やはり費用の削減も重要になってきます。これはすぐに効果がありますし、売上と異なり自分でコントロールができるところなので、重点的に対策を取るべきです。費用の削減もやみくもにやるのではなくて、効果を見極めてやっていかなければいけません。また、コストカットというのは思い切って大きいほうからやっていくということが重要だと思います。それから定期的にコアメンバーによる役員会を開くことも効果的です。私の顧問会社では、私が社外取締役という形で入り、投資先の方も含めたメンバーで、毎月定期的に役員会をやっています。定期的に会議を開いて問題点を洗い出して、どうなったか、今後どうしていくかを確認し、検討すると、だいぶ意識が変わってきます。

4 資金繰り対策

先立つものはキャッシュです。とにかく貯めていきます。レジュメ7頁(第4の6(1)資金繰りの管理、(2)資金の調達)をご参照ください。(3)の「緊急時の

Ⅲ　企業の清算と再生

支払いの優先順位」はあくまで一時的に支払いを保留できるかどうかの問題ですが、間違いのないようにしなくてはなりませんので注意してください。まず、何よりも最優先となるのは、支払手形です。手形を落とさないと不渡りになってしまいます。その次は従業員の給料です。金融機関への支払いは一番後回しでいいです。

　家賃については、皆さんご存じのように、3か月ぐらい滞納しなければ解除されません。敷金等を入れていますから、2か月ぐらいの滞納であれば家主には理解してもらえます。あとは公租公課がなかなか難しいのですが、最近は景気が悪くなって、事実上支払猶予が3か月程度と言われています。昔は半年、1年でも大丈夫でしたが、支払猶予というのは、あまり支払いを伸ばしすぎると、自力執行力により、裁判も債務名義もなしで差押えされてしまうというリスクがあります。1か月、2か月程度だったら、普通そこまではしませんが、敷金を押さえるケースもあります。悪質な場合は取引先に対する売掛金債権を押さえにくることがあります。それをやってしまうと、会社が終わりだというのは分かっていますから、彼らも慎重です。しかし、支払いなしの状態が3か月、4か月ということになると、債務者サイドとしても差押えのリスクを考えて相当なフォローは必要になってきます。その前に関係部署へご相談に行って、今後の返済計画等を説明することは必要だと思います。

　それから公租公課を止めると、例えば公共工事の入札に参加できなくなる等の問題もあるので、止めるべきかどうか会社によってケース・バイ・ケースです。

　どうしても払わなくてはならないところはありますが、そうでなければ、例えば3か月間支払いを止めて、本来は1か月、2か月と徐々に縮めていかなければいけないのだけれど、猶予してもらったまま1年間スライドしていけば、3か月分の資金を借入れしたのと同じことになりますので、そのような効果も考えてやらなければいけません。

第5　リスケジュール

　今度は負債の調整です。ここで挙げたのは、別のところで書いたレジュメ

を総論的な説明としてまとめたもので、ほとんど今までお話をしたことです。レジュメ第5の4に、すでにリスケジュールを受けている場合ということで整理して書いております。（レジュメ10頁参照）ポイントは、金利だけは何とか頑張って払うということと、経営改善計画をきちんと出して実行・達成していくこと、達成できなかった場合は、金融機関を訪問して、ここは足りなかったので、何とか次はこうしますと、努力をしている姿勢をきちんと示すということです。

場合によっては抜本的なリストラ、自助努力、これは要するに雇用（人）に手をつけるということなのですが、それを言われることもあります。これは先ほどの『中小企業事業再生の手引き』にも書きましたが、社員を会社の収益に貢献しているかという観点からきちんと選別して、どうしても収益に役立たない方には、お辞めいただくということも検討すべきでしょう。

第6　債務の一部免除（総論）

1　どのような場合に選択すべきか

債務整理を申し入れる基準は、おおむね年間の営業利益、キャッシュフローの10倍以内に負債がおさまっているかどうかというのがポイントになります。これは再生支援協議会や、他の私的整理ガイドラインでも同じような基準がありますが、10年ならば企業のほうも何とか頑張って返していくけれども、20年、30年となると先が見えず、なかなかインセンティブもわかないということで、10年を超えるならば、やはり債務免除を何らかの形で提案していかなければいけません。

ただ、これもなかなか切り出し方が難しくて、経営者が腹をくくっていればいいのですが、そうでない場合はしばらくリスケジュールを続けることになります。金融機関のほうも金利さえ払えれば何とかリスケジュールを続けていこうとするので、双方の様子見的になってきて、もう少し段階が詰まってきてからやるという、時間的な余裕が必要になってくるケースが多いのではないかと思っています。

2　私的整理と法的整理

方法としては私的整理と法的整理があります。簡単に言うと私的整理とい

うのは金融機関との間ですることで、取引先を知らせなくていいということですから、原則としては私的整理でやっていくべきなのでしょう。法的整理というのはほとんどが民事再生ですが、裁判所の決定によって一律で、取引先も含めて、強制的に債務を減免します。私的整理の場合は、金融機関が1行でも反対すると成立しなくなってしまいますが、法的整理の場合は、一部の金融機関が反対していても、反対を押し切って成立させるということが可能です。ただ、法的整理はなるべく避けた方が賢明です。取引先を巻きこんでその信用を失ってしまうので、スポンサーが用意できているとか、本当にニッチでそこの会社ではないと頼めないというような仕事を持っている会社でないと、現実には難しいでしょう。やはり私的整理を本則にしていくべきではないかと思っております。

3　経営者が事業継続に関与できるかどうかによる区別

債務免除にも区別がございます（レジュメ12頁、第6の3参照）。

4　債務免除における留意点

やはり指導理念としては計画合理性、抜本的なリストラ——特に債務免除を求める場合は、大幅なリストラ、つまり人件費の削減が求められます。

それから徹底した情報開示とともに金融機関の間の衡平が重要になってきます。ただ情報開示については、バランスというものもありまして、中には売掛先の名前等、万が一の差押えのリスクを考えて開示したくないものもあるでしょう。そういった場合は、例えば売掛先の名前はマスキングして、全ての金融機関さんにこうします、お宅だけではありません、と伝えるという手法もあります。「売上の状況や予測等はお見せしますが、隠してあるところはプライバシーの問題があるので勘弁してください」と言うと、それ以上の開示は求められないと思います。

5　事業計画における留意点

あと、債務免除で重要なこととして、清算貸借対照表というのを作らなくてはいけません（資料2）。要するにこの会社が破産したときに、どれぐらいの配当率になるのかということを示さなくてはいけないのです。清算価値保障原則という重要な原則があります。再建型手続で債務免除をする場合は、債権者に対する配当が破産した場合よりも上回らなければいけないという大

原則です。ですから必ず清算貸借対照表を作って、「破産したら、2％、3％しか配当がありません。でも債務免除をすると10％、20％を返せますよ、ですから経済合理性があります」という説明をしていかなければなりません。

第7 債務の一部免除（各論）

1 債権譲渡方式（DPO）

ここから債務免除の方式の各論に入ります。

債権譲渡方式は、実はかなりメジャーになってくるのではないかと思っています。金融機関は通常、債権をバルクセールという形で、サービサーに売却します。バルクというのは束（たば）という意味です。つまり価値のない、無担保で回収可能性がない債権を例えば50個や100個と集めて、これに例えば2個か3個ぐらい不動産の担保がある割と優良の債権をくっつけて、まとめて束にして入札に掛けます。

複数のサービサーに入札してもらって、一番高い値段を付けたところに売ることになります。そうすると大体の金融機関は、優良な債権の値付けに集中して、無担保の債権というのは、備忘価格というのですが、1円等、その程度の値段しか付けないことが多いと言われています。キャッシュフローがある程度出ていたとしても、大体年間返済額の3年分から5年分ではないかと言われるのですが、それぐらいの値段は付けられるかもしれません。本当に返せなかった場合は、1円等という金額を付けて、それで売却されるということになります。無担保債権は非常に安い値段で売られます。債務者側とサービサーが交渉して、譲渡価格＋αで一括返済します、買い取りますということで、実質的に債務免除を受けるというケースがこれから増えてくるのではないかと思います。DPO、ディスカウント・ペイオフと言われているそうです。

ただし、これだといかにも楽に見えますが、私はあまり勧めません。なぜかというと、まずどのサービサーが付くか分からないからです。私自身はあまり出会ったことはないですが、サービサーも中には結構強行なところがあって、裁判をやって売掛債権を回収するようなところもあると聞いています。つまり、法的な回収をされて売掛先に対する信用を失うリスクも相当程

III 企業の清算と再生

度存在するということです。一方では、きちんと金融機関に金利相当分を払っていくと、そのことによって値付けが高くなってしまうというリスクもあるので、なかなか痛し痒しではあるのですが、これはもう収支がトントンで利息を払えないというときの最終手段という位置付けでお考えになったほうがいいのではないかと思います。

それからこのバルクセール等をやらなくても、債務者のほうでサービサーを用意して、いわば出来レースでやるというケースもあります。これも結局バルクセールだったら売れるような金額＋αの額を提示しなければいけないので、それなりの金額を出さなければいけなくなります。それなりの金額でサービサーが買って、あとで買い戻す。そのサービサーにも利益を乗せなければいけないので、支払いの原資はかさみますが、これだと債務者側がコントロールできますので、どのサービサーにいくか分からないという事態は防げます。

それから第二会社方式というものがございます。第二会社方式については、レジュメ第7の2をしっかりとお読みください。あと『中小企業事業再生の手引き』でも会社分割、事業譲渡について章をさいておりますので、こちらをご覧ください。

レジュメ第7の7では、中小企業再生支援協議会についてまとめました。今までもこの協議会を使った私的整理というのはありました。件数も7年間で3000件ということです。今までデューデリジェンス等、手間暇かけてやっていましたが、これから件数が増加するということで、金融機関で全部デューデリジェンスをやってから持ち込むという、かなり簡略型、省力型のスキームがあらわれています。これで早く処理しなさいという、金融庁のメッセージだと思います。これについては先ほど挙げた『中小企業事業再生の手引き』でも詳しく書いております。

2 特定調停、事業再生ADR

特定調停はこれから重要になってきます。今までは、私的整理を進めていて一部の強硬な債権者から同意を得られなかったときに使うような割と日陰的な存在でした。日弁連中小企業センターとしては、中小企業再生支援協議会に並ぶ、裁判所版私的整理として、活用を広めていきたいと考えております。

それから事業再生ADRについても『中小企業事業再生の手引き』に書いてありますので、こちらをお読みください。実際はかなり費用が掛かり、最低2000万、5000万等という話ですので、なかなか一般の中小企業には難しいのではないかというところもございます。ただこの手続の考え方、要件というのはとても参考になりますので、勉強をしておくことは良いことだと思います。

第8　法的整理による債務免除（民事再生）

 民事再生は本当に最終手段ですが、先ほども申し上げたとおり、会社によって、すぐにスポンサーが付くとか、オンリーワンの仕事をしていて絶対的な強みを持っているとかであれば、考えられる方法だと思います。あとは経営者が、取引先を巻き込むという点で、躊躇しがちですが、そこがきちんとクリアできれば民事再生も非常に有力な手段ではないかと思います。

 参考文献に挙げた東京弁護士会倒産法部編『民事再生申立ての実務』に詳しく解説を書いております。私も著書の一人ですが、これは倒産法部の中堅若手の弁護士を中心に、事例と理論を織り交ぜて書かれた、民事再生申立ての決定版です。書式等もかなり豊富に入っています。この1冊があれば再生申立ては怖くない勢いの本です。

 ポイントはレジュメにまとめましたが、一番重要なのは、民事再生だと、これまで掛けで支払いができた仕入れ先に対して掛け払いができなくなります。全て現金取引になりますので、それを織り込んで資金計画を立て、何とか3か月、6か月回せそうであれば、申立てができると思います。これを織り込んで資金繰り表を組まないと、あとでお金がないということになってしまいます。なるべく申立てをする前に、先ほど言ったように預金等をどんどん集めて、手元のお金をかき集められるだけ集めておくということが重要ではないかと思います。

第9　経営者の個人保証

 経営者の個人保証は非常に重要な問題です（レジュメ第10）。経営者が債務免除等をためらう大きな原因ですが、どうしてもやらなくてはなりません

ので、仕方ありません。リスケジュールのときにはいいのですが、債務免除をした場合の保証債務はどうするかという処理に関して、当然保証債務は消滅しませんので、分割返済を続けていくか、民事再生の申立てをしてしまうか、思い切って自己破産をしてしまうか、もしくは事実上放置という形で、本当に月に少し払う、あとは無担保債権であればサービサーに売却をして、それを買い取ることを待つことになります。あとは、M&Aでスポンサーが肩代わりするというケースです。そういったことも視野に入れて進める必要があります。

第10　会社（事業）の清算

　最後になりますが、会社の清算について簡単に触れます（レジュメ第11）。

　弁護士は安易に破産を勧めてはいけないのですが、事業者が事業の継続に意欲を失っている場合、それから客観的に見ても事業が利益を生み出す見込みがなく、このままやっても支払いが増えていくだけという場合には、やはりきちんと膝をつきあわせて話し合って、納得した上で清算手続に入っていく、これが傷を広げないという意味で重要だと思います。清算の場合の基本的な考え方としては、やはり破産を原則にすべきではないかと思います。

　私的整理においては、社長さんによっては皆さんにご迷惑をおかけしたからということで、誠実に最後までやってしまう人もいますけれども、これはとても大変です。前向きな事業再建であればいいのですが、後ろ向きな事業清算で最後まで自分でやるというのは、精神的にもとても重圧がかかります。ですからこれは破産管財人に任せてしまって、自分は再起を図るというように切り替えたほうが、基本的にはいいと思います。ただ、経営者が自宅を確保したいとか、経営に関わっていなかった経営者の親族が会社に多額の貸し付けをしているが、破産してしまうと心理的に配当を請求しづらいとか、あとは破産をしてしまうと、どうしてもレッテルを張られてしまうので、それを避けたいというような場合は、私的整理が選択肢となるでしょう。

　破産の場合のポイントとして、最近、管財人をやっていますと、申立代理人の弁護士の先生のほうで、全て清算業務を終えて、換価も終えて、あとは引き継ぎ予納金だけですというようなケースが見受けられます。そこまでき

ちんとやっていただくのは、申立代理人の先生の責任感によるものだとも思いますが、私個人のポリシーとしては、破産する場合はなるべく早く申立てを行い、裁判所や管財人に委ねるのがよいと考えています。民事20部もその方向で考えているようです。

　申立ての際は、管財人があとで何かやるときに漏れ等があると困るので、資料は気を付けて漏れなく集めていただきたいのですが、早く管財人に引き継ぐということが重要です。必要な資料は、特に債権者一覧表については、金額はあとで調査すればいいので、宛先、債務者一覧、売掛先、契約関係等、「どこに資産があるか」という点についてきちんと漏れなく網羅しておくと、管財人は助かります。

　ですから、受任通知等も基本的には発送せずに、管財人から決定通知を発送してもらえればよいと考えております。このあたりの清算手続に関しては、いろいろな本がございますので、適宜ご参照ください。

レジュメ

Ⅲ 企業の清算と再生

弁護士　堂野達之

第1 事業再生（企業再建）とは何か
1 倒産とは何か
　(1) 会社の構成要素
　　ヒト　←　最も重要
　　モノ
　　カネ　←　事業が破綻するほぼ唯一の直接的な原因
　(2) 破綻（倒産）するおそれのある会社とは？
　　　＝債務が過大になり正常な弁済ができなくなるおそれのある会社
　　① 負債を返済する原資である利益（キャッシュフロー）が生み出せない
　　② 負債（特に対金融機関）が過大
2 倒産を防ぐための二大ポイント
　(1) 利益（キャッシュフロー）を生み出せるようにする。
　(2) 負債（金額・弁済期限）を適正に調整する。
　　リスケジュール（弁済期の延長）や債務の一部カット
　　　→(1)が重要である。(2)は(1)があってこそ。
　　　　利益（キャッシュフロー）は会社存続の最低条件である。
　　　→(1)は経営者（会社）中心で弁護士その他専門家はサポートする立場
　　　　(2)は弁護士その他専門家が主導すべき
3 事業を再建できるかどうかのポイント
　(1) 債務者企業の経営者自身に再建の意欲があること
　(2) 事業自体が利益を上げられる（見込みがある）こと
　　→キャッシュフロー（営業利益＋減価償却費－設備投資）がプラスである（マイナスであってもリストラ等により、確実にプラスにできる）。
　(3) 関係者（役員従業員、取引先、金融機関等）の理解と協力を得られること
　(4) 事業の収益力を評価してくれるスポンサーが見つかることが望ましい。
4 事業再生の基本理念
　(1) 公　正

→<u>情報開示</u>の徹底
　(2)　衡　平
　　　ア　債権者と債務者との間
　　　　　→<u>清算価値の保障</u>　<u>自助努力</u>　<u>経営責任の明確化</u>
　　　イ　債権者間
　　　　　→<u>合理的な区別</u>が許容されるか
　(3)　遂　行
　　　ア　<u>計画の合理性・現実性</u>
　　　　　客観的な実現性・債務者に過酷となっていないか
　　　イ　<u>迅速性</u>
　　　ウ　<u>創造性・柔軟性</u>

第2　債務者企業は何をなすべきか（総論）
1　とにかく本業を立て直すこと→利益（キャッシュフロー＝営業利益＋減価償却費－設備投資）を十分に出せるようにすること
　資金繰り（キャッシュの流れ）の管理も並行して行う。
　→専門家のサポートがあることが望ましい。
2　金融機関と積極的にコミュニケーションを取ること
　＊自社がどの段階に位置づけられているか、支援を継続してもらうにはどの点をどこまで改善すればよいのかを、率直に訊いてみる。
　＊金融機関も、債務者企業のほうからアプローチしてくれば無下には扱えない。
　＊専門家が同行しても良い（した方が良い）。
　＊思わぬ再建の糸口が見つかる可能性も
　＊金融機関とのコミュニケーションと業績改善とは一定の関連性があるとの調査結果もあり……2012.3.5付日経新聞「経済教室」。
3　利益は上がるが負債が過大であれば、その抜本処理は、金融機関と相談・情報交換しつつ、専門家（弁護士、税理士等）の助力が必要となる。
　→早めに専門家に相談してサポートを受けるべきである。

第3　弁護士は何をなすべきか（総論）
1　窮境にある企業に対する基本的な方針
　　①　リスケジュール（対金融機関）　　　　　　　　〈事業継続〉
　　　　↓
　　②　私的整理による債務減免（対金融機関のみ）　　〈事業継続〉
　　　　↓

Ⅲ　企業の清算と再生

③　法的整理による債務減免（取引先も含む）　　　　　〈事業継続〉
　　↓
④　破産、特別清算、私的整理　　　　　　　　　　　　〈清算〉
　ア　原則は自主再建（事業継続）である。事業を生かすことを考える。
　　なるべく信用を維持し、ドラスティックな方法は避ける。
　イ　安易に破産を勧めてはならない。
　　経営者が再建に意欲的であれば、尊重すべきである。
　　事情をよく訊いて精査した上で事業継続の可能性があるかを判断すべき。

2　事業再生で留意すべきポイント
(1)　資金（キャッシュ）を確保することが何より重要
(2)　できる限り早い段階で見通しをつけること
キャッシュフロー（営業利益＋減価償却費－設備投資）がプラスであるか（マイナスであっても、リストラ等により確実にプラスにできるか）。
マイナスであれば、清算せざるを得ない。
(3)　優先順位を決めること（優先順位の低い事項は捨てる）
(4)　社内での役割分担を決めること
(5)　情報の取り扱いに注意すること
　＊私的整理　→　取引先（場合によっては従業員）には極秘
　　　　　　　　　金融機関には情報開示
　＊法的整理　→　申立前は極秘
(6)　スピード感、迅速性
事業価値は急速に劣化していく。
コストカットは早くやるほど利益を蓄積させる効果がある。
時間が経つと選択肢が狭まってしまう。
(7)　柔軟性、創意工夫
同じ会社は存在せず、同じ事業再建も存在しない。

3　債務者企業との関わり方
(1)　顧問会社等元々関係のある場合
　ア　早期に再建に着手することの大切さ
　　①　事業収益の回復（経営改善）には時間がかかる（一種の内科的療法）
　　　→企業が苦況に陥るシグナルを早めに見極めて、まだ順調なうちに早めに
　　　　再建の必要性を認識して、改善策を打ち出すことが肝要である。
　　②　再建に着手しなければならない段階（例示）
　　　＊月単位の赤字が1年間続いている。
　　　＊手元資金が1年先で底をつく見込みである。

—3—

　　　　←最低でも月次の資金繰り表は作ってチェックする必要がある。
　　イ　日頃からの地道な経営改善へのサポート
　　　①　税理士との協働
　　　②　役員会など定期的な打合せ
(2)　窮境に陥ってから関与する場合
　　ア　再建できるかどうかの見極め
　　　①　経営者の意欲
　　　②　利益（キャッシュフロー）を出せるかどうかの見極め
　　　　＊経営者、経理担当者からのヒアリング
　　　　＊財務資料等のチェック
　　　　　・直近2年間の確定申告書
　　　　　・直近6ヶ月の月次の残高試算表、資金繰り表
　　　　　・できれば予想資金繰り表
　　　　＊事業の概要、取引の流れ、何が収益の源泉であるか、何が窮境の原因であるかの把握
　　　　＊経営者自身が月次で収支をきちんと把握しているかどうかをチェックする。
　　　③　方針の決定
　　　　大きな方向性の決定、目先の資金繰りの対応、改善策の実行、債務免除作業の準備
　　イ　スピードとの勝負
4　金融機関の特性に対する理解
　＊継続的に利益を上げ、時間を掛けても元本利息を返済してもらうのが基本スタンス
　　安易に債務免除を提案してはいけない。
　＊自行が貸付先の破綻の引き金を引いたという風評を立てられることを恐れる。
　　→法的に強硬な手段を取ることは少ない。
　　　但し、不正行為（財産隠し、詐害行為、偏頗弁済）に対しては厳しい態度であり、場合によっては法的措置も辞さない
　＊他行とのバランスを気にする。
　＊徹底した情報開示を求める。
　　　不利な情報でも早めに開示すれば、致命傷には至らない。
　＊危機状況と判断すると、預金は絶対に解放しない。→融資先の金融機関の口座の処理がポイント
　＊融資先が複数だと、他行はメインバンクの動向を気に掛け、メインバンクに多

Ⅲ　企業の清算と再生

　　くの負担を求める（「メイン寄せ」）。
　　　最近はメインバンクが存在しない（単に融資額が大きいだけで自行にメインバンクの意識がない。）ケースも多い。
　　　少額の金融機関債権者ほど強硬となりやすい傾向がある。
＊組織である。支店担当者が本部に稟議を上げやすくするように配慮する（具体的な数値計画やこまめな情報提供が大切）
＊組織としての基本姿勢、方針は決めている。
　　経済合理性、コンプライアンス、説明責任、風評リスク、善管注意義務違反、代表訴訟リスク、二次破綻リスク
＊都市銀行、地方銀行、信用金庫・信用協同組合、政府系金融機関によってカラーがある。

第4　本業の立て直し（経営改善）
1　意識の向け方
　利益＝キャッシュフロー（営業利益＋減価償却費－設備投資）を上げることが目標である。
2　数値の把握・分析
　(1)　月次資金繰り表（キャッシュフロー表）の作成　→　実態の把握
　　経常収支と財務収支を分ける
　　毎月作っているだけでも効果的
　　どの企業でも必須
　(2)　月次の損益計算書（P／L）の作成　→　実力の把握
　(3)　月次の部門別P／Lの作成　→　窮境の原因の把握
　　取扱商品別、得意先別、営業スタッフ別と、会社の特性に応じて分け方を変える。
　(4)　P／Lの費用を変動費と固定費に分ける　→　目標の設定
　　損益分岐点、変動費の比率、固定費の割合
　→経営者にリアルな現状を認識してもらい、自発的に経営改善に取り組んでもらうことが最善である。
3　事業計画の策定
　(1)　窮境に陥っている場合は、その原因の洗い出し
　(2)　損益計画
　　ア　売　上
　　　＊SWOT分析
　　　　強み（Strength）・弱み（Weakness）・機会（Opportunity）・脅威（Threat）
　　　＊堅めに予測する。

＊売上先別（固定客と新規）・商品別等で仕分けする等して、予測の根拠を明確にする。
　イ　費用
　　＊固定費と変動費に分ける。
　　＊具体的な方策を示す（ex.賃料の安いオフィスへ移転、共同購入による原価削減）。
　　＊抜本的な自助努力を示すのが必須である。
(3)　利益を上げるための具体策を決定
　　①　売上を上げる（落とさない）
　　②　固定費を減らす
　　③　変動費（変動比率）を減らす
(4)　弁済計画
現実的にどれだけ利益を上げられるかと、どこまでの負債を返済すべきかのバランス

4　具体策の実行
(1)　売上の減少への対処
　　＊部門別・商品別・得意先別・営業スタッフ別等で分けて数値を出して、推移を掴んで原因を把握する。
　　＊市場が縮小したり、顧客ニーズの激変に対応できないのであれば、撤退を考えるべきである。
　　＊営業力に問題があれば、営業スタイルの転換やマーケティング戦略の見直しを考える。
(2)　不採算部門の閉鎖、撤退
(3)　人件費の削減
人は資産（「人財」）→モチベーションに配慮
誰に辞めてもらうかをきちんと選別すべき
変動費化が有用
場合によっては、整理解雇を辞さない必要も（なるべく退職勧奨）
(4)　売上に影響しないコストの削減
(5)　変動費の削減
　　合い見積もりの功罪
(6)　時間コストの削減
(7)　空間コストの削減
(8)　資産の処分
(9)　在庫のコントロール
(10)　ポイント

Ⅲ 企業の清算と再生

* 一般には費用削減のほうが売上向上よりもやりやすいし、効果も出やすい。
* <u>費用削減は効果を見極めてやるべきである。</u>売上を上げるには費用（投資）が不可欠である。売上に寄与しない費用の見極めが必要である。
* <u>コストカットの決断と実行は早ければ早いほど良い。</u>利益が蓄積される。
* <u>コストカットは小さいものより大きい方がかえってやりやすい。</u>
* リストラには聖域を設けない。
* 経営者自身が障害になるとき、専門家が悪役を買って出る必要もある。
* 具体策を立案して主導するメンバーは限定して良い。
* 従業員も巻き込んで主体的に取り組んでもらう。
* 外部（専門家）の知恵も活用する。
* <u>定期的にコアメンバーで会議、打合せを開くのが良い（その際に数値資料をベースにする）。</u>
* 会社や事業の特性に応じて、柔軟に。

5 検証と開示

(1) 予定（計画）と実績に差がないかこまめにチェックする（「予実差」）
予実差が大きい場合には、何が原因か検証する。
(2) 結果を開示する。←金融機関は重視する。

6 資金繰り対策

会社は、キャッシュが底をついたら終わりである。→**キャッシュの確保が最重要**である。

(1) 資金繰りの管理（手元資金の確保）
* 再建に着手すべき段階と認識した以降は、日繰りで入出金のチェック
* 入金は堅めに、出金は絶対に漏れなく
* 早め早めにコストカット（支払保留）するのが大切
* 入金回収は早めに（前金）、出金支払いは遅めに（掛けを延ばす）
* 手元資金の確保（<u>月商の1か月分以上</u>が望ましい）
* 経営者も内容をきちんと理解してチェックする。

(2) 資金の調達
① 制度融資（信用保証協会付融資）、公的金融機関（日本政策金融公庫等）からの融資
② 金融機関からの融資
③ ノンバンクからの融資（売掛債権担保など）
④ 知り合い、近親者、経営者本人等からの融資
⑤ 増資
* キャッシュが最重要なので、金融機関からは借りられるときにできるだけ

借りておく。
* 知り合い、近親者等からの融資や出資は、いざというときに備えてできる限り控えておく。
* <u>リスケジュール中は新規融資(他行も含む)や手形割引を受けられないので</u>、これを前提にして資金繰りを予定しておく必要がある。
  それでなくても、融資はいざとなると受けられないリスクがあるので、当てにしないようにする。
* 危機時期(金融機関が支援を打ち切って期限の利益を失わせるとき、場合によってはリスケジュール中も)には、<u>融資先の金融機関は預金を拘束するので</u>、早めに預金を解約して移動すると共に、売掛先には借入のない銀行口座へ振込を行うように通知する。
* 自力で利益を上げることが大前提である。借り入れをしても返済できないのでは一時しのぎに過ぎない(かえって利払いの負担が増える)。
* ノンバンクは高利なのでできる限り避ける。
* 高利金融に手を出すのは厳禁

(3) 緊急時の支払いの優先順位
  ア ① 支払手形
     ② 従業員の給料
     ③ 買掛金(外注先・仕入先)
     ④ 事業を維持するために最低限必要な経費・固定費
     ⑤ 公共料金
     ⑥ 支払猶予がしやすい経費・固定費(賃料等)
     ⑦ 公租公課(消費税、源泉税、社会保険料)
     ⑧ 金融機関への利息支払い
     ⑨ 金融機関への元本支払い
  イ 実際は逆にしてしまう経営者が多い。
    →弁護士が客観的な立場でアドバイス
  ウ 公租公課の支払猶予が事実上許される期間は3カ月程度?
    真っ先に支払猶予を検討すべきだが、
    自力執行力がある(債務名義がなくても差押え可能)。公共工事が取れなくなる等のリスクもある。
    関係官庁との協議も必要である。
  エ 家賃などは敷金保証金とのバランスもあるが、数カ月程度でも大丈夫な場合が多い。
  オ 得意先との関係によっては、支払猶予も検討する。臨機応変に。

Ⅲ　企業の清算と再生

　　カ　公租公課の滞納があると新規融資は難しい。
　　　→新規融資が期待できない状況（リスケジュールしかない）では公租公課の滞納を検討する。

第5　リスケジュール（返済猶予）
1　特徴
　(1)　元本債務の弁済期の延長・猶予を合意してもらう（据え置きや減額）。
　利率（利息）の切り下げを合意してもらう。
　(2)　対象は金融機関
　(3)　原則として、融資を受けている金融機関全てと交渉する。
2　どのような場合に選択すべきか
　(1)　資金繰りが厳しくなり、弁済期に約定額を支払えなくなる。
　(2)　キャッシュフロー（利益）はプラス（黒字）であり、金融負債を完済できる見込みがある。目安として、
　　<u>年間のキャッシュフロー（営業利益＋減価償却費－設備投資）×10</u>
　　<u>≧金融機関に対する負債</u>
　　　　↓
　キャッシュフローがプラスであるかを精査する必要がある。
　現状でマイナスであれば、リストラ（抜本的な費用削減）等により、確実にプラスにできるかを検討する。
　★まずはリスケジュールが基本であるが、
　　対金融負債のキャッシュフロー倍率が10倍超
　　→リスケジュールでは無理
　　10倍以内に収めるため、債務免除（私的整理、法的整理）が必要となる。
　★キャッシュフローがマイナス（赤字）であれば、事業自体の清算を考えなければならない。
　　闇雲な新たな借り入れ（特に高利金融）は首を絞めるだけである。
　(3)　手形の不渡りが迫っていたり、重大な資金ショートが迫っている場合は難しい。
　　→このような場合は法的整理を選択せざるを得ない。
　(4)　高利金融に手を出している場合は難しい。
　　債権譲渡通知や預金小切手の取立などの手段を取ってくる。
　　→このような場合は法的整理や清算を選択せざるを得ない。
3　リスケジュールを成立させるための要件
　(1)　完済までの見通しを示す。
　何時、いくらを支払って、何時までに完済できるかを数字で示す。

(2) 完済のための経営改善計画（実抜計画）を具体的に示し、実現性があることを理解してもらう。
　ア　経費の削減
　イ　売上の維持・向上
　ウ　資産の処分
(3) 交渉方法
　ア　まずは返済をストップすることも検討する（但し、ストップすることを事前に告知しておく必要はある）。返済用の口座を空にする。
　　　リスケを行うという覚悟を示す。
　　　但し、金融円滑化法が施行されている現在は金融機関はリスケに応じやすいし、2013年3月に終了後もそのような態度は変わらないことも予測される。→率直に相談してみるのも手である。
　イ　情報開示は積極的に行う。
　　　但し、得意先を開示すべきかは要検討である。
　ウ　全ての金融機関に対して衡平性を保つ。
　エ　代理人（弁護士）が交渉の場に立ち会うことの有用性

4　既に金融円滑化法によりリスケジュールを受けている場合
(1) 経営改善計画を概ね達成できている場合
　金融機関と協議の上、引き続き条件の見直しも含めて融資の継続を交渉する。
(2) 経営改善計画が未達である場合
　計画を達成できなかった理由について精査し、実現性が低ければ計画の修正を求め、未達が自社の改善策の不徹底に原因があれば、引き続き計画の実現を約束し、リスケジュールを続けるように交渉する。

第6　債務の一部免除（総論）
1　どのような場合に選択すべきか
(1) 資金繰りが厳しくなり、弁済期に約定額を支払えなくなる。
　既にリスケジュール中であるが、それでも支払いができなくなる。
　金融円滑化法の終了に伴い、取引金融機関が支援を打ち切る（リスケに応じず期限の利益を失わせる）場合は、負債が過大である場合がほとんどであろうから、積極的に検討する必要がある。
(2) キャッシュフロー（利益）はプラス（黒字）であるが、金融負債を完済することが難しい。目安として、
　<u>年間のキャッシュフロー（営業利益＋減価償却費－設備投資）×10</u>
　<u>≦金融機関に対する負債</u>

Ⅲ　企業の清算と再生

　　　↓
10倍以内に収めるために債務免除が必要である。
キャッシュフローがプラスであるかを精査する必要がある。
現状でマイナスであれば、リストラ（抜本的な費用削減）等により、確実にプラスにできるかを検討する。
　★キャッシュフローがマイナス（赤字）であれば、事業自体の清算を考えなければならない。
(3)　手形の不渡りが迫っていたり、重大な資金ショートが迫っている場合は難しい。
　　→このような場合は法的整理を選択せざるを得ない。
(4)　高利金融に手を出している場合は難しい。
　　債権譲渡通知や預金小切手の取立などの手段を取ってくる。
　　→このような場合は法的整理や清算を選択せざるを得ない。

2　私的整理と法的整理

(1)　私的整理＝債権者と自主的に交渉して負債を減免する方法
　〈メリット〉
　　＊取引先の債務に影響を与えずに、対金融機関の債務のみ減免・猶予する場合がほとんど。→取引先に対する信用を維持し、事業価値の防止を防げる。
　〈デメリット〉
　　＊金融機関債権者全ての同意が必要である。
　　＊債権者による法的措置に対抗する手段がない。
　　＊不正行為（財産隠し、詐害行為や偏頗弁済等）が行われてしまうおそれがある。
　　＊経営責任が曖昧にされるおそれがある。
　　＊破綻原因の開示や除去（例えば粉飾決算）が不徹底になるおそれがある。
(2)　法的整理＝裁判所の決定により、強制的に債務を減免する方法
　〈メリット〉
　　＊一定の要件で債権者の同意なしに債務をカットできる。
　　＊債権者による法的権利行使を止めることができる（但し、民事再生の別除権の行使は別である）。
　　＊不正行為（財産隠し、詐害行為や偏頗弁済等）を防止し、既に行われた行為による損害の回復がされやすい。
　　＊経営責任を明確にしやすい。
　　＊破綻原因を除去しやすい。
　〈デメリット〉
　　＊金融債権だけでなく商取引債権も一律にカットの対象となるため、取引先に対する信用を失い、事業価値が毀損されるおそれが強い。

＊スケジュールや手続が画一的になりやすく、柔軟性に欠けるおそれがある。
(3) なるべく私的整理により信用を毀損せずに事業価値を維持していくようにするのが基本である。

3 経営者が事業継続に関与できるかどうかによる区別
(1) 自力型
オーナー社長が会社の支配権を維持したまま再建する。
(2) スポンサー型
第三者から何らかの資金的な支援を受けるが、オーナー社長が経営主導権は維持したまま再建する。
スポンサーが融資金融機関の貸付金債権を買い取る場合（デット型）、債務者企業に直接出資する場合（エクイティ型）、スポンサー出資の第二会社が事業の承継を受ける場合（事業承継型）がある。
(3) 第三者M&A型
第三者に会社の支配権を譲り渡し、オーナー社長は雇われとして関与するか、全く関与しない。
当該第三者が債務者企業に直接出資する場合（エクイティ型）、当該第三者出資の第二会社が事業の承継を受ける場合（事業承継型）がある。

4 債務免除における留意点
(1) <u>金融機関は単純な債務免除には絶対に応じない。</u>
<u>債務免除益が発生するので、課税対策が不可欠である</u>。
→工夫が必要である。
債権譲渡方式や第二会社方式など
再生支援協議会など第三者の関与する手法も有用
(2) キャッシュの確保
債務免除を具体的に検討しなければならないときは、取引金融機関が支援を打ち切って期限の利益を失わせる段階であることが多いから、<u>自社の預金口座を拘束するおそれが高い。</u>
→早めに預金を解約して借入のない金融機関の口座に移動すると共に、売掛先に対しては借入のない金融機関の口座へ振込を行うように変更通知をする。
ただし、取引金融機関がメインバンクで債務免除を支援してくれるような特別な事情があれば別である。
(3) 金融機関との情報交換、理解を得る努力は不可欠である。
(4) 金融機関からは以下の点が厳しく求められ、事業再建のためにも不可欠
① 計画の合理性・実現性
遂行可能性が具体的に示されていることは勿論のこと、

Ⅲ　企業の清算と再生

　　　債務者に酷にならないようにする。ゴールを明確にする。
　　② <u>自助努力</u>（リストラ）
　　③ <u>破綻原因の克服</u>
　　④ <u>経営責任の明確化</u>
　　⑤ 徹底した<u>情報開示</u>
　　　過去の粉飾決算なども正直に開示する。
　　⑥ <u>金融機関間の衡平</u>（但しメイン寄せはありうる）
(5)　対象債権者（金融機関）からの個別的権利行使（無担保債権）
法的措置まで講じることは現実には少ないが、対応を考えておく必要はある。
サービサーや信用保証協会は法的措置を講じてくる可能性を念頭に置く必要がある（交渉が続いていればその心配は少ないとはいえ）。
　　① 預金拘束
　　② 売掛金債権に対する（仮）差押え
　　③ 自己信託の活用
　　④ 詐害行為には注意
(6)　担保権の実行
担保不動産の競売、債権譲渡担保の実行等
事業に不可欠な資産であれば、保全を検討する（関係第三者へ売却して賃借する、借り換えで資金を調達する等）。
(7)　不正行為（財産隠し、詐害行為や偏頗弁済等）が行われないように、経営者に対して監督をする。
　　過去に行われた不正行為（粉飾も含む）も正直に債権者に開示する。

5　事業計画における留意点
(1)　清算貸借対照表の作成【資料2】
　　ア　清算価値保障原則
　　<u>再建型手続においては、破産した場合の配当を上回る額を債権者に弁済しなければならない。</u>
　　イ　破産した場合の配当率を算出するのが目的である。
(2)　弁済計画表
　　ア　弁済原資
　　年間のキャッシュフロー（営業利益＋減価償却費－設備投資）
　　イ　繰越欠損金との関係
　　　① 年間キャッシュフローに繰越欠損金の損益通算を使える場合
　　　　→年間キャッシュフロー全額が弁済に使える。
　　　② 年間キャッシュフローに繰越欠損金の損益通算を使えない場合

—13—

後で債務免除を受けて、債務免除益との損益通算に使う場合
　　→年間キャッシュフロー全額×（1－法人税率約40％）が弁済に使える。
　ウ　債権者への弁済
　完済までの期間や各期の弁済額を明示する。

第7　債務の一部免除（私的整理）
1　債権譲渡方式（DPO）
(1) バルクセール型（通常）
　ア　金融機関がバルクセールで債権を一方的にサービサー（債権回収会社）に安価で売却する。
　イ　<u>債務者がサービサーと交渉し、譲渡価額＋αを一括（分割）返済して、残債務の免除を受ける</u>。
　譲渡価額は<u>年間返済額（実績）の3～5年分</u>が一つの目安
　ウ　入札方式→どのサービサーが買い取るのかは分からない。
　入札の金額にも結構幅が出る。
　エ　<u>サービサーによっては、強硬な法的措置を講じてくるリスクがある</u>。
　オ　債務免除益課税対策も必要となる。
(2) 債務者主導による相対型
　ア　債務者が返済原資を用意し、債務者のほうからサービサーを取引金融機関に紹介し、一定の金額で買い取ってもらった後、<u>当該サービサーに譲渡価額＋αを一括支払いして買い取る</u>。
　イ　サービサーへの譲渡価額が、バルクセールによる譲渡価額よりも相当に上回っていれば、経済合理性から取引金融機関も応じる可能性あり。
　譲渡価額は<u>年間返済額（実績）の3～5年分</u>が一つの目安
　ウ　サービサーに一括支払いできる原資が必要である。
(3) スポンサーによる相対型
　ア　債務者から提案し、取引金融機関が合意の上で、実質的なスポンサーに債権を売却する（サービサーが介在することもある）。
　イ　スポンサーに売却後に、<u>債務者がスポンサーに譲渡価額＋αを分割弁済し、残債務の免除を受ける</u>。
　ウ　債権の買取代金はスポンサーが一括で調達する必要がある。
　スポンサーがリスクを負うに見合うだけの事業計画の実現性が要求される。
　入札方式でスポンサーを選定する場合もある。
　スポンサーは再生ファンドもあり得る。
(4) 他の取引金融機関によるディスカウント取得

Ⅲ 企業の清算と再生

2 第二会社方式
(1) 債務者とは別人格の新会社(第二会社)に事業を承継し、債務者(旧会社)自身は清算する。

負債の処理に関しては、①第二会社から債務者に譲渡代金が支払われ、代金が負債の一部の返済に充てられ、残余の債務は免除される、②第二会社が負債の一部を債務引受する、③旧会社は清算する、という方法がある。

(2) メリット
　ア　金融機関としても債務免除に応じやすい。
　イ　債務者としても心機一転、再出発しやすい。
　ウ　スポンサーも簿外債務のリスクがないため支援をしやすい。
　エ　債務者は債務免除益課税をクリアでき、債権者も無税償却しやすい。

(3) 注意すべき点
　ア　事業承継の対価を適正に算定し、負債弁済の原資に充てる。
　イ　債権者から法人格否認の主張をされないようにする。
　ウ　債権者から商号続用や広告による債務の引受を主張されないようにする(商法17条、18条)。
　エ　詐害行為を主張されないようにする。

(4) 私的整理でも法的整理でも使えるし、私的整理でも手続主体の如何に関わらず使える(中小企業再生支援協議会など)。

　　詳しくは後述

3 スポンサーによる増資
債務免除益課税の問題や、簿外債務のリスクを負うこと、金融機関の同意を得にくいこと等から、裸で使われることは余りない。

4 DES(デット・エクイティ・スワップ)
負債と株式を振り替える。
債務消滅益の課税問題がある。
再生支援協議会の枠組みのなかで処理されることが多いと思われる。

5 DDS(デット・デット・スワップ)
負債を劣後化させる。→格付けをアップする。
再生支援協議会の枠組みのなかで処理されることが多いと思われる。

6 私的整理ガイドライン
(1) メインバンクが主導する必要がある(債務者と連名で通知)。
(2) 要件は厳格である。
　ア　債権者(金融機関)全員の同意が必要である。
　イ　再建計画の内容の相当性や合理性

　　　　3年以内に実質債務超過解消（有利子負債の対キャッシュフロー比率が10倍以内）。
　　　　3年以内の経常黒字化
　　　ウ　策定手続の客観性・透明性
　　　　アドバイザーの選任
　　　エ　経営責任・株主責任の明確化
　　　　債権放棄を受ける場合は、ほとんどは経営者が退任しているのが実情である。
(3)　ある程度の規模の会社で、メインバンクのバックアップがないと難しい。
(4)　メイン寄せ（債権放棄額等のメインバンクの負担が他行よりも大きくなること）を防止することが難しい。
(5)　現在は、事業再生ADRや中小企業再生支援協議会に代わられており、ほとんど使われていない。

7　中小企業再生支援協議会
(1)　特　徴
　　　ア　中小企業の私的整理に広く利用されている。
　　　　実際には、メインバンクが持ち込むケースが多い。
　　　イ　中立公正な第三者が関与するため、公正・透明性が確保され、計画の合理性も検証される。
　　　ウ　メニューは様々である。
　　　　＊リスケジュールもあれば、債務免除も伴う場合もある（現実には、リスケジュールのほうが圧倒的に多い）。
　　　　＊会社存続型もあれば、第二会社方式もある。
　　　　＊新規融資（信用保証協会の保証付）を受けられることもある。
　　　エ　手続が比較的重厚なため、ある程度の規模の企業でないと利用が難しいのでは（年商10億円弱以上？）
　　　オ　金融円滑化法の終了に伴い、案件の急増が予想される。
　　　　再生支援協議会では処理できずにこぼれ落ちる案件も急増するのではないか。→後述の特定調停か？
　　　　新スキームの導入等によって簡易迅速な処理を行う予定である。
　　　カ　協議会はあくまで金融機関の調整役であり、最終的に判断するのは金融機関である。→調整機能に限界がある。リスケジュールに止まってしまうケースが多くなってしまう。
(2)　類　型
　　　ア　通常型
　　　イ　検証型

Ⅲ　企業の清算と再生

　　　債務者が自主的に財務DD・事業DD・事業再生計画案を策定
　　ウ　新スキーム（省力型）
　　　金融機関等による再生計画の策定支援
　　　←円滑化法終了による案件増加に対応
(3)　手続（通常型）
　　＊平均半年程度
　　＊窓口相談（第1対応）
　　　　　↓
　　　再生計画策定支援（第2対応）
　　＊個別支援チームの編成
　　＊債務者が再生計画を作成し、個別支援チームが財務DD・事業DDを実施して、作成を支援する。
(4)　債務免除を伴う再生計画案に求められる要件は厳格である。
事業実施基本要領によると〜
　　①　債務者の自助努力
　　②　3〜5年以内に実質債務超過解消
　　③　3年以内の経常黒字化
　　④　再生計画の終了年度における有利子負債の対キャッシュフロー比率が10倍以内
　　⑤　経営者責任の明確化
　　　　経営者が事業継続に不可欠な中小企業が多いことにより、経営者の退任は原則とはなっていないが、退任を求められる場合もある。
　　⑥　債権放棄を要請する場合は、株主責任の明確化
　　⑦　債権者（金融機関）間における衡平
　　⑧　債権放棄を要請する場合は、清算価値の保障（破産配当よりも多くの回収が見込まれること）
(5)　対象債権者（金融機関）全員の同意をもって、計画は成立する。
(6)　新規融資（DIPファイナンス）
　　ア　企業再建資金、自治体保証制度等による新規融資
　　イ　信用保証協会の円滑化借換保証
(7)　税務上の特典
　　ア　債務者側
　　　期限切れ欠損金を利用したり、資産の評価損を計上して、債務免除益を圧縮することができる。
　　イ　債権者側

—17—

無税償却できる。

8 特定調停
(1) 事業再生ADRや中小企業再生支援協議会で一部の金融機関の同意が得られなかった場合に活用できる。

再生支援協議会は手続としてやや重たく、一次対応ではじかれて手続に乗らないケースのほうが多い。今後は案件の急増によりこぼれ落ちるケースも増えるのでは。

→<u>弁護士が債務者企業の代理人として事業再生していくにあたり、特定調停は有力な選択肢である。</u>

(2) メリット
　ア　裁判所（調停委員）という中立公平な国家機関が間に入る。
　イ　債務免除しても無税償却が可能である。
　ウ　競売手続を一時的に停止することができる。担保を立てなくても発令される場合もある。

(3) 今後の課題
　ア　裁判所の処理体制
　イ　金融機関の態勢、金融庁との関係
　ウ　デューデリジェンスの簡素化

9 事業再生ADR
(1) 特　徴
　ア　事業再生実務家協会（JATP）によるADR手続

JATPの選定する手続実施者（事業再生に精通した専門家）という中立公正な第三者が手続を主導する。→公正・透明性が確保され、計画の合理性も検証される。

私的整理ガイドラインではメインバンクが主導するため、「メイン寄せ」が行われていたことの反省から設けられた。

　イ　費用が高い（数千万円？）
現実には中小企業は利用しにくい。大企業に限られる
　ウ　メニューは様々である。
　　＊リスケジュールもあれば、債務免除も伴う場合もある。
　　＊会社存続型もあれば、第二会社方式もあり得る。
　　＊DIPファイナンスも予定している。

(2) 手　続
　＊手続に入れば3カ月以内が原則、しかしケースバイケース
　＊プロセス

Ⅲ　企業の清算と再生

　　① 第1ステージ
　　　事前相談～正式な利用申込み
　　　事業再生のプロによる事前審査
　　② 第2ステージ
　　　一時停止通知～計画案の概要説明・協議
　　　一時停止通知により、金融機関は与信残高を減らす行為をストップさせられる。
　　③ 第3ステージ
　　　計画案の決議～計画案の成立又は法的手続への移行
　＊第1ステージの段階から、財務DD・事業DDを実施して、再生の見込みがあるかどうかが検証される。
(3) 事業再生計画案に求められる要件は厳格である。
　　① 資産負債及び収益費用の見込みに関する事項
　　　将来数年間のB／S、P／L、キャッシュフローの計画
　　　これには、以下の点が要求される。
　　　ⅰ）<u>3年以内の実質債務超過解消</u>
　　　ⅱ）<u>3年以内の経常黒字化</u>
　　② 経営が困難になった原因
　　③ 事業再構築のための方策
　　④ 自己資本充実のための措置
　　⑤ 資金調達に関する計画
　　⑥ 債務の弁済に関する計画
　　⑦ 対象債権者（金融機関）の権利の変更
　　⑧ 債権額の回収の見込み
　　　債権放棄を伴う場合には
　　⑨ 貸借対照表の作成
　　⑩ 適正な債務免除額の算定
　　　過剰支援とならないようにする措置である。
　　⑪ 株主の権利の全部又は一部の消滅
　　⑫ 役員の退任
　　　経営責任の明確化が求められる。
　　⑬ 経済的合理性
　　⑭ 債務者の自助努力
　　　過剰設備や遊休資産の処分、不採算部門の整理・撤退、人件費の削減
　　⑮ 実行可能性

⑯ 債権者全員からの合意取得の見込み
(4) 対象債権者（金融機関）全員の同意をもって、計画は成立する。
同意が得られなかった場合には、特定調停や会社更生手続に移行する。
(5) DIPファイナンスの特典
　ア　中小企業基盤整備機構による債務保証
　イ　信用保証協会による債務保証
　ウ　民事再生・会社更生手続におけるプレDIPファイナンスの優先的取り扱い
(6) 税務上の特典
　ア　債務者側
　　期限切れ欠損金を利用したり、資産の評価損を計上して、債務免除益を圧縮することができる。
　イ　債権者側
　　無税償却できる。

10　企業再生支援機構
(1) 自ら非メイン金融機関から債権を買い取る。
(2) 債務者に対し出資、融資をする機能をもつ。

第8　法的整理による債務免除（民事再生）
1　特　徴
(1) メリット
　ア　一定の債権者の同意を得て、債務を免除できる。
　イ　債権者の個別的な法的権利行使を止めることができる。
　ウ　経営者が経営権を保持することが可能である。
　エ　裁判所を通した手続で、監督委員も選任され、手続の公正や破綻原因の除去が期待できる。
(2) デメリット
　ア　商取引債権も一律カットの対象となる。→信用不安による事業価値の毀損のおそれが高い。
　イ　得意先や売上に対する影響も大きい。
　ウ　別除権の行使は止めることができない。
　エ　経営責任を問われて社長が退任するケースも多い。
　オ　スケジュールがタイトであり、じっくりと再生に取り組めない面がある。

2　どのような場合に選択すべきか
(1) <u>手形の不渡り</u>が迫っていたり、重大な資金ショートが迫っている場合
　→法的整理でないとかえって信用不安により破綻してしまう。

Ⅲ 企業の清算と再生

(2) キャッシュフロー（利益）はプラス（黒字）であるか、マイナスであるがリストラ（抜本的な費用削減）等により確実にプラスにできる。
　キャッシュフローがマイナス（赤字）であれば、事業自体の清算を考えなければならない。
(3) 法的手続申立後の当面（数カ月）の資金繰りを乗り切ることができる。
　<u>法的整理に入ると、仕入先・外注先は、現金払いによる取引を求め、掛け払いには応じない。</u>→それを見越した資金繰りができるか。
(4) 民事再生の申立自体で信用を失い、売上の見込みが立たないような場合も難しい。
　現実の成功事例では、その会社にしかない強味をもっているか、スポンサーが支援してくれる場合が多い。
(5) 重大な否認対象行為がある場合は、法的整理を選択せざるを得ない。

3 申立前後の手続

(1) 相談・事情聴取
　ア 財務資料（過去3期分のB／S、P／L、勘定科目明細（確定申告書でセット）、主要売掛先リスト、資金繰り実績等を入手する。
　イ <u>長期的に再生できるか</u>（キャッシュフローを上げられるか）、<u>申立後数カ月間の資金繰りを乗り切れるか</u>、をチェックする。
　　緊急資金繰り表の作成（仕入は全て現金取引であることを前提とする）
　ウ 経営者の再建意欲、企業文化、可能であればスポンサーが付くか等の確認
　エ 金融機関の動向（再建に協力してくれそうか）の確認
　オ 不正行為、否認対象行為はないかの確認
　カ <u>予納金</u>が準備できるか（分割予納も可）
　→以上により、民事再生の申立が可能かを判断する。
(2) 申立の準備
　ア キャッシュの確保
　　① 預金は解約して、申立代理人弁護士名義の口座に移動する。
　　　申立後の相殺を回避するため。
　　　借入金のない金融機関の口座でも、取引債権者が当該金融機関で手形を割り引いていた場合は、相殺されてしまう。
　　　売掛金の入金受け入れ口座は、取引のない金融機関に変える（取引先に通知する）。
　　② 前倒しで回収できるところは回収する。
　　③ 支払いはなるべく止める。
　　④ 但し、新規の借り入れは厳禁（詐欺となってしまう）

イ　申立書・添付資料の準備
　　　＊時間との勝負
　　　＊清算貸借対照表
　　　＊再生計画（事業計画）の素案
　　ウ　申立の準備は、経営陣と経理担当者のみで進め、社内では申立直前（あるいは直後）まで秘密にする。
　　　取引先には勿論内密にする。
　　エ　裁判所にも事前相談
　　オ　金融機関には原則として事前相談はしない。
　　カ　スケジュールや段取りの確認
(3)　申　立
　　ア　Xデーは支払手形の期日かその直前が多い。
　　イ　なるべく入金が貯まった後がよい。
　　ウ　申立の直前（できれば当日の朝）、取締役会にて申立の決議をする。
　　　決議から申立まで時間があると、その間の取引は詐欺になってしまうおそれがある。
　　エ　申立直後に金融機関には申立の事実をファックスする（送信履歴を取っておく）。
　　　以後に売掛金が入金されても相殺禁止とするため
(4)　申立直後
　　ア　申立代理人は、本社・事務所・工場に張り付いて、取引債権者対応をする。
　　　商品の引き上げ等は丁重にお断りする。
　　イ　従業員に対する説明
　　　再建しなければ給料も支払えない実情を話す。
　　ウ　債権者・得意先に対する通知（債権者説明会の案内も含む）
　　エ　金融機関や、必要あれば大口債権者、大口得意先への個別訪問
　　オ　監督委員との相談、協議
(5)　債権者説明会
　　ア　申立直後、なるべく早く（数日以内に）開催する。
　　イ　公共施設で広めの部屋を取る。
　　ウ　説明内容
　　　①　お詫び
　　　②　今後の見通し
　　　　再建の可能性があることを具体的に説明する。
　　　　スポンサーの支援があるとか、ニッチ市場を押さえているので売上は落

Ⅲ　企業の清算と再生

　　　　ちないとか、不採算部門をリストラする等
　　　③　お願い
　　　　一律に取引条件を提示し、仕入取引に一定の与信をもらう（10日〜1カ月サイト）。
　　　④　破産したときの配当率がゼロであり（清算貸借対照表）、再生のほうが有利であることを説明
　　　　安易に配当を約束しない。

4　申立後の手続
(1)　資金繰り（キャッシュの確保）
　二　4も参照のこと
　　ア　日繰り予定表の作成
　　イ　入金・回収
　　　①　得意先からのクレーム対応
　　　②　場合によってはディスカウントして前倒しの回収も
　　　③　在庫や什器備品、有価証券、遊休資産の処分
　　ウ　出金・支払い
　　　①　取引先には、一律に掛けでの取引をお願いする。
　　　②　安易にデポジット（預け金）などに応じないが、ケースバイケース
　　　③　回し手形による支払い（仕入先外注先や公租公課も）
　　　④　売掛金や受取手形を担保にして、仕入取引のサイトを長くする。
　　　⑤　不要な支払いを止める。
　　エ　資金調達（DIPファイナンス）
　　　①　受取手形の割引やファクタリング　利息が高い。
　　　②　スポンサー候補者からの借り入れ
　　　③　公的支援制度の活用
　　　　中小企業庁、中小基盤整備機構、政府系金融機関、信用保証協会等のホームページを参照
　　　④　担保の必要
　　　　売掛金債権、受取手形、在庫
　　オ　今後続けるべき取引の精査
　　今後もキャッシュを生み出す取引に絞り、それ以外の取引の支払いは止める。
(2)　取引債権者対応
　　ア　再生債権の支払いをしないと取引は続けないと主張する場合
　　　①　担保権が存在するのであれば、和解による支払い
　　　　動産売買先取特権など

② 中小企業者が事業継続困難な場合の弁済→裁判所の許可が必要（民事再生法85条2項）
③ 少額弁済→裁判所の許可が必要（民事再生法85条5項）
④ 場合によってはデポジット（預け金）
監督委員の同意が必要
⑤ 開始決定前は、共益債権化の承認（民事再生法120条）
★資金繰りとの関係を見据えて、安易に応じない。
イ 商事留置権の主張
和解による解決（被担保債権の一部を支払う）
ウ 双方未履行契約
履行を選択すると、反対債権は共益債権（民事再生法49条4項）となる。
契約の一部を解除して残部の履行を選択するか、契約の全部を履行選択するかで、債権者の回収額が変わってくる。
エ 在庫商品引き上げの主張
民事再生による再生債権不払いを理由とする債務不履行解除は認められない。
(3) 得意先対応
ア 信用不安を理由に支払いを止めてくるところもある。→粘り強く交渉
イ 仕入先から直納→動産売買先取特権による差押えを受ける前に回収
(4) 公租公課債権者対応
弁済計画を示して、支払いの猶予をお願いする。
本税から支払っていく。
(5) リース債権者対応
ア 必要な物件と不要な物件を仕分けする。
イ 不要な物件は即時に返還する。
ウ 必要な物件については、長期の延べ払いか、一括でディスカウント支払い
(6) 金融機関対応
ア 不動産担保
① 事業継続に不要な物件や、代替物件があれば、早急に売却する。
破産管財における財団組入類似の組み入れも交渉してみる。
② 代替物件がなく、事業継続に必要であれば、別除権協定を締結する。
担保権消滅許可制度の活用　但しキャッシュが必要
イ 債権譲渡担保
① 将来債権については、解除を交渉する。
損失ばかりが増えるだけなので、取引をする意味がない。
② 債権の特定がされているかをチェック

Ⅲ 企業の清算と再生

　　　ウ　再生計画に賛同するように働きかける。
　(7)　対裁判所のスケジュール
かなりタイトである。
再生計画案の提出は延期できる。特別の事情ない限り2回まで（民事再生規則84条3項）
　(8)　否認対象行為
　　　ア　まずは交渉し、和解による早期回収が望ましい。
　　　イ　否認の請求は監督委員の権限
　(9)　監督委員
　　　ア　重要な行為には同意が必要
　　　イ　密なコミュニケーションが重要

5　財産評定
清算価値ベース

6　債権調査・認否
　(1)　別除権付債権の別除権をどのように評価するか。
別除権部分は議決権が認められない。

7　再生計画案の作成
　(1)　パターン
　　　ア　会社存続で分割返済
　　　　10年が目安
　　　　どの時期に債務免除を受けるかがポイント（繰越損失との相殺）
　　　イ　第二会社方式で一括返済
　　　　結構多い。
　　　　かなり低い弁済率でも可決されるケースも多い。
　(2)　弁済率
少額債権に手厚くする。
10万円以下は全額弁済
　(3)　共益債権の扱い
退職金債権の延べ払いも
　(4)　可決されるためには、頭数が議決権者の過半数、議決権の総額の2分の1以上の同意が必要

8　税務上の特典
　(1)　債務者側
期限切れ欠損金を利用したり、資産の評価損を計上して、債務免除益を圧縮することができる。

—25—

それでも債務免除益を消しきれないときは、第二会社方式を検討する。
(2) 債権者側
無税償却できる。

第9　第二会社方式
1　会社存続か第二会社方式かを選択する基準
(1) <u>債務免除益の課税</u>
繰越欠損金（原則7年分であるが、民事再生や一定の私的整理では期限切れも使える）や資産の評価損でも債務免除益を消しきれず、過大な課税が課せられる場合は、第二会社方式を採るべきである。
(2) <u>許認可の引継</u>
第二会社への許認可の引継が難しいが、新規の許認可の取得に時間を要すると再建に支障が生じる場合は、会社存続型が適切である。
(3) <u>重要な契約の存在</u>
チェンジ・オブ・コントロール条項（事業譲渡や会社分割が契約の解除事由や期限の利益喪失事由となっている）があれば、第二会社方式では相手方の承諾が必要である。
(4) <u>主要取引先その他利害関係人の意向</u>
(5) <u>共益債務、一般優先債務（公租公課や退職金）の負担</u>
これらの負担が過大だと、第二会社方式は使いにくい（債務引受ができれば別である）。

2　事業承継の方法～事業譲渡と会社分割
(1) 事業譲渡の特徴
　ア　<u>スピードを重視して事業価値の毀損を防ぐ</u>という点では優れている。
　イ　民事再生では、裁判所の許可を得れば株主総会の決議は不要であり、計画外の事業譲渡も可能である。
　ウ　債権者の個別の同意が必要であるが、主要取引先や従業員が同意していればやりやすい。
(2) 会社分割の特徴
　ア　<u>承継手続の安定性・画一性・確実性</u>に優れている。
　　① 相手方の同意なく承継されるし、権利義務を新設分割計画書又は吸収分割契約書に記載しておけば、漏れなく包括的に承継される。
　　② 承継される事業にかかる債権者については、債権者保護手続が必要であるが、個別催告の省略が可能である。
　　③ 旧会社（分割会社）が事業を第二会社（設立会社又は承継会社）に承継し、第二会社の全株式の割当てを受けた後、当該株式をスポンサーに譲渡するという方式であれば、旧会社の債権者（私的整理の金融機関債権者や再生手

Ⅲ　企業の清算と再生

　　　続の再生債権者）に対し債権者保護手続を行う必要がない（会社法789条1項2号、810条1項2号参照）。
　　　　　但し、株式の譲渡対価が適正でないと、詐害行為取消の問題が生じる。
　　イ　承継事業に主として従事していた従業員であれば、雇用契約は当然に承継されるため、退職金債務の発生を回避できる。
　　ウ　合併に伴う賃借権の移転は民法612条の譲渡にはあたらないという判例（東京高判昭和43年4月16日）を類推すれば、賃貸人の同意は不要となる。但し、会社分割により賃借人の人的物的要素の変更の程度が重大といえる場合には、実質的な賃借権譲渡にあたるとして、賃貸借契約の無催告解除を認めた判例（東京地判平成22年5月20日）もある。
　　エ　民事再生において計画外の会社分割ができるか？
　(3)　事業承継という方法を取らずに、旧会社が取引先との取引関係を解消し、第二会社が新規に取引関係を開始する、という方法を取ることもある。
　　　法人格否認や詐害行為の問題は残る。

3　旧会社の清算の方法
　(1)　特別清算
　　ア　債権額の<u>3分の2以上</u>の債権者の同意が必要である。
　　　申立時に同意書の提出が求められる。
　　イ　自主的な清算手続
　　ウ　私的整理で有用である。
　　　第二会社への事業承継を終えてから清算する。
　　エ　大口債権者が同意しているが、一部の少数の債権者が消極的な場合に有用である。
　(2)　民事再生
　　ア　債権額の<u>2分の1以上</u>の債権者の同意が必要である。
　　イ　自主的であるが、裁判所の許可や監督委員の同意が必要となる場合
　　ウ　私的整理には原則として使えない。
　　　現在の東京地裁は、清算型の民事再生は認めていない。
　(3)　破　産
　　ア　<u>債権者の意向は関係ない点</u>で有用である。
　　イ　<u>破産管財人が譲渡対価の適正を厳しくチェックする</u>ので、デューデリジェンスが欠かせない。
　(4)　事実上放置
　　ア　債権者と法的清算手続の調整が付かなかった場合
　　イ　債権者の無税償却がしやすくする工夫

4 注意すべき点
 (1) 対価の適正
　対象事業の価値を適正に算定し、これを事業承継の対価として旧会社に一括で支払って債務の返済に充てるか、この分の債務を第二会社が引き受ける必要がある。
　詐害行為取消を主張されるおそれがある。
　ア　算定の方法
　　財務DDが必要であるが、手間や費用を考慮しなければならない。
　　① 純資産方式
　　② 収益還元方式
　　③ DCF方式
　　④ 純資産＋営業権
　　★<u>営業利益の5年分</u>というのは一つの目安
　イ　手続の公正
　　スポンサーの入札
　ウ　スポンサーとの交渉
 (2) 法人格否認法理の適用の回避
　ア　債権者への事前の開示、説明をして、理解を得ることが欠かせない。
　イ　特別清算なり民事再生により、債務を法的に消滅させておく必要がある。
 (3) 商号の続用による債務引受（会社法22条）の回避
　ア　商号続用のニーズは高い。
　イ　譲受人による債務を引き受けない旨の登記や、譲渡人・譲受人による債務を引き受けない旨の通知が必要である（会社法22条2項）。
　ウ　会社分割にも類推適用される。

5 スポンサーの選定
 (1) 入札方式と相対方式
　公正や価格の適正を重視すれば、入札方式
　スピードや手間の節約を重視すれば、相対方式
 (2) 選定の留意点
　ア　考慮すべきファクター
　　① <u>弁済原資の極大化</u>
　　② <u>債権者の意向</u>
　　③ <u>公正</u>
　　④ 事業価値の維持
　　　スピード・手間・費用が与える影響を考慮
　　⑤ スポンサーが見つかるかどうか

Ⅲ　企業の清算と再生

　　　　事業の規模や魅力
　　　⑥　スポンサーによる事業再建の現実性
　　イ　最重要は債権者の理解であり、その上でバランスの取れた方法を取る。
　　ウ　条件も対価の金額だけではない。
　　　　運転資金の貸し付けをするとか、経営陣を派遣するとか、従業員の雇用を維持するなど、様々な条件を総合考慮する必要がある。
　　オ　中小企業においては、①スポンサーを探すこと自体が難しい、②スポンサーが付くこと自体で信用を回復し事業継続の目処を付けられる、③企業規模から複数のDD等の手続の負担に耐えられない（民事再生手続中はただでさえ平常よりも事務処理上の負担がかかる）、等の理由により、入札手続まで実施するのは非現実的というケースが多いように思われる。
　　　　このような場合、代理人弁護士が、①スポンサー候補者の窓口となって複数の申し出に対し適切に交通整理し、早い段階から有利な条件（資金の貸し付けや経営陣の派遣等も含む）を提示する候補者に絞り込む、②（民事再生の場合は）監督委員、（私的整理の場合は）金融機関との間で早い段階から密接に意見交換する、③スポンサーを事実上決定した段階で、なるべく早く債権者にその旨を通知し、債権者から異議がないことを確認した上で手続を進める、等の公正を意識した工夫が肝要である。
　(3)　民事再生におけるプレパッケージ型
　　ア　お台場アプローチ
　　　①　予めスポンサーを選定しなければ事業が劣化してしまう
　　　②　実質的な競争が成立するようにスポンサーの候補者を募っている
　　　③　入札条件に、価格を下落させるような不当な条件が付されていない
　　　④　応札者の中からスポンサーを選定する手続において、不当な処理がなされていない
　　　⑤　スポンサー契約の内容が会社側に不当に不利な内容となっていない
　　　⑥　スポンサーの選定手続について、公正である旨の第三者の意見が付されている
　　　⑦　スポンサーが誠実に契約を履行し、期待通りに役割を果たしている
　　イ　実際の中小企業においては、前記(2)オが現実と思われる。

6　M&A
　(1)　アドバイザーの選定・相談
　　　＊場合によっては省略する。
　　　　↓
　(2)　売却条件の検討、企業評価

↓
(3)　買い手候補の選定
　　　↓
(4)　基本合意書（LOI）、秘密保持契約書（NDA）の締結
　　＊独占交渉条項を入れるか。
　　　↓
(5)　デューデリジェンス（対象会社の精査）
　　＊<u>徹底した情報開示</u>が必要である。
　　＊平常からの会社の磨き上げ（財務諸表の正確、公私混同の排除等）が重要である。
　　　↓
(6)　譲渡価格の決定
　　＊スポンサーと債権者との立場の調整
　　　↓
(7)　最終契約書の締結
　　＊<u>株式の譲渡は現状有姿条件、瑕疵担保責任免除</u>
　　　↓
(8)　クロージング（実行）

第10　経営者の個人保証
(1)　保証債務の帰趨
　　ア　単純な債務免除
　　　　附従性により消滅するのが原則である。
　　　　但し、債権者が保証債務を存続させることを求める場合もありうる。
　　イ　法的整理を伴う債務免除（特別清算、破産）
　　　　保証債務は消滅しない。
(2)　保証債務が消滅しない場合の処理
　　ア　分割返済を続ける。
　　　　分割額が少なければ、金融機関がサービサーに売却→一部支払って残免除
　　イ　民事再生の申立
　　　①　会社が民事再生の申立をする場合は、同時に申立をすることが多い。
　　　　　私的整理でも使える。
　　　②　2分の1以上の債権者の同意を要する。
　　　③　経営者自身が事業の再建に不可欠であることが重要である。
　　　④　公的金融機関（信用保証協会など）は応じない場合もある。
　　ウ　自己破産の申立

—30—

Ⅲ　企業の清算と再生

　　エ　事実上放置
　　　　金融機関がサービサーに売却→一部支払って残免除
　　オ　スポンサーが肩代わりする。
　　　　債務の額による（完済できる程度）
　　　　スポンサーにも交渉する。

第11　会社（事業）の清算
1　早期の清算の重要性
(1) 経営者が意欲を失っているとき
(2) <u>事業が利益（キャッシュフロー）を生み出す見込みがないとき</u>
　→早期に見切りを付け、再起を図るべき
　　傷が広がらないうちに（近親者からの借り入れや取引先の債務が増えてしまう等）撤退することが大切である。
　　経営者が事業に未練がある場合は、膝突き合わせて話し合い、事業継続の困難さを理解してもらう。
　　<u>最終的に経営者に事業継続困難を納得してもらう</u>ことが重要である。

2　手続の選択や進め方
(1) 基本的には破産を選択し、特別な事情がある場合に私的整理を選択する。
経営者や従業員の（精神的なものも含めた）負担が大きい。
(2) 破産の申立ては一刻も早く行う。
受任通知も原則として送らない。
なるべく早く破産管財人に引き継ぐ。

3　私的整理
(1) 自主的に会社を清算する
資産を換価し、債権者に平等に配分する
債権者説明会の開催
(2) どのような場合に選択するか
　＊自主的に清算した方が、破産管財人がやるより高配当が見込め、債権者にメリットが大きい（これが最低条件）。
　＊経営者が自宅を確保したい（売却資金を用意できる第三者がいる）。
　＊経営者親族の会社に対する貸付債権が多額で回収する必要がある。
　＊その他、破産するよりも経営者が復帰しやすいような事情がある。
(3) 最終的な処理
(4) 税務面
確定申告や源泉税の処理等が必要

4 破　産
  (1) 中立な第三者の破産管財人（弁護士）が選任され、管理処分権も移り、全て破産管財人の主導の下で清算業務が行われる。
  (2) 債務者の負担は軽くなる。
  手続も迅速に進む。
  従業員の未払賃金立替払いなど
  (3) 申立てにあたり注意するポイント
    ＊詐害行為（一部の債権者だけ弁済する等）、財産隠匿行為は管財人から厳しく責任を追及される。
    ＊風評リスクには配慮する。
    ＊予納金（申立代理人弁護士の費用は別）は20万円が原則だが、債権者数が多かったり、業務が多岐にわたると、予納金の積み増しを要求される。
    ＊なるべく早く申立てを行う。
    ＊受任通知は原則発送しない。
    ＊キャッシュの確保が重要
    預金や現金は申立人の管理する口座へ移動する。
    ＊資産や負債については、時間が限られているので金額は調査未了でも構わない。
    ＊しかし、極力リストに名前の漏れがないようにする。
    ＊破産管財人が業務を着手しやすいように配慮する。
    ＊経営者には破産管財人への協力義務があることを理解させる。
    補助者となる従業員を確保しておく。

〔参考文献〕
1 『中小企業事業再生の手引き』日弁連中小企業支援センター編（商事法務）
  事業再生の手法の詳細はこちらを参照してください。
2 『民事再生申立ての実務』東京弁護士会倒産法部編（ぎょうせい）
  民事再生手続に関してはこちらを参照してください。

資 料

資料1 自己査定による債務者区分の表（参考例）

自己査定による債務者区分		概　要	引当率	新規借入	サービサー売却
正常先		財務内容に特段の問題なし	0.2%	○	なし
要注意先		財務内容に問題がある等、注意を要する		△ 円滑化法による支払猶予の場合には事実上困難	なし
	その他	・「要管理先」以外 ・円滑化法による支払猶予を受けている（実抜計画を提出済みか提出予定）	3%		
	要管理先	・3ヶ月以上延滞 ・貸出条件緩和債権（金利減免や返済猶予等を実施）	15%〜30%		
破綻懸念先		・経営破綻に陥る可能性が大 ・3〜6ヶ月延滞	50%〜70%	×	あり
実質破綻先		・実質的に経営破綻 ・6ヶ月以上延滞	100%		
破綻先		・法的、形式的に破綻			

※一つの参考例です

資料

資料2

修　正　後　貸　借　対　照　表（破　産）
平成●年●月●日現在

株式会社●●●●　　　　　　　　　　　　　　　　　　　　　（単位：千円）

資　産　の　部		負　債　の　部	
科　目	金　額	科　目	金　額
〈別除権見合資産〉	A	〈別除権〉	A
仮払金		支払手形	
販売用不動産		借入金	
機械装置			
土地			
投資有価証券			
〈財団債権等見合資産〉	B	〈財団債権等〉	B
現金		未払消費税	
預金		預り金	
受取手形		未払法人税等	
		退職金	
		財団経費	
〈破産債権見合資産〉	C	〈破産債権〉	D
受取手形		支払手形	
売掛金		買掛金	
製品		借入金	
原材料		未払金	
仕掛品		未払費用	
貯蔵品		前受金	
車輌運搬具			
工具器具備品			
電話加入権			
投資有価証券			
その他投資			
		負債合計	
		欠損金	
資　産　合　計		負債・資本合計	

破産債権予想配当率	C／D

III 企業の清算と再生

修正の内訳（破産）

〈前提条件〉帳簿価格は、平成●年●月●日現在
株式会社●●●●
（単位：千円）

科目	帳簿価格	修正額	修正後金額	修正事由	別除権	財団債権等	破産債権
I 資産の部							
現金							
預金							
受取手形				買掛金・支払手形と相殺した上で50％評価			
売掛金							
有価証券				5％評価			
製品				5％評価			
原材料				5％評価			
仕掛品				5％評価			
販売用不動産				土地は鑑定価格（3455百万円）の50％			
貯蔵品				5％評価			
仮払金				回収不能により資産性無し			
短期貸付金				資産性無し			
前払費用				資産性無し			
未収収益				回収不能により資産性無し			
貸倒引当金				ゼロ評価			
建物				建物の評価額に含める			
建物付属設備				建物の評価額に含める			
機械装置				鑑定価格の5％評価			
車両運搬具				10％評価			
工具器具備品				10％評価			
土地				鑑定価格の50％			
電話加入権				30％評価			
その他無形固定資産				資産性無し			
投資有価証券				上場株式は市場価格で評価			
出資金				資産性無し			
長期貸付金							
差入保証金							
敷金				原状回復費用と相殺されるため、資産性無し			
保険積立金				資産性無し			
その他投資							
繰延資産							
II 負債の部							
支払手形				買掛金と相殺			
買掛金				売掛金と相殺			
借入金（長・短）							
未払金							
未払費用							
未払法人税等				未払税金等			
前受金							
預り金							
未払消費税							
賞与引当金							
長期預り保証金							
退職給付引当金				土地売却益課税発生せず			
財団費用				破産管財人の報酬、債権予告手当金、財団を維持するための販管費等			
欠損金							

破産債権予想配当率

Ⅳ M&A

弁護士　**土森　俊秀**

Ⅳ M&A

　弁護士の土森と申します。今回は、M&Aをテーマとして講義をさせていただきます。

　M&Aというのは細かくお話しすると、かなり広い分野になってしまいますが、中小企業のM&Aにおける手続の進み方や弁護士の関与の仕方といったところを中心に講義させていただきます。また、説明的な内容がかなり多いですので、講義内容の要点はレジュメに記載しております。適宜レジュメをご参照いただければ幸いです。

第1　中小企業のM&Aの概要

1　最近の傾向

　昔は、M&Aと聞くと、「会社を売るなんて」と否定的な反応をされる方が特に中小企業では多かったですし、最近でもまだM&Aにアレルギーのある方は結構多いです。しかし、事業承継の方法の一つとしても有効だということでかなり増加している傾向にあります。M&Aは業務として自分には関係ないと思われる先生方も、顧問先から例えば「事業承継で引退して会社を第三者にM&Aで売却したい」という相談もあるのではないかと思います。今回は売主側、買主側両方の立場からご説明致します。

2　主な登場者、役割

　まず最初に、M&Aを行うに当たって、主にどのような人たちが登場するのかを解説します。

⑴　売主側

ア　売主本人

　株式譲渡であれば株主が、事業譲渡や会社分割であれば会社自身が、第三者割当増資による募集株式の発行等の場合には発行を行う会社が、それぞれ売主側の本人ということになります。なお、中小企業のM&Aの場合、株式譲渡という形でオーナーが持っている株を相手方に売るという形式がほとんどです。

イ　対象会社

　売主本人と売却対象である対象会社というのが、別の立場になることがあることに気を付ける必要があります。中小企業のM&Aの場合、株式譲渡に

よることが多いのですが、売主本人と対象会社は別の存在であって、売主と対象会社の利害は一致しない場合もあります。この場合、対象会社の取締役は留意が必要で、取締役の善管注意義務の問題が出てきます。売主が100％を保有する株主であれば問題ないですが、少数株主がいるというような場合には、少数株主への配慮が必要になってきます。

　株式譲渡の場合のように、対象会社とオーナーとが別の立場であっても、利害が一致する場面も多いです。例えば、株式譲渡によるオーナー変更によって上場会社の企業グループの傘下に入るというようなことであれば、シナジー効果で事業価値が高まり、会社にとっても良いということで、会社とオーナーとの利害が一致します。しかし、明らかに利害が対立する場面もあるので、気を付けておく必要があります。今回特に大きく扱いませんが、会社経営陣が株主から株式を取得するマネージメント・バイアウト（MBO）という方法の中で、特にレバレッジド・バイアウト（LBO）という手法、つまり、買収資金を銀行から借りて、対象会社の会社資産に担保を付ける場合、オーナーあるいは買い手のために会社資産に担保を付けることになります。そのような場合は、果たして会社の利害と一致するのかという問題が出てきます。

　東京高裁平成22年3月24日判決では、株式の取得資金を会社が保証したことについて利益供与になるかという問題と、それが善管注意義務に違反、背任になるかということが争われました（旬刊商事法務1904号、1905号判例参照）。中小企業で同族会社の場合、普段の会社経営においては利益相反ということにつき、それほど気にしていないことが多いかも知れませんが、いざ紛争になると利益相反が顕在化して訴訟になることは結構あるので、気を付ける必要があります。

　　　ウ　売主のM&Aアドバイザー
　次に、売主のM&Aアドバイザーとして、M&Aの仲介業者やフィナンシャルアドバイザーという方が出てきます。M&Aの取引をスムーズに進めるために活動するアドバイザー役で、M&A仲介業者や銀行、公認会計士系のコンサルタントであったりといろいろあります。なお、ここでは売主側のアドバイザーという位置付けで説明しましたが、特に中小企業のM&A仲介業者

Ⅳ　M&A

の場合は、売主あるいは買主の一方の側につくのではなく、双方の仲を取り持つ「仲介」という立場で入ってくる場合も多くあります。

　　エ　各種専門家

　各種専門家には、主に譲渡価格や譲渡に伴う税務等、財務税務関係についての助言を行う公認会計士や税理士や、法務関係についての助言を行う弁護士がいます。

　M&Aにおける弁護士の役割としては、M&A取引スキームに関するアドバイス、スケジュールチェック、契約書の作成及びチェック、取引実行のための必要な手続、議事録の作成及びチェック、法務デュー・デリジェンスを受けるに当たっての助言、その他M&A取引全体に対するアドバイス、都度発生する法的問題に関する助言といったものです。通常、財務・税務関連ではアドバイザーや専門家のサポートは行われていますが、現状では、中小企業のM&Aの場合には必ずしも弁護士が関与していないことも多いようです。契約書についてもひな型をM&Aアドバイザーや銀行が用意する等、弁護士の関与がない場合もあります。しかし、中小企業のM&Aにおいて、弁護士が不要かというとそうではありません。M&A取引に際しては各種の法的観点からの検討が必要ですし、またM&A取引の過程でも、アドバイザーとの契約や、相手方との秘密保持契約、基本合意書、最終契約（株式譲渡契約）等、何種もの契約を締結していく必要があります。また、法的観点からのアドバイスに限らず、特に事業承継に伴うM&Aのような場合には、売主であるオーナーに寄り添いながらM&A全体につきアドバイスしていく、弁護士のコンサルタント機能にも意義が認められます。例えば、M&A仲介業者やアドバイザーの報酬体系は、M&A取引の成立を条件とする成功報酬部分の割合が高いのが一般的であり、売主とM&A仲介業者・アドバイザーの利害は必ずしも一致するとは限らない、つまり、売主にとって不利な条件であっても、成立しなければ成功報酬が得られないのでアドバイザーがM&A取引成立を勧めるのではないかという不安を売主がもっていることがあります。売主の利益を擁護する専門家として弁護士が関与することは重要だと思います。

　ところで、弁護士としてはM&Aの全体像を理解した上でアドバイスをし

ないと、いろいろ問題が生じるおそれがあります。特に株式譲渡の場合に弁護士として関与するときは、売主本人の代理人なのか対象会社の代理人なのか、立ち位置を明確に意識しておく必要があります。前述のように、利益相反の状況等が生じるため、最初に自分はどの立場でアドバイスするのかということを明確にする必要があります。

(2) 買主側

ア　買主本人・買主のM&Aアドバイザー

まず、買主本人と買主側のM&Aアドバイザーがいます。アドバイザーは、売主と同様のことをしますが、買主側のほうが仕事は多くあります。

イ　各種専門家

財務関係では、譲渡価格や譲渡に伴う税務関係という以外に、財務デュー・デリジェンスを行います。財務デュー・デリジェンスというのは後で説明しますが、会社の財産状況等を調査・確認するというものになります。法務関係としては、売主側の弁護士に記載した項目に加えて、法務デュー・デリジェンスを行うところが大きな違いで、売主側の弁護士より作業内容は質、量ともにかなり多くなります。買主側が中小企業の場合は、財務デュー・デリジェンスだけ行って法務デュー・デリジェンスは行わないということはよくあります。ただ後ほど説明しますように、法務面でも最低限調査・確認しておくべき大きなポイントがありますので、予算との兼ね合いにもよりますが、重要な契約やポイントになるような点については、範囲を絞った上でも法務デュー・デリジェンスをやった方がいいと助言して、実施するのが望ましいのではないかと思います。

3　M&Aのステップ

次に、M&Aがどのように進んでいくのかという概説をご説明致します。

(1) 買主探し・対象会社探し

オーナーが第三者への事業承継により引退するような場合等は、M&Aアドバイザー等に買主候補を探してもらうところから始まります。逆に買いたい側から、M&Aアドバイザーに依頼して、売りに出ている会社や買いたい会社を探してもらうという場合もあります。この期間はある程度長く、1～3年程度かかることはよくあります。

(2) 売主・買主間で秘密保持契約締結

良い会社、買ってくれそうな会社が見つかると、売主買主間で秘密保持契約を締結して、交渉に入る段階になります。中小企業のM&Aの場合、先方あるいはアドバイザーが用意した定型的なひな型で済ませ、特に弁護士が関与しないことも多いですが、本来的には弁護士が関与することが望ましいです。

(3) 基本条件の交渉

秘密保持契約を締結すると、基本条件の交渉に入ります。主な条件である価格や株式譲渡等のM&Aのスキーム、役員、従業員はどうするのか、デュー・デリジェンスを実施するのか等、中小企業のM&Aでは、少なくともこのあたりの段階からは弁護士が関与すべきだと思います。特に中小企業の場合、オーナーが会社の債務について個人保証していることがよくあり、売却時には個人保証を外してもらえるような方策を買主との間で交渉しておく必要があります。

(4) 売主・買主間で基本合意書の締結

先ほどの基本条件や、独占交渉権、デュー・デリジェンスを実施するのであれば協力するという条項、最終契約の締結時期等について合意をします。独占交渉権というのは、交渉している間は、その相手としか交渉しないという約束です。基本合意書から最終契約までは2〜3か月ほどと比較的短期間で進みます。ただし、中小企業のM&Aの場合、基本合意書の締結はしないで、そのまま後述する最終契約を締結する場合もよく見られます。

(5) 買主によるデュー・デリジェンス（財務、税務、法務、ビジネス等）

基本合意ができたら次に、買主による財務、税務、法務、ビジネスについてのデュー・デリジェンスを行います。

(6) 売主・買主間の最終契約交渉

デュー・デリジェンスの結果も踏まえ、最終契約の交渉として詰めを行います。

(7) 最終契約の締結

株式譲渡であれば株式譲渡契約、事業譲渡であれば事業譲渡契約等の取引形態に合わせた契約を結びます。

(8) クロージング

クロージングで取引実行を行います。代金の決済や、権利移転に必要な書類のやり取り、株式譲渡の場合で株券発行会社であれば、株券交付をしたりします。買主の場合は、その後のポストクロージングという段階も重要になります。M&A取引を実行した後、今まで違っていた企業文化を統合したり、統一されていない労働条件を統一したり、クロージング後に出てくるいろいろな問題を処理していきます。これがM&Aの一通りの流れということになります。

第2　M&A取引スキーム

次に、M&A取引の形態について説明いたします。中小企業のM&A取引は、通常、株式譲渡の形態を取り、ケースによっては事業譲渡、第三者割当による募集株式の発行、会社分割という形態をとることもあります。

1　株式譲渡

株式譲渡は、対象会社の株式の譲渡により支配権を移動する方法です。中小企業のM&Aでは多くの場合でこの方法がとられます。オーナーに資金が入り、手続も容易で、税務面でもオーナーにメリットがあることが多いからです。買主のリスクとしても、株主有限責任であるから、原則として最大で株式譲渡価格、自分が会社を買ったときの価格で済むということになります。先ほど説明した通り、売主は株主であって対象会社ではありません。

2　事業譲渡

事業譲渡は、中小企業のM&Aではあまり多くはない形態だと思います。優良資産と不良資産があり、優良資産のみを買収したい場合等に用いられます。譲渡対象資産を選べる点では、株式譲渡の方法よりも便利ではありますが、手続的な負担は株式譲渡に比べて重くなり、個別の資産につき移転手続や対抗要件具備の手続を取る必要があります。株式譲渡であれば株を売っておしまいですが、事業譲渡では対象会社の取引先から取引契約の移転する同意を取らなければいけなかったり、不動産であれば登記をし直して登録免許税がかかったり、それなりに面倒な手続になります。また、事業に必要な許認可についても、事業譲渡の場合、各事業の業法を確認する必要がありますが、原則としては承継できず取得し直すことになると思っておいたほうがよ

いでしょう。

　事業に関連する潜在債務を承継する可能性があり、投資額以上の損失が生じるリスクもあります。潜在債務というのは、今の段階では顕在化してないけれども将来的に債務を負う可能性があるというものです。具体的には、今はまだ明らかになっていない不法行為債務といったものです。そのようなものがあった場合には、事業に関係するものは承継する可能性があります。事業譲渡契約書に、「対象事業に関連して発生する債務であって、現時点で判明していないものについては一切承継しない」と規定することもありますが、必ずしも完全にリスクが遮断されるとは限りません。したがって、その点が株式譲渡に比べると一つのリスクとなります。

3　第三者割当による募集株式の発行等

　第三者割当による募集株式の発行の場合、買主は株式を取得しますが、売主は株式譲渡の場合とは異なり、株主ではなく対象会社ということになります。買主が一定の持株比率を達成するために、株式譲渡による場合よりも多額の資金が必要になる一方、その資金は対象会社に入ります。オーナーに入るわけではなく、対象会社に入るというところが大きな違いです。買主のリスクが、最大で原則として払込価格というところは株式譲渡の場合と同じです。

4　会社分割（吸収分割）

　会社分割は、既存の会社の一部を切り出すことができ、分割契約等に定めた資産・負債、取引上の契約や従業員との雇用契約等、当事者関係の権利義務が効力発生日に包括的に承継されます。事業譲渡は個別の承継になりますが、会社分割は包括承継になります。ただ手続的な負担は、労働者異議申出手続や会社法上のいろいろな手続が生じますので、株式譲渡に比べれば大変だということになります。

　包括承継なので、契約は相手方の同意なく全部移転されるのが原則ですが、対象会社が結んでいる契約書の中で、会社分割の場合による承継を認めないというような条項が入っていたりすることがあります。

　特にライセンス契約等では、会社の性質が変わってしまった場合に契約を解除することができるという内容が入っている場合があります。重要な契約についてそのようなものがあった場合、会社分割であっても承継には契約相

手方の同意が必要になる場合があるということです。

　また、権利移転に対抗要件を要する場合には、包括承継であったとしても、第三者対抗要件の具備が必要になると解されております。事業に必要な許認可も通常は自動的には引き継がれずに、再取得が必要になります。これも株式譲渡との大きな違いです。会社法上の手続も組織再編法上の手続が必要になり、債権者保護手続等が課せられます。事業譲渡の場合と同じように、潜在債務も承継する可能性は否定はできず、投資額以上の損失が生じるリスクがないわけではありません。

5　その他

　他にも合併、株式移転、株式交換がありますが、上場企業等で用いられることが多く、中小企業ではほとんど用いられていないと思います。

　特に合併等は、偶発債務をそのまま承継してしまうので、リスクがかなり大きくなります。M&A取引におけるリスクヘッジとして、最終契約において、会社の状態について財務諸表が正しい、潜在債務はない等の表明保証をして、違反があった場合には賠償金を払うという項目を入れることが多いですが、合併契約にこのような表明保証を入れたとしても、会社自体が合併すると買主としては誰にも請求できないということになります。したがって、最終的に合併するとしても一旦は株式譲渡の形で譲渡を受けて、しばらく様子を見て特に潜在債務もないと分かった段階で合併するというところが多いと思います。

第3　M&A取引スケジュールのチェック

　手続的なところが続いて恐縮ですが、次にM&A取引のスケジュールのチェックについて説明いたします。M&Aに携わる弁護士は、契約書の作成・チェックや法務デュー・デリジェンス以外に、スケジュールの法的側面のチェックも行います。株式譲渡の場合は、株式譲渡に関わる社内手続だけで済むので、それほどチェックすることは多くないのですが、組織再編が絡む会社分割のような場合は、法定の期間等があり、その辺りのチェックが重要になってきます。

1　総　論

　M&A取引実行に必要な社内手続を売主側、買主側の双方で確認の上、

Ⅳ　M&A

M&A取引スケジュールに問題ないかを確認します。通常は、自分の側に必要な手続をチェックします。相手側のスケジュールが間違っていた場合は相手方の責任になりますが、相手方のスケジュールを勘案して全体のM&Aスケジュールを考えるということもありますので、相手方のスケジュールも念頭に置いておいたほうがよいと思います。

(1) 株式譲渡

　株式譲渡の場合において、売主又は買主が株式会社であれば、会社法上の手続が必要になってきます。オーナー個人の場合は不要です。例えば売主である会社が、その保有する子会社の株式を売るという場合だと、重要な財産の処分に該当すれば、その手続が必要になります。買主側は、重要な財産の譲受けに該当すれば、その手続が必要になります。それぞれ取締役会決議が必要ですが、これは比較的シンプルな手続で済むということになります（ただし、平成26年の会社法改正により、子会社の株式の全部又は一部の譲渡が、①譲渡対象である株式の帳簿価額が親会社の総資産額として法務省令で定める方法により算定される額の5分の1（定款で引き下げることは可能）を超え、かつ、②効力発生日において当該子会社の議決権の総数の過半数を有しない結果になるときは、原則として、親会社は、株主総会の特別決議によりその契約の承認を得ることが必要になり（会社法467条1項2号の2・309条2項11号）、また、反対株主は株式買取請求権を有することとなりました（会社法469条・470条）。）。

(2) 事業譲渡

　事業譲渡で、会社が当事者の場合は、売主側について「事業全部の譲渡」や「事業の重要な一部の譲渡」に該当すれば原則として株主総会決議が必要です。ただし、簡易事業譲渡や略式事業譲渡に該当する場合には、原則として株主総会の決議は不要です。買主側のほうは、「他の会社の事業の全部の譲受け」であれば株主総会決議が必要ですが、簡易事業譲受けに該当する場合には原則として株主総会決議は不要です。全部の譲受けではなくても、「重要な財産の譲受け」に該当する場合には、取締役会決議が必要になります。このように会社法上の手続が必要になってきます。事業譲渡の場合、反対株主からの株式買取請求が会社法上認められているため、通知や公告が必要になる場合があります。

(3) 組織再編である会社分割等

組織再編である会社分割等の場合には、株主総会決議、通知、公告、労働者保護手続、債権者保護手続等が必要になってきます。株式譲渡や事業譲渡の場合と比べて複雑な手続となるため、必要とされる法定手続及び法定期間等について日程表を作成する等して、慎重にチェックします。

社内規則で他に手続が必要な場合には、当該手続も経ておく必要があります。

2 特に留意すべき点

(1) 期間計算

ア 総論

特に留意すべき点として、期間計算の方法はかなり重要になります。法定期間の定めがある場合は、違反すると決議取消や無効原因となる可能性があります。会社法には期間計算の方法に関する規定はないので、一般法である民法の期間計算の規定に従います。

イ 期間計算の原則

原則として、期間の初日は不算入とし、期間の末日が日曜その他の休日に当たるときはその翌日に期間が満了します。ただし、期間の初日が効力発生日の場合は、民法140条ただし書の、午前0時から始まるときに該当するので、初日を参入する扱いになっています。

具体的な場面としては、株主総会の招集等が典型です。非公開会社の場合、原則1週間前までに通知を発しないといけませんが、通常、初日不算入で計算するので招集通知を発送する日から株主総会の開催までの間に丸々1週間の期間が必要です。

例えば、11月1日から最短で株主総会を開こうとすると、頑張って夜12時までに郵便局に持っていって発送すると、11月2日から期間計算が始まることになります。ちょうど中1週間丸々入るということになるので、満了するのが11月8日で、そこを確保して11月9日に総会ということになります。ただし、厳密には、会社法上の規定でのカウントの仕方は、11月9日に総会を開くので1週間前までに発送しなければならないという逆算のカウントになります。このような、現時点から遡る期間の計算についても先ほど説明した考え方と同様になります。計算方法としては11月9日が総会とす

ると、恐らく午前0時に開くということはなく、朝や午後に開くとすると総会当日は初日不算入ということになって、そこから1週間を丸々取るということで計算すると、11月1日中に発送しなければならないという計算の仕方になります。

(2) 公　告

次に公告があります。株主への公告は日刊紙や官報といった定款に定められた方法で行いますが、債権者保護手続における公告は、債権者は定款を見ていることは期待できないであろうという前提から、官報で行うこととされています。公告枠がないと言われる場合があるので、公告をする場合は、必ず余裕を持って官報や日刊紙の公告枠を確保しておく必要があり、公告予定日の3～4週間前には確認する必要があると思います。

第4　M&A取引の契約

ここから、契約についての話をいたします。M&A取引の契約は、大きく分ければ三つのステップがあります。まず、秘密保持契約。交渉して、大体基本条件がまとまった時点で基本合意書。そして、デュー・デリジェンス等を経て、基本合意書からさらに詰めを行って、最終の契約となります。契約としてはこの三つが一般的です。基本合意と秘密保持契約を兼ねたりする場合や、基本合意書を結ばずいきなり最終契約に進む場合もありますが、基本的にはこの三つということになります。

1　秘密保持契約
(1) 目　的

M&A取引の交渉を進める際には、対象会社の情報等を買主候補に提供する必要があります。特にデュー・デリジェンスを実施するときには、対象会社のかなりの情報を提供することになりますが、かかる情報を買主候補の人が他の目的に利用することや第三者に開示することを防ぐという目的です。秘密保持契約を結んでおかないと、結局取引が成立しなかったという場合に非常に問題があることになります。もっとも、契約書を結べば万全かというと、買主候補から漏えいしたと立証するのが実際にはなかなか難しいところがあり、どの情報をどのぐらい出すかというのは検討が必要です。しかし、何らの契約も結ば

ないで情報をどんどん出していくということは通常あり得ないことですので、M&A取引の検討を進める段階で秘密保持契約を結ぶことになります。

　また、M&A取引を円滑に進めるためには、その取引の存在及び内容につき公表できるような段階になるまで秘密にしておく必要性があります。これは交渉していること自体も含めてです。交渉していることがまだ発表できないような段階で漏れてしまうと、従業員の反対運動が起こったり、従業員が動揺して、よからぬうわさが広まったりしてしまうことがあります。しかし、M&Aが決まったわけでもないので、どのように従業員に説明していいか分からない状態になってしまい、非常に困ります。したがって、この点でも秘密保持というのは特に重要になってきます。

(2) 契約書作成上の留意点

　M&Aの秘密保持契約の場合に特徴的なのは、秘密情報の定義において秘密情報の範囲を広めに設定することが多いということです。秘密保持契約は、通常の取引、特に知的財産にかかわるものの場合には、丸秘のスタンプを押してないと秘密には該当しない、口頭で言ったものはその後何日以内に書面でその内容を秘密として交付しないと秘密情報として該当しない等、不正競争防止法上の秘密情報を意識して作られることも多いかと思います。

　しかし、M&Aの場合はスピードが要求されるので、実際に情報を開示するときに、全部秘密スタンプを押したり、口頭で言ったことについて後にまとめた上で書面で渡したりすることは、特に中小企業の場合は実務的に厳しいです。したがって、秘密情報に該当する範囲は、かなり広めに設定することが合理的な場合が多いです。

　秘密保持契約の中心的な義務は、秘密情報の目的外利用の禁止と第三者への開示の禁止です。この両方について規定をします。秘密保持契約終了時及び当事者が要求した場合の、秘密情報返還又は破棄についての義務も定めておきます。

　秘密保持義務の有効期間は、個別事情にもよりますが、一般的には1年から5年程度を定めることが多いです。M&Aの秘密保持契約の場合は、秘密保持期間を定めるのが一般的です。期間を永久とした場合には、開示を受ける当事者の負担が重くなって、秘密保持契約全体が無効とされる可能性もあ

るということが指摘されており、秘密情報の陳腐化のスピード等も考慮して、1年から5年程度が妥当という判断になっているようです。

なお、上記のほか、秘密の保護は秘密保持契約終了時の秘密情報の返還・破棄等によっても対応するという総合考慮をした上で、有効期間を1年から5年ほどと定めることが多いのですが、M&A取引が成立しなかった場合に、その期間を経過したら自由にデュー・デリジェンス等で取得した情報を買主候補であった当事者が使っていいかということについては、注意が必要です。もし自分の依頼者から「契約に書いてある期間を過ぎたから、もう何にでも自由に使っていいですよね」と聞かれたら、「それはトラブルになるのでやめておいたほうがいいですよ」とアドバイスしたほうがいいと思います。

2 基本合意書

(1) 目 的

基本合意書の目的は、最終契約以前の交渉中の段階で、それまでの当事者の了解事項を確認し、基本的な項目について合意することです。これまでの交渉における当事者の了解事項の確認にとどまり、法的拘束力まで持たせないことも多いのですが、法的拘束力の有無についてはしっかり明記する、ある条項についてのみ法的拘束力を持たせるのであれば、何条については法的拘束力を持ち、それ以外については当事者の基本的な合意を表すものであって法的拘束力は持たないと明記することが重要だと思います。

独占交渉権、買主が行うデュー・デリジェンスへの協力義務、M&A取引のスケジュール等を基本合意書に定めることもあり、また、秘密保持契約書と兼ねることもあります。

(2) 契約作成上の留意点

基本合意書作成上の留意点ですが、最終契約において変更の余地を残す場合にはそのような形で規定します。例えば、譲渡価格については、価格についての基本的な考え方を示す等にとどめ、デュー・デリジェンスの結果等を踏まえて変更する場合があることを明示します。基本合意書締結の段階である程度決まっていたとしても、デュー・デリジェンスの結果で変動する可能性はあります。その結果に応じて調整するような定め方にしておかないと、最終契約書での価格変更が難しくなるので、そのような事態は避ける必要が

あるということです。

　また、各条項につき、どの程度の法的拘束力を持たせるのかを意識して作成・チェックする必要があります。仮に法的拘束力がないと記載しても、最終契約に向けた交渉において、あまりに基本合意書からかけ離れた不合理な提案を行った結果、交渉が決裂したような場合には、いわゆる契約締結上の過失等が問題になる可能性もあるので注意が必要です。個別具体的な事情にもよると思いますが、基本合意書に法的拘束力がないと記載したからといって、何をしてもいいというわけでは必ずしもありません。

(3) 譲渡価格の算定方法について

　最終的に売主と買主が合意した価格が譲渡価格になるのは当然ですが、価格交渉では、一定の方法で算定された額をベースとした上で交渉することが多いかと思います。そこで、基本合意書の段階で、いかなる算定方法を用いるかについて合意しておくことがあります。

　中小企業のM&Aの場合には、「時価純資産額＋営業権」という考えで算出することが多いといわれています。営業権は、経常利益の大体3年分程度とされることが多いようです。何年分かというのは個別具体的事情にもよりますし、そもそも先に述べたとおり、当事者が合意さえすれば、その価格が譲渡価格になりますので、この基準でないといけないというものはないのですが、中小企業の場合には上記のような算出方法で決める場合が多いです。ただし、規模の大きな会社の場合は、DCF法や類似企業比較法、修正簿価純資産法を組み合わせる等、「純資産＋営業権」とは違った考え方で算定されることが通常だと思います。中小企業の場合でも一定の規模以上になると、そのような算定方法を使う例は多いと思います。

　なお、公認会計士協会で出している『企業価値評価ガイドライン』に、企業価値算定、株価鑑定の考え方が載っています。ただ、個別具体的な企業によってどの方法を採用するのかというといろいろ考えがあって、裁判所でも確定しているわけではありません。継続企業の場合だと、DCF法が優れているという判断もありますが、DCF法はどのような事業計画を立てるか等によって企業価値が大きく変わってしまうので、時価純資産価格をもっと重視すべきだ等といった意見もあり、いろいろな方法を総合考慮した上で当事

者が決定することになると思います。

3 株式譲渡契約（最終契約）

最終契約として、株式譲渡や事業譲渡、株式引受、会社分割等についての契約があります。ここでは、基本的なものとして、株式譲渡契約を取り上げて説明いたします。

(1) 構　成

M&A取引でない一般の株式売買の契約書では、株式の譲渡、株券発行会社であれば株券の交付、譲渡制限会社であれば譲渡承認を得ること、名義書換請求への協力等を定めるのみで、あとは特に定めていないことも多いのではないかと思います。

ただM&A取引における株式譲渡契約では、欧米の契約実務の影響も受けて、典型的には次のような構成になっています。

譲渡の合意、譲渡価格、取引の実行、取引実行の前提条件等があり、表明保証、誓約と続きます（レジュメ7頁参照）。誓約というのは、表明保証以外の約束事ということです。そして、補償、損害賠償、解除・終了、一般条項と続きます。

添付資料の資料1は、実際の条項を組み合わせた上で、研修講義用資料としてアレンジしています（資料15頁参照）。譲渡の合意、譲渡価格、クロージング、クロージングの前提条件という表明保証、誓約事項があります。誓約事項は7条～10条で、11条に補償があり、12条に解除・終了があり、13条に守秘義務が入っています。それから、一般条項が入っているということになっています。

M&A取引の場合に特徴的なのが、表明保証のところです。資料1の契約書本体の中では、第5条に「表明及び保証」という項目があります。「甲は、本契約締結日及びクロージング日において、乙に対し、別紙1-1記載の事項が真実かつ正確であることを表明し、かつ保証する」とあります。本文中に書くと長くて分かりにくくなるので、別紙にした形式のものです。

別紙1-1には、「甲の表明及び保証」、つまり売主側の表明保証があります（資料20頁参照）。譲渡の対象となる会社に関する事項として株式、設立存続、許認可、計算書類等が続くということになります。M&A契約書を初

めて見る当事者の方は、その量と難しい言葉の羅列に、最初びっくりすることが多いです。なお、資料の株式譲渡契約書の表明保証は、これでも比較的シンプルで簡潔な内容のものです。

(2) 表明保証
ア　総論

表明保証とは、契約の一方当事者が他方当事者に対し、一定の時点における契約当事者に関する事項及び契約の目的物の内容に関する事項について、当該事項が真実かつ正確であることを表明し、その表明した内容を保証するというものです。

一定の時点というのは、契約締結時とクロージング時というのが一般です。契約当事者に関する事項というのは、売主の属性や、意思能力、権利能力をきちんと有しているか等です。契約の目的物は、対象会社がどのようなものかというところです。

資料の「甲の表明及び保証」のところに書かれていることは、ある意味、買主としては通常は備えていてほしい条件です。通常は備えていてほしい条件とは、例えば、財務諸表が正確である、紛争の火種がない、潜在債務がない等です。書かれていることを一つひとつ読んでみると、当たり前のことが書いてあります。もし、表明保証をせずに会社を買った場合、基本的には現状有姿で買ったことになり、例えば紛争の火種があったり、潜在債務があったりした場合でも、個別の事情にもよりますが、原則としては何も言えないことになります。

ただ、表明保証は、英米において発展した概念であり、日本法上の意義、法的性質については必ずしも明らかではありません。最近少しずつ判例は出てきていますが、その判例というのが英米での意図と合致しているかというと一概にはそうは言えません。

イ　機能
(ア) リスク分配機能

表明保証の機能として、よく言われるものにリスク分配機能があります。どちらの当事者がどのような形でリスクを取るのかを、表明保証条項により当事者間で決めておくという機能です。表明保証違反の効果としては、クロー

ジングしないことができる、契約を解除できる、譲渡価格を調整することができる、損害賠償請求をすることができる等が定められるのが通常です。なお、表明保証違反の効果を定めなかった場合、通常の債務不履行責任のように、当然に違反により生じた損害を請求できるかどうかは必ずしも明確ではありません。表明保証違反の場合にどのような効果を持たせるかについては、契約書中にはっきりと明記しておく必要があります。

　(イ)　情報開示を促進する機能

　次に、情報開示を促進する機能があります。資料の株式譲渡契約書の表明保証の内容は、一つひとつは当たり前のものです。買主がこのような表明保証を売主に求めることで、売主は応じられない場合には買主に情報開示をして表明保証から外す交渉をしなければならなくなり、問題点がどんどん燻り出されていくということです。

　具体的に理解していただくため、一度、別紙1-1「甲の表明及び保証」（資料20頁参照）の個別の項目に全て目を通していただきたいと思いますが、ここでは若干補足のみいたします。

　「1　対象会社に関する事項」の「(1)株式」についての「②対象会社において上記発行済株式以外に新株又は新株発行の原因となる新株予約権、新株予約権付社債、新株引受権等は存在せず、またその発行手続もしくは決議又はこれらを行うべき約束もしくは定めがなされていない。」というところですが、新株予約権等があるとせっかく100％買ってもその新株予約権等が行使されて少数株主が生まれてしまうということがあり得ますので、それを防ぐという意味合いがあります。もし新株予約権を発行しているのだったら、該当するものを全て書き出した上で、ここに記載されているもの以外は新株予約権の発行はない、という内容にします。

　その下に、「③対象会社の発行済株式は全て、担保権その他一切の負担が存在せず、その譲渡を妨げる一切の制限が存在しない。」とあります。せっかく買っても担保権が付いていて取られてしまったということがないようにということです。当然、法務デュー・デリジェンスでチェックはしますが、付いていた場合に備えて表明保証をします。これも同様に担保権が付いているのであれば、「実は担保権が付いています」と向こう側から言ってもらって、

「その担保権を譲渡前に外してください」という交渉や、取引実行の条件として契約書に規定したりします。

　少し先に行きまして、(9)の資産として、「対象会社は、その所有している不動産及び重要な動産その他の資産について、法律上当然に発生する負担を除きいかなる物的担保も付いていない完全な所有権を有している。」とあります。これは留置権等の法定担保を除いては、物的担保が付いていない完全な所有権を有しているということで、先ほどの株式のところにもあったように「会社の資産について抵当権の付いているものがあれば開示してください」ということです。普通は登記簿でもチェックしますが、表明保証もさせるようにします。抵当権が付いているものがあれば、別紙で抵当権が設定されている物件等のリストを一覧表として付け、これらのものを除き担保権が設定されているものはないとします。

　(11)の重大な変更ですが、これは、通常デュー・デリジェンス等、財務情報等を相手方に開示した場合には、当然何日現在の情報という基準日があります。特に決算書等は前期の決算書まで開示してその後については開示していない場合もあると思うのですが、前期の決算書の状態から何か重大な変更はあるかをここで燻り出すということです。さすがにデュー・デリジェンスの中で売主側から自発的に言うだろうというのはありますが、最終契約の直前の段階で、「いや、実は何々事業はもう売ってしまいました」と言われるなど、気を付けていないと重大な変更が生じていることもあります。基準日以降に、重大な借金をしていることもあります。基準日以降の大きな変更がないということを確認するために、この点につき表明保証を求めるというものです。

　繰り返しになりますが、資料の株式譲渡契約書に記載されている表明保証の内容は、基本的にはどれも当たり前のことで、逆にこれだけのことを満たしていないと「株式価格で調整させてくれ」、「もう少しきれいな状態にしてから取引するようにしてくれ」等と言いたいことが出てくるのが通常です。

　次に、「2　甲に関する事項」ということで売主のオーナーに関する表明保証があります（資料23頁参照）。意思能力、権利能力、行為能力があり、契約の実行による法令の抵触がないことを確認する内容です。売買対象となる対象会社そのものに関することではないので、簡単な内容になっています。

Ⅳ　M＆A

　別紙1-2の買主側の表明保証は、売主側の表明保証に比べればかなり少ないです（資料24頁参照）。買主が会社の場合、適法に設立されて有効に存続していて、譲渡に必要な手続をきちんと経ており、法的拘束力を有して執行可能な義務であり、売主の場合と同じように取引実行しても法令違反にならない等の条項になります。

　一般的な中小企業のM&A取引の株式譲渡契約では、この程度の比較的シンプルなことを規定するのが通常です。これが大企業の契約等になると、表明保証だけで何十ページになることもあります。

　　ウ　M&A取引における表明保証に関する判例

　日本法上、M&A取引における表明保証がどのような意義を有するのかは、まだ固まっているわけではないと思われます。

　例えば、東京地判平成18年1月17日は、「原告が被告らが本件表明保証を行った事項に関して違反していることについて善意であることが原告の重大な過失に基づくと認められる場合には、公平の見地に照らし、悪意の場合と同視し、被告らは本件表明保証責任を免れると解する余地があるというべきである」とあります。

　これをどう捉えるかというのはあるのですが、例えば税務関係で申告漏れがあることが法務デュー・デリジェンスで分かったが、表明保証の条項で「申告漏れはありません」と規定している場合、申告漏れが顕在化して追徴されたときに、買主は売主に表明保証違反を追及できるかというと、必ずしもそうはならない可能性があるということになります。表明保証のリスク分配機能の観点からすれば、それが判断としていいのかどうかというのはありますが、買主としては、表明保証に規定すれば、違反があったら最後はそれで救われるだろうと思っていたら、そうはならないということもあり得ます。本来的にはしっかりとデュー・デリジェンス（DD）を行い、DDで燻り出されたものについては、手当をする必要がある、ということになるのでしょう。

　裁判所の判断も、個別具体的な事情や、M&A契約書にどのようなことが書いてあるのかにもよるため、いずれにせよ、実際に契約書を作るときには、慎重に配慮する必要があります。

　なお、資料1の株式譲渡契約書の第5条3項（資料16頁参照）では、「乙が

行った本買収前監査並びに本条における表明及び保証の対象事項に関する乙の認識は、かかる表明及び保証の効力に一切影響を及ぼさない。」と規定し、知っていても違反があれば損害賠償できると書いてはあります。本買収前監査は、デュー・デリジェンスのことで、乙の認識というのは買主が知っていたかどうかということです。これが裁判の場面において、本当に記載通りの効力を有するのかは分からないです。ただこれを書いておかないと、裁判で不利になる可能性があるので書いておく必要があると考えています。

　もう一つ、東京地判平成19年9月27日の判例を紹介します。もともとジャック・ホールディングス株式会社という名前の会社が、ライブドアの傘下に入るM&A取引契約（資本提携及び業務提携契約）を結びました。株式の買主はライブドアで、ジャック・ホールディングス株式会社は株式会社ライブドアオートという名前の会社になりました。その後、ライブドア事件（ライブドアの財務諸表が粉飾であった）が発生したところ、ライブドアの名称が付された商号に変更していたために、会社のレピュテーションに非常に影響が出ました。そのような場合に、買主であるライブドアの財務諸表に間違いがあったことという理由で、対象会社が買主に対して損害賠償請求をしたけれども、表明保証違反はなかったということで、損害賠償は認められなかった事案です。

　別紙1-2の「乙の表明及び保証」という買主の表明保証（資料24頁参照）を見ると、売主の表明保証の分量に比して、買主はそれほど詳細には規定していません。しかし、表明保証は契約における私的自治の原則が絡んでくるので、ライブドアオートの事件の判例を考慮するのであれば、例えば、資本業務提携のように、提携先のレピュテーション等が重要な場合であれば、表明保証ももっと詳細に書かなければいけない、という面は出てくると思います。

(3) 個人保証の扱い

　先に説明しましたように、中小企業の場合にはオーナーが会社の債務を個人保証していることがよくあります。M&Aにより経営から離れた後も個人保証を負い続けることは、大きなリスクとなることから、可能であればM&Aの際に買主から対象会社に貸付を行って、その資金で主債務を弁済の上で個人保証を外してもらう等を、誓約事項として入れておくことが、売主としては望ましいです。なお、資料の株式譲渡契約書には、この規定は入っていない

のでご留意ください。

第5 法務デュー・デリジェンス

　法務デュー・デリジェンスは、通常は買主が実施するものですが、売主側の弁護士も、売主である依頼者に質問されたときに説明できなければなりません。実際に、法務デュー・デリジェンスを受ける側も対応が必要であり、依頼者からアドバイスを求められることがあると思います。したがって、売主側の弁護士も、法務デュー・デリジェンスとは、何の目的でどのようなことをするものなのか、またどのようなステップで進めるのか理解しておくことは重要と思います。

1 法務デュー・デリジェンスとは

　M&A取引を実施するに当たって、関連当事者が対象会社の事業内容等の実態及び問題点の有無等を把握するために行う調査のことをデュー・デリジェンスといい、よくDDと言われます。DDは一般的には、ビジネスDD、財務税務DD、法務DDに大別されます。

　法務DDは、中小企業のM&A、特に、買主も中小企業であるような場合には、費用の関係で省略されてしまうこともありますが、買主の立場としては、少なくとも重要なポイントについては実施しておくことが望ましいです。

　DDは買主側が行うことが通常ですが、入札形式で会社を売る場合には、入札段階で限定した資料パッケージを売主側が準備することがあります。これは、一般にインフォメーションパッケージと呼ばれています。会社情報一式集めたものを用意して、それを複数の買主候補に交付して、「これを見て入札する人は価格も含めて入札してください」というようなやり方をする場合があります。その場合は、売主側が第一次的なDDを行います。ただこの場合でも、最終的には買主候補になった人が追加的なDDを行うのが一般的です。

2 法務DDの目的及び結果の利用等

(1) 法務DDの目的

　　ア　M&A取引実行の妨げとなる法的問題点の発見

　法務DDの目的として、まずM&A取引実行の妨げとなる法的問題点の発

見があります。極端な例では、売主が実は対象会社の株式の真の所有者ではなかったという場合もあります。特に、中小企業では、相続で株式が散ってしまい、誰が株主かわからなくなってしまったが、面倒くさいから株主名簿上は適当に誰かに集めておいたという可能性もあります。そうすると、売主から株式を購入したとしても、後から真の所有者から権利主張されないかという問題が生じます。

あるいは、M&A取引の実行が重要な契約の解除事由になっているということもあります。取引先との契約の中には、例えばライセンス契約や商標の使用権等で、会社の支配権に変動が生じたら解除できるという条項が契約書に入っていることがあります。その場合には、一定の手当を要する場合があります。M&A取引スキームによっては、取引実行の妨げになる程度が異なるため、スキームの特徴を理解した上で検討する必要があります。法務DD実施時点で、ある程度スキームを固めておく必要があるということになります。

イ　対象会社の価値評価に影響する法的問題点の発見

次に、対象会社の価値評価に影響する法的問題点の発見があります。例えば、経済的インパクトの大きい偶発債務がないか等です。特に最近は、中小企業の為替デリバティブというのが大きな問題になっています。リスクヘッジ目的であればいいのですが、事業に必要ない投機的な目的のものを、銀行等からの勧誘で必要もないのに買わされていることがあります。多いのはゼロコストオプションという形です。銀行等が「全く費用がかかりませんから」との説明で、中小企業に為替デリバティブを売っていることが結構あったようですが、為替変動により巨額の損失を出す可能性があり、また、解約にも高額な費用がかかる場合があることから、価値評価にダイレクトに影響する可能性があります。なお、法務DDでは、発見した事項について、価値評価自体を行うのではなく、依頼者や財務DDの担当者に情報提供を行います。一定程度減額する、違った条件にする等の取引の条件については、交渉の中で決めることになります。

(2)　**法務DDの結果の利用**

ア　取引スキームの変更

法務DDで発見された問題点が、もともと予定している取引スキームでは

Ⅳ　M&A

回避できないけれども、スキーム変更で回避できる場合には、スキームを変更するということもあり得ます。

　例えば、取得した事業以外の事業で起きた潜在債務がある場合です。買主としては、対象会社のA事業というのが欲しいところ、他のB事業やC事業も合わせて全体として対象会社の株式を買う方向で進めていたけれども、B事業C事業のほうで何か大きな潜在債務がありそうだということであれば、欲しいA事業だけを事業譲渡あるいは会社分割で譲り受けることにするということもあります。

　　　イ　取引実行の前提条件・誓約事項等の追加

　あるいは、問題点が発見された場合、問題点を解消しておくことを最終契約中で取引実行の前提条件にしたり、誓約事項としたりすることにより対応する場合もあります。例えば、重要な資産に担保が付いているというのであれば、取引実行の前提条件として当該資産の担保を外すことを取引実行の条件としたり、あるいは取引実行後の約束、誓約事項として対応する場合があります。

　　　ウ　対象会社・対象事業の価値評価への反映

　問題点の内容によっては、対象会社・対象事業の価値評価、つまり譲渡価格等に反映させることで対応する場合もあります。

　　　エ　取引の中止

　重大な問題点が発見されたが、上記のような対応方法では解消できないとなれば、取引の中止になることもあります。

(3) 各取引スキームにおける主な考慮事項

　　　ア　株式譲渡

　ここからは、各取引スキームの特徴を考慮した上での留意点を説明します。まず、株式譲渡ですが、これは、会社のオーナーが変わるだけで、対象会社の法人格や組織に変動はなく、対象会社が当事者となっている契約、対象会社が所有する不動産その他の資産についても原則としてそのままになります。ただし対象会社が結んでいる契約の中にチェンジ・オブ・コントロール条項が入っていたり、許認可関係で大株主の変更が届出等の義務を発生させたりするものがあるので、注意が必要です。

第5　法務デュー・デリジェンス

　チェンジ・オブ・コントロール条項というのは、契約当事者が会社である場合に、その会社の支配権を有する者が変わった場合を契約の解除事由と定めたり、または、かかる支配権の変動について事前承諾や通知を義務付ける条項です（資料28頁参照）。法務DDで契約書をチェックするときには、チェンジ・オブ・コントロール条項は要注意ポイントとして必ずチェックをします。例えば、契約の条項の中には、支配権の変動があった場合には通知しなければならない、事前承諾を得なければならない等があります。通知義務だけであれば通知をすれば済みますが、事前承諾が必要な場合については、全てについて取引実行前に承諾を得るのが現実的でなく、また、必ずしもその必要がない場合もあります。例えば、特にリース契約等は、リース会社にとっては誰が株主でもそれほど影響はないはずですし、また最悪の場合リース契約を解約されても代替可能性があるのであれば、事前承諾を得ないままM&A取引を実行して、後で通知することでも何の問題もないこともよくあります。ただ、かなり重要な契約の中に事前承諾義務が入っていて、そのままM&A取引を実行したことによりその契約が解除されてしまうと、そもそもM&A取引自体の意味がないというような場合には、事前に何とかしなければなりません。そのような場合には、「この取引実行の前提条件としてちゃんとその取引先からは承諾を得てください」という旨を最終契約で定めることはあります。

　次に、株式譲渡の場合、取引対象となっている株式上の権利の確認、つまり、売主が所有権を有しているのか、株式に担保権が設定されていないか等の確認は最も重要です。

　また、株式譲渡の場合に、株主が負う責任は原則として株主有限責任の範囲なのだから潜在債務がそれほど気にならないかというとそうではなく、当然価格や取引実行の意思決定にも影響しますし、特に表明保証でしっかりと対応したり、場合によっては潜在債務をスキーム変更で切り離すということもあるので、ちゃんと調査しなければなりません。

　　　イ　事業譲渡・会社分割
　事業譲渡、会社分割の場合は、株式譲渡の場合と異なり、対象事業に関して法人格や組織に変動が生じます。

Ⅳ　M＆A

　事業譲渡の場合、事業が別の法人格に移転することになります。会社分割の場合も、新設分割であれば新しくできる法人に、吸収分割であれば吸収する会社の法人に、事業が移るという変動が生じます。

　事業譲渡の場合、個別の資産及び契約につき、譲渡承継の可否とこれに要する手続の確認が必要となります。例えば、契約の中に譲渡禁止が書いてある場合もありますし、許認可が引き継がれるか、取直しになるかということも確認していく必要があります。

　また、潜在債務についても、承継される事業に関するものについては確認が必要です。

　　ウ　第三者割当の募集株式の発行等

　第三者割当の募集株式の発行等の場合に大きな問題点となるのは、相手方契約当事者である対象会社に対する損害賠償請求は、取得した株式の価値を毀損する行為であるということです。例えば、対象会社が第三者割当増資を行い、その株式を1000万円で自分が引き受けたが、諸問題があったので500万円の賠償請求を相手方契約当事者である対象会社に行う場合、確かに500万円は買主である自分の手元に戻るけれども、その分株式価値は下がるということになります。つまり、相手方に表明保証させて、違反があった場合に損害賠償することでは、完全な救済にはならないということです。事後的な救済があまり期待できず、限定的であるということを前提にして、慎重に法務DDを行う必要があるということになります。

　　エ　合併・株式移転・株式交換

　これらのスキーム、特に合併等は典型的ですが、事後的な救済には期待できません。相手方への損害賠償請求自体ができない、意味がないことを前提に、慎重に法務DDを行う必要があります。

　また、合併の場合は、消滅会社が保有していた許認可がそのまま存続会社に引き継がれるかどうかをDDの中で確認する必要があります。

　(4)　法務DDと売主側の表明保証との関係

　表明保証があれば法務DDを省略していいのかというと、必ずしもそうではありません。表明保証はあくまでも事後的な金銭的な救済であり、損害の立証も困難な場合も多く、また、損害賠償時には無資力となっている危険も

あります。先に述べたように、取引スキームによっては、事後的な救済が意味をなさない場合もあります。

さらに、表明保証違反の場合の補償も金額の上限や、請求可能期間が限定される傾向が強いです。資料1の株式譲渡契約では、補償の条項11条1項に、表明保証違反があって損害を被った場合には、「クロージング日から●年経過するまでの間に限り、損害等の賠償を相手方に対して請求することができる」とあります（資料17頁参照）。売主のオーナーにしたら、いつまでも損害賠償請求されるのは非常に困る、あるいは、違反と指摘された事項が、売る前から生じていたものか、買ってから生じたのかも判別しにくいということもあるので、請求可能期限を定めて、期限が過ぎればきれいさっぱり逃れたいということで、このような条項を入れるのが一般的です。

この表明保証違反の請求可能期間については、会社運営を1サイクル回して、初めて決算等の一通りの会社実務を行い、それによりいろいろなことがわかってくるので、通常は最低でも1年、あるいは2～3年にするということが多いと思います。

また、表明保証違反による損害賠償額は、譲渡価格を限度とするといった上限が交渉の末に最後になって設定されたりすることもよくあります。その意味では、少なくとも法務DDは重要なところはしっかりと行う必要があり、表明保証で書いておけばよいというものではありません。

3　法務DDの進め方（スケジュール）

資料2の「法務DDで検討・報告する事項の項目（例）、留意点等」は、一般的にフルDDといわれる、全ての項目について法務DDを行う場合の内容です（資料25頁）。法務DDを実施した場合、当然その結果を依頼者に報告することになりますが、報告の際には、法務DDにおいてどのような項目を調査し、それにつきどのような報告をするのかが重要になります。フルDDの場合は、一般にこのような項目を見ていって、依頼者に報告するということで項目出しをしています。項目の立て方も必ずしもこれに従う必要はありませんが、対象会社に合わせた体系に基づいてDDを行い、問題点を把握し、項目にあてはめていくというようなやり方で報告書を作っていくということが多いかと思います。実務的には、このような項目立てを参考に、検討事項

Ⅳ　M&A

の漏れを防ぎ、見落としがないようにすることが必要です。

(1) 事前準備

　　ア　買主との事前準備

　法務DDの流れとして、DDを実施する場合には、まず買主との事前協議を行います。買おうとしている会社がどのような会社で、M&Aの取引として株式譲渡でやるのかといったところをまず理解し、その上で法務DDの範囲を決めます。例えば、全部調査すると費用もコストもかかるので、重要なところに絞って調査することとし、調査範囲を決めたり等します。

　最近は、中小企業でも外国に子会社、工場を持っていたりしますので、外国会社についてどこまで見るのかという問題があります。ただ日本の弁護士が対応できる範囲にも限定があるので、買主と協議して、考えられるリスクは説明した上で、外国会社については法務DDを省略することに取り決めることもあれば、どうしても重要で調査が必要だろうということであれば外国の弁護士に依頼する等のアレンジを行います。

　　イ　関係者によるキックオフミーティング

　事前に買主と協議をしたら、関係者によるキックオフミーティングを行うのが一般的です。売主、買主の関係者の顔合わせという意味もあり、具体的なDDの進め方について確認することになります。

　DDは通常、まず資料を請求することになります。「どのようなものを資料としてほしいので見せてください」という資料請求リストを作って出すことが一般的で、特定の開示方法が決められる場合もあります。例えば、データルームという部屋を設けて資料を全てそこに集め、データルーム内でのみ資料を閲覧できることとする場合もあれば、データルームの資料のうち、必要なものはコピーして持ち出せることとする場合もあります。そもそもデータルームは設けずに、必要な資料を要求して、その資料のコピーをもらうというやり方もあります。キックオフミーティングで、どのようなやり方をするのかを打ち合わせて確認することになります。

　また、開示資料を見た後の質問のやり取りをどのようにすればいいのかとか、対象会社の経営陣への聴き取り調査（マネジメントインタビュー）について、その日時や誰を対象にインタビューをするか等もキックオフミーティン

グで決めておきます。

　　ウ　資料請求

　通常は、請求資料リストを作成して、買主側が売主側に資料開示を要求します。このリストは、対象会社の事業内容や取引先等に対応した個別のものを作る必要があります。特に、会社の事業内容に関するものについては、以前に別の会社のDDで使ったものをそのまま使い回すと、全くピント外れの資料を請求していたり、ひどい場合は具体的な固有名詞が入っていたりということもあるので、案件ごとに個別的に検討して、リストを作成する必要があります。

(2) **DDの実施**

　　ア　資料の開示

　資料は、コピーで渡されることもありますが、データルームが設けられて原本を開示されることもよくあります。この場合、データルーム内で全て見ないといけないのか、あるいはコピーして持ち出してよいのか、また、データルームの場所についても、事前に確認しておく必要があります。なお、会社がM&A取引を従業員に対して内密にしていることが通常なので、受付などで「DDに来ました」と言うことは危険です。会社の会議室の中にデータルームを設けている場合、データルームまでへの入室の方法も確認しておく必要があります。

　　イ　インタビュー

　資料の検討が一定段階進んできたころに、資料内容の疑問点等について、担当者へのインタビューを設定します。インタビューの際は、事前に質問リストを作成します。なお、Q&Aシートを作って、書面でのやり取りを行う場合もあります。Q&Aシートは、エクセルシートに質問番号を付けて作り、番号は1番から多いと何百項目になったりもします。回答が済んだものには「済」が書かれるというようにします。

(3) **DD報告書の作成**

　最終的には、法務DD報告書の形で報告します。個々の案件の特殊事情にも配慮しつつ、依頼者に分かりやすいような体系立てを工夫しながら報告書を作ります。

Ⅳ　M＆A

　報告する内容は、資料2の「法務DDで検討・報告する事項の項目（例）、留意点等」（資料25頁参照）で項目出しをしていますが、時間の関係もありますので、その中で若干補足しておく箇所のみ説明いたします。

　まず、「定款」についてです（資料25頁参照）。会社法施行に伴う定款のみなし変更というのがあり、旧商法から会社法になるときに、このような定款の記載がある会社はこのようなみなし規定があるものとする、ということが「会社法の施行に伴う関係法律の整備等に関する法律」で定められています。定款に記載されている事項が文字通りの内容ではない場合があるので、注意する必要があります。

　次に、株式譲渡のスキームの場合、「資本関係・株主の変遷、売主の有する株式上の権利」の「売主の有する株式上の権利についての調査」は、非常に重要なところになります（資料27頁参照）。株式譲渡の場合、まさにここは目的物そのものについてであり、売主が真の所有者であるのかが重要になってきます。特に株券発行会社の場合は、株券の交付というのが譲渡の効力発生要件になります。平成16年商法改正前の時代は、株券の交付がないと効力を発生せず、株式譲渡がそもそもなかったということになります。株券不所持の扱いになっていたとしても、譲渡の際には株券を1回発行してもらい、株券を交付する必要があります。しかし、面倒なので株券を発行せずにそのまま名簿だけ書き換えてしまっている会社は結構あると思います。そうすると、株式譲渡が有効にされていないということになるので、株券を発行して株式譲渡を再度やり直すことが必要になったりもします。

　「訴訟・紛争その他の偶発債務に関する事項」というところは、訴訟・紛争案件等を調べていく中で偶発債務や顕在化していない潜在債務がないかというのをチェックしていくということです。これは法務DDの基本で、しっかりと見ていく必要があります（資料33頁参照）。

　「環境問題に関する事項」というところは、特に工場がある会社を買う場合等は重要になることがあります（資料33頁参照）。注意するのは、まず産業廃棄物の処理をしっかりやっているかということです。産業廃棄物処理法上、産業廃棄物の処理は資格のある業者に頼まなくてはならず、しかも委託契約書に一定の事項を記載し法律にのっとった委託の仕方をしないと、その

業者が不法投棄した場合に産業廃棄物の除去等の責任を負わされる可能性があります。

　また、工場等で土壌汚染があった場合には、除去費用が命じられる可能性があります。ただ、実際に法務DDで土壌汚染が見つけられるかというと、ボーリング等をしないと見つからない場合もあるので、その場合は可能性を指摘してとどめる程度になると思います。

　以上、最後のほうは特に駆け足になってしまいましたが、要点についてはレジュメに記載いたしましたので、目を通していただければと思います。

Ⅳ M＆A

レジュメ

Ⅳ M＆A

弁護士　土森俊秀

第1　中小企業のM&Aの概要[1]
1　最近の傾向
　・事業承継の方法の1つとしても増加傾向
2　主な登場者、役割
　(1) 売主側
　　ア　売主本人
　　　・株式譲渡であれば株主（同族会社のオーナー等）、事業譲渡・会社分割であれば対象事業を有する会社（対象会社）、第三者割当による募集株式の発行等の場合は発行等を行う会社（対象会社）
　　イ　対象会社
　　　・株式譲渡の場合、売主本人と対象会社とは別の存在であり、売主の利害と対象会社の利害は一致しない場合もある。
　　　　→対象会社の取締役は留意が必要（取締役の善管注意義務）。
　　ウ　売主のM&Aアドバイザー
　　　・M&A仲介業者、FA（フィナンシャルアドバイザー）等
　　エ　各種専門家
　　　①　財務、税務関係（公認会計士、税理士）
　　　　・主に譲渡価格、譲渡に伴う税務関係についての助言等
　　　②　法務関係（弁護士）
　　　　・M&A取引スキームに関するアドバイス
　　　　・スケジュール（会社法上要求される手続等）のチェック
　　　　・契約書の作成・チェック
　　　　・取引実行のために必要な手続書類（議事録等）の作成・チェック
　　　　・法務DDを受けるにあたっての助言（必要あれば立会い）
　　　　・その他M&A取引全体及び都度発生する法的問題に関する助言
　　　　＊なお、株式譲渡の場合には、自分は売主本人の代理人なのか、対象会社の代理人なのか立ち位置を明確にする必要あり（売主本人、対象会社それ

―1―

それに弁護士がつく場合もあり）。
(2) 買主側
　ア　買主本人
　イ　買主のM&Aアドバイザー
　　　・M&A仲介業者、FA（フィナンシャルアドバイザー）等
　ウ　各種専門家
　　① 財務関係（公認会計士、税理士）
　　　・財務DD、譲渡価格、譲渡に伴う税務関係についての助言
　　② 法務関係（弁護士）
　　　・売主側の弁護士に記載した項目＋法務DD
　　　→売主側の弁護士よりも作業内容は質・量ともにハードとなるのが一般。
　　　　なお、買主が中小企業のM&Aの場合、法務DD自体を行わないこともよくある。
　　　・買主が上場会社の場合、適時開示等に関するアドバイス（開示資料のチェック含む）
　　　・買収後に生じる法律問題等についての助言
　　③ ビジネス関係（各種コンサルタント等）

3　M&Aのステップ
(1) 買主探し・対象会社探し
　・M&Aアドバイザーと契約、買主候補（買主側からの場合は対象会社）を探してもらう。
　・この期間はある程度長いのが一般。
(2) 売主・買主間で秘密保持契約締結
　・M&Aアドバイザー等が秘密保持契約書のひな形をもっていて、弁護士が関与しないことも多い。
　・秘密保持契約については、後記第4　1参照
(3) 基本条件の交渉
　・中小企業のM&Aでは、弁護士が関与する場合にはこの段階くらいから関与し始め、基本合意書（下記(4)）の作成に関わっていくことが多いと思われる。
(4) 売主・買主間で基本合意書の締結
　・基本条件、独占交渉権（あれば）、デュー・デリジェンスの実施、最終契約の締結時期等につき合意。
　・情報管理等の観点から、基本合意書締結から最終契約までは比較的短期間（2〜3ヶ月程度）であることが多い。
　・基本合意書については、後記第4　2参照

Ⅳ　M&A

(5) 買主によるデュー・デリジェンス（財務、税務、法務、ビジネス等）
　・デュー・デリジェンスについては、後記第5参照
(6) 売主・買主間の最終契約交渉
　・デュー・デリジェンスの結果も踏まえて、最終契約に向けての詰めを行う。
(7) 最終契約の締結
　・株式譲渡、事業譲渡、株式引受、会社分割等についての契約。なお、株式譲渡契約については後記第4　3参照
(8) クロージング
　・M&A取引実行

第2　M&A取引スキーム[2]

1　株式譲渡
・対象会社株式の譲渡により支配権を移動する方法。中小企業のM&Aの場合、オーナーに資金が入る、手続が容易である、税務面での考慮等から株式譲渡による場合が多い。
・買主のリスクとしても、最大で原則として株式譲渡価格（株主有限責任）。
・売主は、株主であって、対象会社ではない。

2　事業譲渡
・優良資産と不良資産があり、優良資産のみを買収対象とする場合等に用いられる。
・譲渡対象資産を選べる点では株式譲渡の方法よりも便利。
・手続的な負担は株式譲渡に比べて重い。
　→個別の資産につき、移転手続や対抗要件具備の手続をとる必要あり。
　　・契約関係の移転については、相手方の同意が必要。また、不動産の移転については、移転登記をする必要があり、登録免許税がかかる。
　　・事業に必要な許認可も再取得する必要がある場合が多い。
・事業に関連する潜在債務を承継する可能性があり、投資額以上の損失が生じるリスクあり。
　→事業譲渡契約書に、「対象事業に関連して発生する債務であって現時点で判明していないものについては一切承継しない」と記載して対応するが、不法行為債務つき事業譲渡に伴って債務引受があったと擬制した判例もあり。

3　第三者割当による募集株式の発行等
・売主側の当事者は、株式譲渡とは異なって、株主ではなく対象会社。
・一定の持株比率の達成に、株式譲渡による場合よりも多額の資金が必要になる一方、その資金は対象会社に入る。
・買主のリスクは、最大で原則として払込価格（株主有限責任）。

—3—

4 会社分割（吸収分割）
- 既存の会社の一部を切り出すことができる。
- 取引上の契約や従業員との雇用契約など当事者関係の権利義務が効力発生日に一般承継される（原則として、契約相手方の同意は不要）というメリットあり。
- ただし、手続的な負担は株式譲渡に比べて重い。
  → 労働者異議申出手続が必要。
    契約中に会社分割による承継が禁止されている契約についてはやはり契約相手方の同意が必要。
    権利移転に対抗要件を要する場合には第三者対抗要件の具備が必要。
    事業に必要な許認可も通常自動的には引き継げず、再取得が必要。
    会社法上の手続も、組織再編法上の手続が必要（債権者保護手続等）。
- 潜在債務も承継する可能性は否定できず、投資額以上の損失が生じるリスクがある。

5 その他
- 合併、株式移転・株式交換
  →中小企業のM&Aではあまり用いられない。

第3 M&A取引スケジュールのチェック[3]

1 総論
- M&A取引実行に必要な社内手続（売主側、買主側双方）を確認の上、M&A取引スケジュールに問題がないかを確認する。
- 株式譲渡の場合には、売主又は買主が株式会社であれば、会社法上の手続として、
    売主側：「重要な財産の処分」（会社法362条4項、取締役会設置会社の場合）
    買主側：「重要な財産の譲受け」（会社法362条4項、取締役会設置会社の場合）
  に該当する場合には、それぞれ取締役会決議が必要。
  →比較的シンプルな手続ですむ。
- 事業譲渡の場合には、
    売主側：「事業の全部の譲渡」「事業の重要な一部の譲渡」（会社法467条1項1号・2号）に該当すれば原則として株主総会決議が必要。ただし、簡易事業譲渡（会社法467条1項2号）、略式事業譲渡（会社法468条1項）に該当する場合には原則として株主総会決議は不要。
    買主側：「他の会社の事業の全部の譲受け」（会社法467条1項3号）に該当すれば原則として株主総会決議が必要。ただし、簡易事業譲受け（会社法468条2項）に該当する場合には原則として株主総会決議は不要。
    「重要な財産の譲受け」（会社法362条4項、取締役会設置会社の場合）

Ⅳ　M＆A

　　　に該当する場合には、取締役会決議が必要。
　　なお、反対株主からの株式買取請求に関する規定あり（通知・公告等が必要）。
・組織再編である会社分割等の場合には、株主総会決議、通知・公告、労働者保護手続、債権者保護手続等が必要となってくる。
　→株式譲渡や事業譲渡の場合に比して複雑な手続となるため、必要とされる法定手続及び法定期間等について特に慎重にチェックする必要がある。
・社内規則で他に手続が必要な場合には、当該手続も経ておく必要がある。

2　特に留意すべき点
　(1)　期間計算
　　ア　総論
　　　・法定の期間の定めがある場合、これに違反すると決議取消や無効原因となる可能性がある。
　　　・会社法には期間計算に関する規定はないため、一般法である民法（第1編第6章　期間の計算）に従い期間計算を行う。
　　イ　期間計算の原則
　　　・期間の初日は不算入とし（民法140条）、期間の末日が日曜その他の休日に当たるときは、その翌日に期間は満了する（民法142条）。ただし、期間の初日が効力発生日の場合は、午前零時から始まるとき（民法140条ただし書）に該当すると考えられるので初日参入。
　　　・現時点から遡る期間の計算についても上記と同様であり、その場合はさらに前の日に遡る。
　　　・一定の日を定める基準日、期日、場合によっては期限等については、その日が休日にあたっても民法142条の適用はない。
　　　　例）会社法225条1項（1年を経過したとき）、同法228条1項（1年を経過した日）、同法785条5項(効力発生日の20日前の日から効力発生日の前日までの間)
　(2)　公告
　　　・株主への公告は、定款に定められた方法（日刊紙、官報等）であるが、債権者保護手続における公告は官報。
　　　・公告をする場合には、その公告枠を確保するのに日数を要するので注意。
　＊会社法上必要とされる手続のスケジュールや組織再編のスケジュール等については、以下の文献が参考になる。
　　　・橋本＝吾妻＝日野＝菊地＝笠＝高橋共編『会社法実務スケジュール』(新日本法規)
　　　・みずほ信託銀行証券代行部編『企業再編手続ガイドブック』（商事法務）
　　　・編集代表今中利昭『会社分割の理論・実務と書式〔第6版〕』（民事法研究会）
　　　・編集代表今中利昭『会社合併の理論・実務と書式〔第2版〕』（民事法研究会）

—5—

- 編集代表今中利昭『事業譲渡の理論・実務と書式〔第2版〕』(民事法研究会)
- 編集代表土岐敦司『株式交換・株式移転の理論・実務と書式』(民事法研究会)

第4　M&A取引の契約
1　秘密保持契約
(1) 目的
- M&A取引の交渉を進めるにあたっては、対象会社の情報等を買主候補に提供する必要があるところ、かかる情報を買主候補が他の目的に利用することや第三者に開示することを防ぐ。
- M&A取引を円滑に進めるためには、M&A取引の存在及び内容につき公表できるような段階になるまで秘密にしておく必要性が高い。

(2) 契約書作成上の留意点
- 秘密情報の定義において、秘密情報の範囲を広めに設定する(秘密情報であることを明記したものに限定しない、書面に限らず口頭での開示を含む等)ことが合理的な場合が多い。
- 中心的な義務は、秘密情報の①目的外利用の禁止及び②第三者への開示の禁止であり、両方につき規定する。
- 秘密保持契約終了時又は当事者が要求した場合の秘密情報返還又は破棄義務についても定める。
- 秘密保持義務の有効期間は個別事情にもよるが、一般的には1～5年程度を定めることが多い(有効期間を永久とした場合には開示を受ける当事者の負担が重く秘密保持契約全体が無効とされる可能性があること、秘密情報の陳腐化のスピードを考慮するとこの程度の期間でもよいとの判断、情報漏洩防止は秘密保持契約終了時の秘密情報の返還・破棄等により対応するとの判断等によるものと考えられる。)。

2　基本合意書
(1) 目的
- 最終契約以前の交渉中の段階で、その時点における当事者の了解事項を確認し、基本的な項目について合意するために締結する。
- これまでの交渉における当事者の了解事項の確認に留まり、法的拘束力まで持たせないことも多い。ただし、どの条項にどこまで法的拘束力もたせるかは個別案件ごとに異なる。
- 独占交渉権、買主が行うデュー・デリジェンスへの協力義務、M&A取引のスケジュール等につき定めることもある。
- 秘密保持契約書と兼ねることもある。

(2) 契約作成上の留意点

Ⅳ　M&A

- 変更の余地を残す場合には、そのような形で規定すること。例えば、譲渡価格については、基本的な考え方を示す等に留める、デュー・デリジェンスの結果等を踏まえて変更する場合があることを明示する等。
- 各条項につき、どの程度の法的拘束力を持たせるのかを意識して作成・チェックする。
- 仮に法的拘束力がなくとも、最終契約に向けた交渉において、不合理に基本合意書から離れた提案を行った結果交渉が決裂したような場合には、いわゆる契約締結上の過失等が問題になる可能性があることに注意。

(3) 譲渡価格の算定方法について
- 売主と買主が合意した価格が譲渡価格になるのは当然であるが、交渉段階では一定の算定方法で算定された額をベースとして交渉されることが多い。
　→基本合意書の段階で、いかなる算定方法を用いるかについて合意しておく場合がある。
- 中小企業のM&Aの場合には、「時価純資産価額＋営業権」で算出することが多いと言われている。また、営業権は、大雑把に言えば、経常利益の3年分程度とされることが多いようである（ただし、各種調整あり）。
- 規模の大きな会社の場合は、DCF法、類似企業比較法（マルチプル法）、時価純資産法（修正簿価純資産法）等により算出された価格を参考にして譲渡価格を決定することが多いと思われる。

＊なお、企業価値評価については、公認会計士協会の経営研究調査会研究報告第32号「企業価値評価ガイドライン」が参考になる。

3　株式譲渡契約（最終契約）
(1) 構　成
- M&A取引ではない株式譲渡契約だと、①株式の譲渡、②株券の交付、③譲渡承認を得ること、④名義書換請求への協力等が規定される程度のことが多い。
　しかし、M&A取引における株式譲渡契約では、欧米の契約実務の影響も受け、典型的には以下のような構成となっている。

1　譲渡の合意
2　譲渡価格
3　取引の実行（クロージング）
4　取引実行（クロージング）の前提条件
　(1)　売主の義務の前提条件
　(2)　買主の義務の前提条件
5　表明保証

—7—

(1) 売主の表明保証
  (2) 買主の表明保証
 6 誓　約
 7 補　償
 8 解除・終了
 9 一般条項

(2) 表明保証
  ア　総　論
　　・表明保証とは、契約の一方当事者が他方当事者に対し、一定の時点（契約締結時及びクロージング時が一般）における、契約当事者に関する事項及び契約の目的物の内容に関する事項等について、当該事項が真実かつ正確であることを表明し、その表明した内容を保証するもの。
　　・表明保証は英米法において発展した概念であり、日本法上の意義・法的性質については必ずしも明らかではない。
  イ　機　能
　　(ア) リスク分配機能
　　　・表明保証違反の場合に、クロージングしないことができる、契約を解除できる、譲渡価格を調整することができる、表明保証違反の当事者に補償請求をすることができる等の条項が規定されるのが通常。
　　　・なお、表明保証違反の場合にどのような効果をもたせるかについては、契約書中に明記しておく必要あり。
　　(イ) 情報開示を促進する機能
　　　・相手方に表明保証条項の各項目を認めさせる過程で、問題点がいぶり出されるという機能もある。
  ウ　M&A取引における表明保証に関する判例
　　・東京地判平成18年1月17日判時1920号136頁
　　・東京地判平成19年9月27日判時1987号134頁
　　・大阪地判平成23年7月25日判時2137号79頁
＊M&A取引に関する契約については、藤原総一郎編著『M&Aの契約実務』（中央経済社）が詳しいので参照されたい。

第5　法務デュー・デリジェンス
1　法務デュー・デリジェンスとは
　・M&A取引を実施するにあたり、関連当事者が対象会社ないしは事業等に対す

Ⅳ　M＆A

　　る実態を把握し、問題点の有無を把握するために行う調査のことをデュー・デリジェンス（以下「DD」という。）という。
・DDは、一般的には、①ビジネスDD、②財務・税務DD、③法務DDに大別される。法務DDは、中小企業が買主となるM&Aでは費用の関係で省略されることも多いが、少なくとも重要なポイントについては実施しておくことが望ましい。
・DDは買主側の当事者が行うことが通常。ただし、入札の場合には、入札段階で限定した資料パッケージ（インフォメーションパッケージ）を売主側が準備し、複数の買主候補に交付する場合がある。その場合は売主側が第一次的なDDを行う（その後、最終的な買主が選択された時点で買主が追加的DDを実施するのが一般的）。

2　法務DDの目的及び結果の利用等
　(1)　法務DDの目的
　　ア　M&A取引実行の妨げとなる法的問題点の発見
　　　・例えば、
　　　　売主が、対象会社株式の真の所有者ではなかった
　　　　M&A取引の実行が、重要な契約の解除事由となっている、等
　　　・M&A取引スキームによって取引実行の妨げになる程度が異なるため、スキームの特徴を理解した上で検討する必要あり（そのため、法務DD実施時点である程度スキームを固めておく必要あり。）。
　　　　→後記(3)を参照。
　　イ　対象会社の価値評価に影響する法的問題点の発見
　　　・例えば、
　　　　経済的インパクトの大きい偶発債務（訴訟、リコール、為替デリバティブ等）
　　　・法務DDでは価値評価まで行うわけではなく、発見した事項につき依頼者又は財務DD担当者に情報提供を行う。
　(2)　法務DDの結果の利用
　　ア　取引スキームの変更
　　　・DDで発見された問題点が予定している取引スキームでは回避できないが、スキーム変更で回避できる場合には、取引スキーム変更により対応する場合がある。
　　　　例）取得した事業以外の事業で大きな潜在債務がある場合、株式譲渡から事業譲渡に変更することで潜在債務を切り離す。
　　イ　取引実行の前提条件・誓約事項等の追加
　　　・問題点が発見された場合、問題点を改善することを最終契約において取引実

行の前提条件にしたり、誓約事項としたりすることで対応する場合がある。
　ウ　対象会社・対象事業の価値評価への反映
　　・譲渡価格等に反映させることで対応する場合がある。
　エ　取引の中止
　　・重大な問題点が発見されたが、上記のような対応では対処不能な場合など。
(3)　各取引スキームにおける主な考慮事項
　ア　株式譲渡
　　・対象会社の支配株主に変動があるのみであり、対象会社の法人格や組織に何らの変動はなく、対象会社が当事者となっている契約、対象会社が所有する不動産その他の資産は原則としてそのまま。
　　　　ただし、チェンジ・オブ・コントロール条項、許認可関係で大株主の変更が届出等の義務を発生させないかには注意が必要。
　　・取引対象となっている株式上の権利の確認が最も重要。
　　・買主が負う責任は、原則として株主有限責任の範囲。
　　　　ただし、対象会社が過去に行っていた事業や買収の目的に直接関係ない事業に関連して大きな潜在債務を負っている場合には、事業譲渡や会社分割のスキームにすることで潜在債務を切り離すことも考えられるので、潜在債務の調査はやはり必要。
　イ　事業譲渡・会社分割
　　・株式譲渡の場合と異なり、対象事業に関して法人格や組織に変動が生じる。
　　　→・事業譲渡の場合、個別の資産及び契約の譲渡・承継の可否とこれに要する手続きの確認が必要。
　　　　　・許認可が引き継がれるか、取り直しが必要になるか等につき要確認（なお原則として許認可は引き継がれないことが多い。）。
　　　　なお、取引先との契約等の中で事業譲渡・会社分割が契約の解除事由等になっていないか要確認。
　　・潜在債務は、譲渡又は承継される事業に関連しないものは承継させないことができるので検討対象から外すことでよいが、譲渡又は承継される事業に関連するものについては承継される可能性が否定できない（事業譲渡につき会社法22条1項又はその類推適用、会社分割につき会社法22条1項類推適用又は同法759条2項・3項）ので、検討対象に含める必要あり。
　ウ　第三者割当の募集株式の発行等
　　・対象会社に対する損害賠償請求は、取得した株式の価値を毀損する行為であるため、事後的な救済は期待できないあるいは限定的であることを前提に慎重に法務DDを行う必要あり。

Ⅳ M&A

　　　・株式譲渡で述べたことがここでも当てはまる（ただし、新株を発行する場合には、売主が真の所有者であるかといった株式上の権利の問題は出てこない。）。
　　エ　合併・株式移転・株式交換
　　　・事後的な救済は期待できないことを前提に慎重に法務DDを行う必要あり。
　　　　合併：合併後は法人格が同一　→　損害賠償請求できない
　　　　株式移転・株式交換：対象会社が100％子会社又は100％兄弟会社になっ
　　　　　　　　　　　　　　てしまうことが多い　→　損害賠償に意味がない
　　　・消滅会社（合併の場合）が保有していた許認可がそのまま存続会社に引き継がれるかどうかは要確認。
　(4)　法務DDと売主側の表明保証との関係
　　・法務DDは、最終契約における表明保証及び補償と密接に関連。
　　・表明保証があれば法務DDは省略しても構わないか？
　　　→表明保証による保証はあくまでも事後的な金銭的な救済。損害の立証も困難な場合が多く、損害賠償時に無資力となっている危険もあり。
　　　　　取引スキームによっては表明保証による事後的な救済が意味をなさない場合もあり。
　　　　　表明保証違反の補償も金額の上限や、請求可能期間が限定される傾向が強い。
　　　→法務DDの費用対効果の問題はあるが、表明保証ですべて代替できるわけではない。

3　法務DDの進め方（スケジュール）
　(1)　事前準備
　　ア　買主との事前協議
　　　・対象会社の概要、M&A取引全体の理解
　　　・法務DDの範囲の検討
　　　　→一般的にフルDDといわれる場合には資料2の項目すべてを行うが、特に中小企業のM&Aにおける法務DDでは、費用対効果も考慮した上で範囲を限定することも多い。
　　　　　例）株式の真の権利者の確認、重要な資産、重要な契約に絞るなど
　　　・外国子会社がある場合どうするか
　　　　→本来的には現地の事務所との協働が必要であるが、買主の了承を得て省略する場合もあり（開示を受けた資料やヒアリングで得た事項についての情報提供に留める）。
　　イ　関係者によるキックオフミーティング
　　　・出席者は、前記第1　2に記載の登場者。関係者の顔合わせの意味もあり。
　　　・DDの具体的な進め方等についての確認

→DD実施期間、資料の請求・開示方法（追加資料請求があり得ること）、資料のコピーの可否、Q&Aのやりとり方法、インタビューに関する事項（対象者等）など。
　ウ　資料請求
・通常は、資料請求リストを作成して買主側に資料開示を要求する。
・資料請求リストは、対象会社の事業や取引スキーム等に対応した個別のものを作成する必要がある（フォームをそのまま利用した場合は過不足が生じるほか、資料を用意する人が混乱するおそれあり。）。
→本格的な資料請求をする前に、基礎資料（定款、登記簿謄本、会社案内、ウェブサイト等、財務諸表、事業報告書、確定申告書類等）を事前に収集し、対象会社の事業を理解した上で、どのような資料を請求するかを検討する。
・なぜそのような資料が必要かについての趣旨を対象会社に説明できるようにしておく必要あり（M&A取引交渉が進行していることを社内で秘密にしておくために、資料のコピー等を行うのがごく一部の人（場合によっては担当取締役）のみに限られていることもある。）。

(2) DDの実施
　ア　資料の開示
・データルームでの開示
→資料の開示は、「データルーム」と呼ばれる部屋に開示資料を一式準備した上で、DD担当者がデータルームに立ち入って資料を検討するという方法が一般的。
→データルームにコピー機を用意してもらい、コピーできる資料は必要部分をコピーした上で持ち帰って検討する事が多い。データルームでは、どのような資料があるかの全体像の把握と、コピー不可の資料を中心に見るようにする。
→データルームへの入室方法等についても確認（社内での機密性の観点）
・データルームを設けず、コピーした資料の提供だけですませる場合もあり。
・資料請求した資料が開示されたか否かについてはチェックしておく。
・追加資料の請求（開示漏れがあるもの、資料を検討していく中で、さらに資料請求が必要と判断したもの）
・コピーした資料等は、資料請求リストの番号にあわせて保管する。
→散逸しないように注意。取引が実行されない場合には、秘密保持契約上、資料は返還あるいは廃棄処分の上で廃棄証明を提出という扱いが多い。
・開示上問題が生じるものもあるので注意。
　例）秘密保持義務のある契約書等

IV M&A

→概要を説明すること等で対応可能であれば対応
個人情報保護法の関係で問題があるもの
→個人データでないものの開示、あるいは個人を特定できない方法での開示等で対応

イ　インタビュー
・資料の検討が一定段階進んできたころに、資料内容についての疑問点等につき、対象会社の役員及び従業員に対してインタビューを行うことが多い。ただし、インタビューのタイミングはケースバイケース。
・事前に質問事項リストを作成して送っておく。
・細かな事項については、Q&Aシートでのやりとりですませることも多い。
・インタビューを受ける側の弁護士が同席することもある。
→買主側の質問事項が不明確な場合に弁護士が介入して明確化
売主側の回答が誤解を生じるものであった場合には適宜補足

(3) DD報告書の作成
・最終的には法務DD報告書の形で報告する。
→報告書の項目立ては、個々の案件の特殊事情にも配慮しつつ、依頼者にわかりやすいように体系立てて工夫をする。
・報告書の作成にあたっては、事実を報告する記述なのか、法律的な見解を述べる記述なのかを意識する。
・DDの性質及び限られた時間の制約上、内容の正確性を疑う特段の事情がない限り、原則として開示された資料及びインタビューの結果に現れた事実が正確であることを前提とする。
→事実に関する情報は情報源を記載する。
・法律的な見解は、事実を基に法務DDを行う法律事務所が評価した上で記載する。
・問題点については、その内容のほか対応策についても一定程度記載することが望ましい。

＊法務デュー・デリジェンスについては、長島・大野・常松法律事務所編『M&Aを成功に導く法務デューデリジェンスの実務［第3版］』(中央経済社) が詳しいので参照されたい。

〔参考文献〕
1　事業承継に関して
・『中小企業事業承継ハンドブック　29問29答　平成23年度税制改正対応版』(中小企業庁)
・編集代表水上博喜・堂野達之『成功する事業承継のしくみと実務』(自由国民社)

- 東京弁護士会弁護士研修運営センター運営委員会編『研修叢書48 事業承継』（商事法務）
2 M&Aのスキーム、スケジュール等に関して
- 橋本＝吾妻＝日野＝菊地＝笠＝高橋共編『会社法実務スケジュール』（新日本法規）
- みずほ信託銀行証券代行部編『企業再編手続ガイドブック』（商事法務）
- 編集代表今中利昭『会社分割の理論・実務と書式〔第6版〕』（民事法研究会）
- 編集代表今中利昭『会社合併の理論・実務と書式〔第2版〕』（民事法研究会）
- 編集代表今中利昭『事業譲渡の理論・実務と書式〔第2版〕』（民事法研究会）
- 編集代表土岐敦司『株式交換・株式移転の理論・実務と書式』（民事法研究会）
- 大石篤史＝小島義博＝小山浩『税務・法務を統合したM&A戦略』（中央経済社）
3 M&A取引契約に関して
- 藤原総一郎編著『M&Aの契約実務』（中央経済社）
4 法務デュー・デリジェンスに関して
- 長島・大野・常松法律事務所編『M&Aを成功に導く法務デューデリジェンスの実務［第3版］』（中央経済社）

---

1 本講義は、中小企業のM&Aを概説することを目的とするため、上場会社に適用される開示規制、インサイダー取引規制や、主に大企業が関与するM&Aにおいて留意すべき事項等については原則として扱わない。
2 M&A取引のスキーム策定にあたっては、会計・税務面からの考慮も必要となるが、ここでは原則として法務面について論じる。
3 案件によっては、独占禁止法上公正取引委員会への事前届出が必要になる場合（独占禁止法10条、15条、15条の2、16条等）や、金融商品取引法・金融商品取引所の適時開示規則等により届出・開示が必要になる場合等もあるが、中小企業のM&Aで問題となることはそれほど多くないと考えられることから本講義では省略する。

Ⅳ M&A

資　料

資料１

株式譲渡契約書

【研修講義用資料であって、ひな形ではありませんのでご注意下さい。】

　●（以下「甲」という。）と株式会社●（以下「乙」という。）は、●株式会社（以下「対象会社」という。）の株式譲渡について、以下のとおり株式譲渡契約（以下「本契約」という。）を締結した。

第１条（株式譲渡）
　甲は、乙に対し、甲が所有している対象会社株式●株（以下「本件株式」という。）を譲渡するものとする。
第２条（譲渡価額）
　本件株式の譲渡価額は、合計●円（以下「本件譲渡価額」という。）とする。
第３条（クロージング）
 1　本件株式譲渡の実行（以下「クロージング」という。）は、平成●年●月●日又は当事者間で別途合意する日（以下「クロージング日」という。）とする。
 2　甲は、乙が本条第３項に従ってクロージング時に支払うべき金銭を甲に支払うことと引換えに、本件株式全てを表彰する株券（以下「本件株券」という。）を乙に交付する。
 3　乙は、甲から本条第２項に従って本件株券の交付を受けることと引換えに、甲に対し、本件譲渡価額を甲が書面により別途指定する口座へ振込送金する方法によって支払う。
第４条（クロージングの前提条件）
 1（乙の義務の前提条件）
　　乙は、クロージングまでに本項各号の条件がすべて充足されていることを前提条件として、第３条第３項に定める乙の義務を履行する。但し、乙は、その条件の全部又は一部を放棄することができるが、当該放棄は、本契約に定める乙の他の権利に影響するものではない。
　① 本件株式譲渡を承認する対象会社の取締役会決議が取得されていること。

—15—

② 第5条第1項に規定する甲の表明保証が、本契約締結日及びクロージング日において、すべて真実かつ正確であること。
③ クロージングまでに、甲が履行又は遵守すべき本契約上の義務を、履行又は遵守していること。
2 （甲の義務の前提条件）
　甲は、クロージングまでに本項各号の条件がすべて充足されていることを前提条件として、第3条第2項に定める甲の義務を履行する。但し、甲は、その条件の全部又は一部を放棄することができるが、当該放棄は、本契約に定める甲の他の権利に影響するものではない。
① 第5条第2項に規定する乙の表明保証事項が、本契約締結日及びクロージング日において、すべて真実かつ正確であること。
② クロージングまでに、乙が履行又は遵守すべき本契約上の義務を、履行又は遵守していること。

第5条（表明及び保証）
1　甲は、本契約締結日及びクロージング日において、乙に対し、別紙1-1記載の事項が真実かつ正確であることを表明し、かつ保証する。
2　乙は、本契約締結日及びクロージング日において、甲に対し、別紙1-2記載の事項が真実かつ正確であることを表明し、かつ保証する。
3　乙が行った本買収前監査並びに本条における表明及び保証の対象事項に関する乙の認識は、かかる表明及び保証の効力に一切影響を及ぼさない。

第6条（甲の誓約事項）
1　甲は、本契約締結後、クロージングまでの間において、第5条第1項の表明保証に違反する事実若しくはそのおそれが生じ、又はかかる事実が判明した場合、直ちにその旨及び当該事実の詳細を乙に対して通知する義務を負う。
2　競業避止義務、勧誘禁止
⑴　甲は、クロージング後●年間は、対象会社の事業と同種若しくは類似の事業を直接又は間接に行わないものとする。この場合、かかる事業を行う会社への出資、及びかかる事業を第三者をして行わしめたり、かかる事業を行う第三者の顧問となる場合も含まれるものとする。
⑵　甲は、本契約締結日からクロージング後●年間を経過するまでの間、自ら又はその関係者を通じて、対象会社の役員又は従業員を勧誘し、対象会社からの退職を促し、又はその他何らの働きかけも行わない。

第7条（乙の誓約事項）
　乙は、本契約締結後、クロージングまでの間において、第5条第2項の表明保証に違反する事実若しくはそのおそれが生じ、又はかかる事実が判明した場合、

Ⅳ　M＆A

直ちにその旨及び当該事実の詳細を甲に対して通知する義務を負う。

第8条（従業員）【条項の性質としては、乙の誓約事項】

1　乙は、本件株式の譲渡により対象会社の従業員に不利益を生じぬよう、対象会社をして、原則としてクロージング日の後、少なくとも●年間は、対象会社の全従業員の雇用を維持し、労働条件について現行より悪化させないものとする。

2　対象会社がクロージング前に対象会社の従業員に通知したクロージング日までの退職金累計額は、クロージング日までに対象会社から乙に報告されることにより、クロージング日以降も有効であり、クロージング日以降は乙の規定に従って加算されるものとする。

第9条（引継義務）【条項の性質としては、甲の誓約事項】

甲及び乙は協力して、本件株式譲渡により対象会社が乙の完全子会社になった後にも対象会社の経営が円滑に行われるよう、対象会社の経営の引継ぎを行うものとする。この場合、甲は自ら又は対象会社をして、乙に対し、対象会社の過去●年間の決算書類その他の帳簿、資産の権利の証書、その他対象会社の経営、管理に必要な書類等を整理して交付し、また乙からの問い合わせに対し、誠実に対応するものとする。

第10条（対象会社の権利の不変更）【条項の性質としては、甲の誓約事項】

甲は、乙が本件株式を取得することにより、対象会社がすでに第三者と締結している契約が不利益に変更されることのないよう、乙に対して協力するものとする。

第11条（補償）

1　甲及び乙は、相手方当事者が本契約に基づく義務に違反したこと（以下「本契約義務違反」という。）又は表明若しくは保証が正確でなかったこと又は真実でなかったこと（以下「表明保証違反」という。）に起因又は関連して損害、損失又は費用（第三者からの請求の結果として生じるものか否かを問わないものとし、合理的範囲内における弁護士費用も含む。以下「損害等」という。）を被った場合には、クロージング日から●年経過するまでの間に限り、損害等の賠償を相手方に対して請求することができるものとし、相手方は本条に基づきこれを賠償する。

2　甲の表明保証違反により対象会社に損害が生じた場合には、当該損害額相当分は乙に生じた損害とみなす。

3　本契約義務違反又は表明保証違反の結果生じた損害等の請求は、専ら本条に基づく補償等の請求によるものとし、本契約の各当事者は、本契約義務違反又は表明保証違反に関連して、本条に基づく補償等の請求以外に、債務不履行責任、瑕疵担保責任、不法行為責任その他法律構成により請求を行うことはできない。

第12条（解除）

1　甲及び乙は、(i)相手方に重大な表明保証違反があった場合、(ii)相手方による

資 料

重大な本契約義務違反があった場合、又は(ⅲ)クロージング日までにクロージングが行われない場合（但し、自己の責めに帰すべき事由によりクロージングが行われない場合を除く）、相当期間を定めて催告し、相手方が当該期間内にこれを是正しないときは、クロージングまでに限り、本契約を解除することができる。
2 前項に基づく解除は、甲又は乙の第11条に基づく補償責任に何ら影響を及ぼさない。
3 本条に基づき本契約が解除された場合でも、第13条（守秘義務）の規定はその効力を有する。

第13条（守秘義務）
1 甲及び乙は、クロージング後●年間は、本契約書締結に関し相手方から開示を受けた相手方及び対象会社の秘密情報を、以下の場合（但し、第②号の場合を除き、開示を受ける第三者が本条と同様の守秘義務を負うことを条件とする）を除き、当該開示者の事前の承諾なしに本件株式譲渡以外の目的で使用、又は第三者への開示等を行わないものとする。但し、乙が甲及び対象会社から得た対象会社に関する秘密情報については、クロージング以後、乙においてはこの限りではない。
① 弁護士、公認会計士、税理士、司法書士、フィナンシャル・アドバイザー等秘密保持義務を職務上、又は秘密保持契約により負担する者に相談する必要がある場合
② 官公署、裁判所等の公的機関や金融商品取引所等の自主規制機関に回答、報告、届出、申請等をする必要がある場合
③ 甲が、甲以外の対象会社株主と相談する必要がある場合
④ 乙が、取引金融機関と相談する必要がある場合
2 前項の規定にかかわらず、以下の第①号から第⑤号に記載する情報については秘密情報には含まれない。
① 情報受領時において既に公知となっている情報
② 情報受領時以降、情報受領者の責によらずに公知になった情報
③ 自らが秘密保持義務を負うことなく第三者より適法に取得した情報
④ 自らが相手方当事者から開示される以前から適法に所有していた情報
⑤ 秘密情報とは無関係に自らが独自にかつ適法に取得した情報

第14条（契約上の地位の転移）
甲及び乙は、相手方当事者の事前の書面による同意を得ずに、本契約若しくは本契約上の地位又はこれに基づく権利、義務、債権若しくは債務を譲渡、移転その他の方法により処分してはならない。

第15条（費用）

Ⅳ M&A

　　甲及び乙は、本契約及び本契約の予定する取引の交渉、準備、締結、実行に関連して自らに生じ、又は自らのために支出されたすべての費用(各当事者の弁護士、会計士その他の代理人やアドバイザーの費用を含む。対象会社に関する費用については乙が合理的に承認するものに限る)を各々負担するものとする。

第16条(通知)

　　本契約に関連して甲又は乙からなされるすべての通知、請求、催促その他の連絡(以下「通知等」という。)は、書面でなされるものとし、配達証明付郵便又は書留郵便のいずれかによって、以下の宛先に送付してなされる。甲及び乙は、本条に従って相手方に通知することにより、随時、通知先を変更することができる。

　　［売主の通知先］
　　　所　在　地：
　　　電　話　番　号：
　　　宛　　　　先：
　　［買主の通知先］
　　　所　在　地：
　　　電　話　番　号：
　　　宛　　　　先：

第17条(準拠法)

　　本契約は日本法を準拠法とし、同法に従い解釈される。

第18条(裁判管轄)

　　甲及び乙は、本契約に起因し又は関連する一切の紛争については、東京地方裁判所を第一審の専属的管轄裁判所とすることに合意する。

第19条(協議事項)

　　本契約に定めのない事項及び疑義が生じた事項並びに本各条項の解釈については、本契約の趣旨に従い、甲及び乙が誠意を持って協議の上、これを決定する。

本契約締結の証として、本書2通を作成し、甲及び乙が記名押印の上、各1通を保有する。

平成●年●月●日

　　　　甲

　　　　乙

資　料

別紙1-1

甲の表明及び保証

1　対象会社に関する事項
　(1)　株　式
　　①　対象会社の発行済株式は、全て普通株式であり、その総数は●株である。対象会社の発行済株式は全て、適法かつ有効に発行され、全額払込済みである。
　　②　対象会社において上記発行済株式以外に新株又は新株発行（自己株式の処分を含む）の原因となる新株予約権、新株予約権付社債、新株引受権等（以下「新株等」という。）は存在せず、またその発行手続もしくは決議又はこれらを行うべき約束もしくは定めがなされていない。
　　③　対象会社の発行済株式は全て、担保権その他一切の負担が存在せず、その譲渡を妨げる一切の制限が存在しない。
　　④　本件株券は対象会社から適法かつ有効に発行された、本件株式を表彰する株券である。
　　⑤　本契約締結時の発行済株式の所有者かつ株主名簿上の株主及びその持株数は下記の通りである。

記

　　　　　甲　　　●株
　(2)　設立及び存続
　　　対象会社は、日本法に準拠して適法に設立され、有効に存続している株式会社であり、また、その財産を所有し、現在行っている事業を遂行するために必要な権利能力及び行為能力を有している。
　(3)　許認可等
　　　対象会社は、その営んでいる事業を行うために必要な許認可等を適法かつ有効に取得し維持している。対象会社が保有している許認可等について、無効、取消、又は更新拒絶の対象となる事由は存在せず、また、甲又は対象会社の知り得る限りそのおそれもない。
　(4)　計算書類
　　　本契約締結前の過程で甲及び対象会社から乙に提出された対象会社の貸借対照表、損益計算書その他計算書類は、一般に公正妥当と認められる会計原則に基づいて作成されたものであり、かかる基準に基づき、各々の基準日又は対象期間における対象会社の財務状況及びその変化を重要な点において正確かつ公正に表示している。
　(5)　法令遵守
　　　対象会社には、(i)適用ある法令等又は司法・行政機関の判断等の違反（但し、

IV　M＆A

軽微な違反は除く）は存在せず、かつ、(ii)適用ある法令等又は司法・行政機関の判断等の違反についての通知を受領しておらず、甲又は対象会社の知り得る限りそのおそれもない。

(6)　訴訟その他紛争の不存在

本契約締結前に乙に開示されたものを除き、対象会社を当事者とする又はその資産を対象とする訴訟、仲裁、その他の司法上若しくは行政上の手続、又は政府若しくは行政機関の調査は係属しておらず、かつ甲又は対象会社の知り得る限り提起されるおそれもない。

(7)　倒産手続

対象会社に支払停止に該当する事実はなく、対象会社につき、破産手続開始、会社更生手続開始、民事再生手続開始、特別清算開始その他の倒産手続開始の申立てはされておらず、これらの倒産手続の開始原因となる事実はなく、また甲又は対象会社の知りうる限りかかる事実が生じる恐れもない。

(8)　潜在債務

対象会社の負担する一切の債務（偶発債務その他潜在的債務を含む。以下同じ）は、対象会社の商業帳簿に正確に記載されており、本契約締結日までの間に、乙に対して明確に開示されたもの又は対象会社の通常業務により発生するものを除き対象会社の財務状態及び経営成績に重大な影響を与えるような債務は一切存在しない。

(9)　資　産

対象会社は、その所有している不動産及び重要な動産その他の資産について、法律上当然に発生する負担を除きいかなる物的担保もついていない完全な所有権を有している。対象会社、その事業を行うために必要とするすべての資産を保有又は使用する権利を有しており、対象会社による資産の使用は、他人のいかなる権利も侵害していない。

(10)　重要な契約

対象会社が事業を遂行する上で重要な契約はすべて適法に締結された有効な契約であり、契約不履行又は解除事由となる事実は一切生じていない。また、本件株式譲渡は、対象会社が締結している業務を遂行する上で必要な契約、取引又は取決めにおいて、債務不履行、通知義務、解除又は期限の利益喪失その他対象会社に重要な悪影響を及ぼす事由を構成しない。

(11)　重大な変更

対象会社には、平成●年●月●日以降その事業、財政状態、経営成績又は収益の見通しへの重大な悪影響はなく、また対象会社の事業、財政状態、経営成績又は収益の見込みに重大な悪影響を与えることが合理的に予想される対象会社の事業、財産又は会社業務に関する重大な事実（法令等又は司法・行政機関等

の判断等の変更を含まない）は存在しない。平成●年●月●日以降の期間中、対象会社は、通常の業務の範囲内でその事業を行っている。

(12) 関係会社

対象会社には、株式、社員持分又はその他の出資持分を保有する会社、パートナーシップ、企業等は存在しない。

(13) 環境

対象会社は、関係当局等から、土壌汚染対策法、大気汚染防止法、水質汚濁防止法、騒音規正法、廃棄物の処理及び清掃に関する法律及び環境基本法その他の環境に関する法令等に違反し又は違反するおそれがある旨の通知を受けたことはなく、また、そのおそれもない。対象会社は、環境上の問題を理由として、第三者から請求、クレーム等を受けたことはなく、また、そのおそれもない。対象会社は、環境上の問題に関連して、法令等又は関係当局等その他の第三者との間の合意、取決めその他に基づき、何らかの義務、債務、負債その他責任を負担しておらず、またそれらを負担するおそれもない。

(14) 競業避止義務

対象会社は、取引先等との契約において、競業避止義務等の義務のうち、その事業の遂行に重大な影響を与える制限を内容とする義務を負っていない。

(15) 労働

① 対象会社の従業員の雇用条件は、適用ある法律に服することを条件として、専ら就業規則等によって規律されており、これ以外には、書面によると否とを問わず、当該従業員に現在適用されているか又は提案中のいかなる規則、労働協約その他これらに準ずるものも存在しない。

② 対象会社の従業員に関して、いかなるストライキ、ピケッティング、作業停止、怠業その他これに類似する労使紛争、要求又は苦情は存在せず、不当労働行為を理由とする手続きの申立てがなされておらず、その他労働問題を理由とした苦情の提起はない。対象会社は、従業員又は雇用慣習に関連して、政府機関その他の規制機関からの指摘、指示もしくは命令を受けておらず、又はそのおそれもない。

③ 甲又は対象会社の知りうる限り、対象会社は、全ての従業員に対して対象会社の社内規程、契約又は法律に基づきそれぞれ乙が支払義務を負う給与、賞与、諸手当その他の報酬について全て適時に支払っている。

④ 対象会社の従業員の労働災害による損害で、労働者災害補償保険で填補されないもの、又は未払いになっているものは存在せず、対象会社の従業員の労働災害による損害で訴訟、法的手続又は調査の原因となるような事由は存在していない。

(16) 税務申告

対象会社は、全ての管轄地において、所管の税務当局に対して必要な全ての税

Ⅳ　M＆A

務申告書（修正申告書を含む。以下同じ）を提出しており、平成●年●月●日以降、税務当局との間で何らの紛争はなく、また、対象会社の提出した税務申告書につき税務当局より修正等の指摘を受けていない。対象会社より支払うべきものとして、その税務申告書に示されている全ての金額は、全額支払われ、又は財務諸表に含まれる貸借対照表に適切に記載されており、甲の知りうる限り、平成●年●月●日以降、更正、決定、修正申告や否認の対象となる事由は存在しない。

(17)　反社会的勢力

対象会社は、暴力団、右翼集団その他の反社会的組織・集団（名称の如何は問わない）に属しておらず、またそれらの団体に対して資金提供若しくはそれに準ずる行為を行っておらず、これらの行為を通じてかかる組織・集団の維持、運営に協力又は関与していない。対象会社は、かかる組織・集団の構成員その他関係者をその役員として選任しておらず、対象会社並びにその役員は、かかる組織・集団又はその構成員に対し、甲又は対象会社の利益となる行為を依頼していない。甲又は対象会社の知りうる限り、対象会社は、かかる組織・集団の構成員その他関係者を従業員として雇用しておらず、その従業員は、かかる組織・集団又はその構成員に対し、甲又は対象会社の利益となる行為を依頼していない。

(18)　情報開示

甲又は対象会社が乙又はその代理人に開示した対象会社に関する情報は、いずれも真実かつ正確である。甲又は対象会社の知る限り、開示された情報以外に、対象会社の事業、財政状態又は経営成績への悪影響を与える重大な事項又は法令等は存在しない。また、対象会社の役職員に重大な影響を及ぼす事実又は法令等も存在しない。

2　甲に関する事項

(1)　意思能力・権利能力・行為能力

甲に対する後見開始、保佐開始及び補助開始の審判はいずれも開始されておらず、また、甲は本契約を締結し、かつ本契約上の義務を履行するために必要な意思能力、権利能力及び行為能力を有している。

(2)　契約の有効性及び執行可能性

本契約は、甲の適法、有効かつ法的拘束力を有する執行可能な義務を構成する。

(3)　法令等との抵触の不存在

甲による本契約の締結及び本契約上の義務の履行は、いかなる法令等にも違反せず、(i)甲を当事者とし、若しくはその資産を拘束する契約に違反せず、(ii)いかなる法令等にも違反せず、かつ乙に対する、若しくはこれを拘束する判決、命令、決定、裁定若しくはその他の処分に違反しない。

別紙1-2
乙の表明及び保証

(1) 適法な設立、有効な存続及び権利能力

　　乙は、日本法の下で適法に設立され、有効に存続している法人であり、また、その財産を所有し、本契約を締結し、かつ本契約上の義務を履行するために必要な権利能力及び行為能力を有している。

(2) 譲渡手続の完全な履行

　　乙は、本契約の締結及び本契約上の義務を履行するにあたり、法令等、定款、社内規則等において必要とされる手続をすべて履践している。

(3) 契約の有効性及び執行可能性

　　本契約は、乙の適法、有効、かつ法的拘束力を有する執行可能な義務を構成する。

(4) 法令等との抵触の不存在

　　乙による本契約の締結及び本契約上の義務の履行は、(i)乙の定款、取締役会規程、その他の会社規程に違反せず、(ii)乙を当事者とし、若しくはその資産を拘束する契約に違反せず、(iii)いかなる法令等にも違反せず、かつ乙に対する、若しくはこれを拘束する判決、命令、決定、裁定若しくはその他の処分に違反しない。

Ⅳ　M＆A

資料2

法務DDで検討・報告する事項の項目（例）、留意点等

【研修講義用資料であって、ひな形ではありません。また、検討・報告事項につき網羅する趣旨のものではありませんのでご注意下さい。】

1　設立・会社組織に関する事項
　(1)　会社の沿革・概要
　　・会社の沿革・概要につき簡潔に報告。
　(2)　設　立
　　・設立無効事由や解散事由がないことを確認。
　　・設立無効の訴えの提訴期間（会社法828条1項1号）の関係で、設立2年経過後は設立無効については原則として問題とならない。
　(3)　会社組織
　　・内部組織図をもらい、対象会社の組織の全体像を確認・報告。
　(4)　定　款
　　・定款の記載内容が法令に適合しているか。
　　・取引実行上問題となる、あるいは、手続上留意すべき定めはないか。
　　　→発行可能株式総数の枠、株式譲渡制限の有無等
　　・会社法施行に伴う定款のみなし変更に注意
　　　→中小企業の場合、特に注意すべきものとして、
　　　　①　旧株式会社が、会社法の施行の際現に旧商法特例法に規定する小会社の場合、定款には、会社法389条1項の定め（監査役の監査の範囲を会計に関するものに限定する旨の定め）があるものとみなされる（会社法の施行に伴う関係法律の整備等に関する法律（以下「整備法」）53条）。
　　　②　旧株式会社の定款に株券を発行しない旨の定めがない場合、定款には、その株式（種類株式発行会社にあっては、全部の種類の株式）に係る株券を発行する旨の定めがあるものとみなされる（整備法76条4項）。
　(5)　社内規則等
　　・どのような社内規則があるのかを確認・報告。
　　・株式取扱規程、取締役会規程、組織分掌規程等、組織運営及び業務運営に関して重要と思われる内部規則を中心に検討。
　　・法令に適合しているか、取引実行上問題となる、あるいは、手続上留意すべき定めはないか等につき確認。

(6) 株主総会・取締役会・(監査役会)・その他の会議体
　・会議体の議事録の検討
　　→主なチェックポイントとしては、
　　　① 対象会社の行為につき、法令・定款・社内規則により要求される決議を得ているか（重要な財産の処分、組織再編行為等）
　　　② 会議の開催手続・決議内容が法令・定款・社内規則に反していないか（特別利害関係のある取締役が取締役会決議に参加している等）
　　　③ 事業に影響を及ぼす重大な決議が過去に行われていないか、など。
　・法律上要求される決議に基づかない業務執行行為が発見された場合には、当該行為の法的効果については個別に調査及び検討が必要。
　・その他の会議体（経営会議等）の議事録の確認は、対象会社の経営に関する情報収集に役立つ。
(7) コンプライアンス体制
　・コンプライアンス体制全般について確認・報告。
　・個人情報保護法、下請法等の遵守体制につき確認。
　・反社会勢力との関係につき確認。

2　資本・株式・株主に関する事項
　(1) 資本及び株式
　　・資本金、発行済株式総数、発行可能株式総数、発行されている株式の権利内容（種類株式の内容等）、譲渡制限の有無、株券を発行する定めの有無等につき確認・報告。
　(2) 株主構成
　　・株主構成及び株主の属性（創業家、取引先、ベンチャーキャピタル等）の確認。
　　・会社・株主との間で対立状況になってないか。
　(3) 株主間協定・株主との契約
　　・会社の運営方法等について特別な取り決めがあるか。
　　・取引実行にあたり、株主間協定等によって要求される手続はないか。
　　・株主等との間で通例的でない契約等はないか。
　(4) 新株予約権その他潜在株式の有無
　　・新株予約権・新株予約権付社債（潜在株式）の有無を確認。
　　・将来一定の事由の発生などにより対象会社が株式を発行する義務を負うようなことがないか。
　　・潜在株式等があると、将来希釈化が生じる可能性がある。
　(5) 資本関係・株主の変遷、売主の有する株式上の権利

Ⅳ　M＆A

　　　ア　資本関係・株主の変遷
　　　　・増資等による資本関係の変遷、株主の変遷につき調査・報告。
　　　イ　売主の有する株式上の権利についての調査【特に重要】
　　　　・売主が譲渡対象となる対象会社の株式について単に株主名簿上の名義人ではなく、真の所有者であるかを確認。
　　　　　→売主が対象会社の株式を取得した取引、過去に転々譲渡があった場合には当該譲渡取引の経緯を具体的に確認。
　　　　　　　特に、株券発行会社の場合は株券の交付がなされたか（特に平成16年商法改正前の商法時代）。
　　　　　　　譲渡制限会社の場合は、取締役会等の承認権限を有する機関の承認があったか。
　　　　　→株券交付の欠如が発見された場合には、再度の株券交付の手続きを取らせることで瑕疵を治癒させたり、株式譲渡の瑕疵に起因して生じる一切の責任について売主費用での対応を求める等の対応をする。
　　　　・売主所有の株式に質権や譲渡担保権などの担保権の負担のないことの確認
　　　　・売主が所有する株式を表章する株券の所在についても確認。特に、株券発行会社の場合には、株券の交付が株式譲渡の効力発生要件になるので、取引実行に必要。
　　(6) 持株会
　　　　・従業員持株会、役員持株会等の持株会があるか。持株会が保有する株式を譲り受ける場合には、その手続きはどのようになるか確認。

3　事業に関する事項
　　(1) 事業の概要
　　　　・事業の概要につきセグメント毎に確認・報告。
　　(2) 事業に関する法規制等
　　　　・事業に関する法規制、必要な許認可等について確認。
　　　　・M＆A取引の実行に伴い、許認可に関連して監督官庁への届出などの手続きが必要になることが多い。特に、事業譲渡、会社分割等の場合には許認可の承継ができず、許認可の取り直しが必要な場合も多い。
　　(3) 事業に関する重要な契約
　　　① 確認の主な目的
　　　　・取引実行後に対象会社が現在の事業を継続することができるか。
　　　　　→特にチェンジ・オブ・コントロール条項に注意（後述）
　　　　　→重要な契約がグループ会社との間である場合、継続できるか。

資　料

- 取引実行後に買主が実施予定の事業計画の遂行を阻害する契約がないか。
  →特に競業禁止条項・独占権付与条項に注意（後述）
- 不当な義務や、特別な義務（一定数量の発注義務、受注義務等）を負っているものがないか。
- 隠れた債務を負っている契約はないか。

② 事業に関する契約の全体像の把握、内容の確認
- 事業の概要を理解した上で、事業に関して生じる取引を洗い出し、その契約につき確認する。
  →例えば、卸売業であれば、
  - 仕入に関する契約
  - 販売に関する契約
  - 流通（配送・倉庫）に関する契約等
- なお、契約書は、もともとの契約書だけでなく、変更覚書その他関連契約等についてもすべて確認。

③ 特に注意を要する契約条項
　㋐　チェンジ・オブ・コントロール条項
- 契約の一方当事者の支配権を有する者の変更を契約の解除事由と定めたり、または、かかる支配権の変動について事前承諾を得たり通知を行う義務を課す条項のことをいう。
- 通知義務のみであれば、通知をすれば足りる。
- 事前承諾を得る義務がある場合、必ずしも全ての契約について事前承諾をとるわけではなく、事前承諾を得る手続的負担や、予想される相手方の対応、契約の重要性・代替可能性等を総合考量して判断する。
  →事前承諾を得させることにした場合には、クロージングの条件に入れること等で対応することもある。

　㋑　競業禁止条項
- 契約当事者が、契約に定められた一定の期間中、一定の地域内において、販売活動その他契約に定められた事業活動を行うことを禁止する条項。
- 競業禁止条項があると、取引実行後に実施を計画していた事業活動が制限され、当初のM&A取引の目的が充分に達せられないことがあるので注意。
- 会社分割（吸収分割）の場合には、競業禁止条項のある契約が包括的に承継される結果、買主に競業避止義務が発生してしまうこともあるので注意。
- 対象会社が過去に事業譲渡を行っている場合には、法令上の競業避止義

Ⅳ　M&A

　　　　　　務（会社法21条1項）が発生していないかにも注意。
　　　　　・契約終了後も一定期間効力を有する形で定められていることも多く、既に期間満了で終了している契約の中に有効に存続している競業禁止条項がないか、見落としがないか注意。
　　　(ｳ)　独占権付与条項
　　　　　・権利付与者が、契約の相手方に、一定の地域内において販売活動や知的財産権のライセンスを独占的に与える条項。
　　　　　・独占権を与えた場合には、指定された地域において、他の第三者に同様の権利を付与することができないので（自己実施できるかどうかは契約内容による。）、取引実行後に実施しようとしていた事業活動が制限され、当初のM&A取引の目的が充分に達せられないことがあるので注意。

4　人事・労務に関する事項
　・①労使関係上取引実行の妨げとなるものの有無
　　②労働法上の諸規制に関連した隠れた債務の有無・規模（法定割増賃金の不払等）
　　③雇用実務における違法な点の有無、を中心に確認。
　・資料上の記載と実態が乖離していることが往々にしてあるので、インタビューでの質問・回答等により実態を把握する。
　(1)　従業員の構成
　　　・従業員の構成（正社員、パートタイム、出向、契約社員、派遣など）、平均年齢、勤続年数等について調査・報告。
　(2)　就業規則その他労働条件等を定めた規定
　　　・就業規則その他労働条件等を定めた規定についてどのようなものがあるかを調査・報告。
　　　・内容が法律上無効なものではないか確認。
　　　・就業規則の変更等は適法な手続を経ているか確認。
　(3)　労働管理の実態
　　　・労働時間管理の方法について調査・報告。
　　　・労働基準法及び就業規則上、割増賃金の支払が必要であるにもかかわらず（時間外労働・休日労働・深夜労働等）未払いになっていないかの確認。
　　　　→未払割増賃金の消滅時効は2年間（労働基準法115条）。
　　　　　遅延損害金は原則として年6％（商法514条）、ただし、退職者に対しては年14.6％（賃金の支払の確保等に関する法律6条）。
　　　　　裁判所が未払額と同一額の付加金を命ずる場合もあり（労働基準法114条）。
　　　・サービス残業の有無・規模の確認。

資　料

→「労働時間の適正な把握のために使用者が講ずべき措置に関する基準」（平成13年4月6日基発339号）に基づく労働管理との乖離具合により、サービス残業の兆候がわかることが多い。
(4) 福利厚生
・福利厚生の内容につき確認・報告。
(5) 労災関係
・労災事故の内容につき確認・報告。
(6) 労働基準監督署等からの指導
・労働基準監督署からの指導・是正勧告、是正内容等について確認。
(7) 労働組合
・労働組合の有無につき確認。
・労働協約等で、M&A取引の実行にあたって労働組合への事前通知・事前協議義務等がないか。
(8) 労使関係等（リストラの有無含む）
・労使関係の問題点等につき確認。

5　資産に関する事項
(1) 不動産
・対象会社が事業活動を継続するために必要な不動産を問題なく使用する権限を有しているか、想定している取引実行によって当該使用権限に問題が生じないかを確認。
　→①不動産の使用権限の内容
　　②担保権、賃借権など不動産に設定された制限
　　③不動産の使用権限に影響を及ぼす法律上の問題点
　　④不動産の使用権限の対抗力、等の確認
ア　所有不動産
・最新の不動産登記の開示を受ける。また、不動産登記に漏れがないか確認。
・所有権の確認、担保権などの負担の有無の確認。担保権がある場合には、その内容についても確認。
イ　賃借不動産
・賃貸借契約の有無、賃貸借契約の内容（敷金等についても）につき確認。
　→賃貸借契約期間、更新条項、中途解約条項、賃料、賃料改定条項等
　　　賃貸借契約に譲渡禁止特約がないか（事業譲渡の場合には、譲渡につき賃貸人の承諾が必要となる。）。
　　　使用目的による利用制限

Ⅳ　M＆A

　　　　チェンジ・オブ・コントロール条項
　　　　その他特約等
　・借地借家法が適用される賃貸借契約かどうか。また、普通の賃貸借契約か、特殊な賃貸借契約か（定期建物賃貸借契約等）。
　・貸主の権限の確認（不動産の所有者か、転貸人か等）。
　　→ただし、転貸の場合、原賃貸借契約につき調査するのは資料入手ができずに難しいことが多い。
　・賃借を受けている不動産に、使用権に優先する第三者の担保権等がないか確認。
　・建物所有、土地賃借の場合
　　　建物所有名義と借地権設定契約上の借地権者が同一かについての確認（借地借家法10条1項参照）。
　　　建物の登記の所在欄に記載されている全ての地番を、借地権設定契約がカバーしているかどうか確認。

(2) 動　産
　ア　重要な所有動産（機械設備・什器備品等）
　　・事業に必要な重要動産の継続使用を妨げるような事由がないかを確認。
　イ　重要な動産のリース契約等
　　・リース対象物件の使用制限（使用場所の変更禁止条項）に注意。
　　・リース契約満了時の再リース権、中途解約の場合のペナルティ等の確認。

(3) 知的財産権
　・保有している知的財産権の権利関係の確認、知的財産権に関する契約上のリスクの確認、第三者が保有する知的財産権侵害をしていないかの確認、知的財産の管理状況・管理体制の確認。
　・知財関係は細かなところが多いので、関連してくる重要な知的財産権が何かを確認し、法務DD前にチェックポイントを洗い出しておく。
　・共有になっている知的財産権には注意（権利の利用、譲渡等に関して）。
　ア　産業財産権（特許、実用新案、意匠、商標）
　　・誰が権利者として登録されているか（共有者含む）、実施権・使用権の設定の有無、質権その他の担保権の有無、有効期間等を登録原簿等で確認。
　　・産業財産権は、そもそも権利自体が無効となるリスクが相当程度ある。ただし、そのリスクの程度を判断することは法務DDでは難しい（無効審判や訴訟の有無、クレームの有無の確認等程度）。
　イ　著作権
　　・第三者に制作を依頼したものにつき第三者との契約内容を確認し、権利がどちらにあるのか、利用の制約等につき確認。

- 著作権の譲渡契約に関しては、以下の点につき注意。
  ① 著作権法27条（翻訳権、翻案権等）及び28条（二次的著作物の利用に関する原著作者の権利）に規定する権利が譲渡の目的として特掲されていないときは譲渡者に留保されたものと推定される。
  ② 著作者人格権については、一身専属権であるため譲渡できないことから、著作者による著作者人格権の不行使を定めることが多い。

ウ　ライセンス契約等
- 独占・非独占その他権利の内容等につき確認。
- 特にチェンジ・オブ・コントロール条項に注意。
- ライセンス契約につき、第三者対抗要件を備えているか。
- 契約内容が独占禁止法上問題ないか。
  →特許・ノウハウ：「知的財産の利用に関する独占禁止法上の指針」
  　共同開発契約：「共同研究開発に関する独占禁止法上の指針」

エ　知的財産権の管理体制
- 知的財産権の管理体制につき調査・報告。
- 個別のライセンス契約には、それぞれ個別の詳細な内容が規定されているが、ちゃんと管理されていないと違反が生じやすくなる（特に外国語の契約など）。
- 職務発明規程の確認（職務発明の「相当の対価」（特許法35条3項）の関係）

(4) 貸付債権
- 概要を把握。
- 貸付証書、担保の有無、保証の有無等を確認。
- 場合によっては貸金業登録が必要となる場合もあるので注意。

(5) 有価証券
- 概要を把握（担保権設定の有無含む）。

(6) 組合出資持分
- 無限責任を負担していないか確認。
- 金融商品取引法上の登録が必要となるものではないか確認。

(7) 保　険
- 付保対象となっている資産の種類、保険でカバーされている保険事故の内容、保険の限度額、免責額などを確認。

6　負債に関する事項
(1) 資金調達等
- 資金調達の概要の把握。

Ⅳ M&A

- 借入れの際に提供している担保、保証の概要を確認（親会社の保証や代表取締役の保証の場合、取引実行と同時に当該保証の解約を求められることが一般）、担保提供物等の利用制限の確認。
- 資金調達のための契約中に、事業活動や資産処分を制限する内容が入ってないか確認。
- 銀行以外の金融機関、貸金業者、関連会社、個人等からの融資を受けている場合には融資をうけるに至った経緯を確認。

(2) 保証債務等
- 第三者の借入れの保証、子会社や関係会社の借入れの保証、経営指導念書の差入れ等につき確認。
- デリバティブ取引につき確認。
→巨額損失を被る可能性、中途解約清算金が多額となる可能性等。

7 訴訟・紛争その他偶発債務に関する事項
(1) 訴訟・紛争案件
- 取引実行の妨げとなる係属中又は潜在的な訴訟・紛争の有無・内容を確認。
- 過去に起きた訴訟・紛争の傾向及び今後発生するおそれの有無・程度・内容につき確認。
(2) クレーム等
- 紛争まで発展していないクレームの内容、そこから見える事業の問題点を確認。
(3) 偶発債務
- 偶発債務とは、現時点では債務ではないが、一定の事由を条件として将来において債務となる可能性があるもの一般を意味する。
→そのようなものがないか確認。

8 環境問題に関する事項
- ①取引実行の妨げになるような環境法上の問題の有無・内容、
②環境法上の違反に基づいて負担する隠れた債務の存在、につき確認する。
(1) 産業廃棄物の処理
- 産業廃棄物の処理を第三者に委託する場合には、
① 廃棄物の処理及び清掃に関する法律（以下「廃棄物処理法」）が定める処理委託基準（委託契約は書面で行う、委託契約書には一定の事項を記載する等。廃棄物処理法12条6項・廃棄物処理法施行令6条の2）を遵守する必要がある。
→処理委託基準に違反する形で産業廃棄物の処理を委託した者は、委託先の処理業者が不法投棄を行った場合には、その除去等につき責任を問わ

れる場合あり（廃棄物処理法19条の5第1項2号）。
②　マニフェスト（産業廃棄物管理票）の発行・管理を適切に行う義務あり（廃棄物処理法12条の3）。
→マニフェストの管理を適切にしていなかった産業廃棄物について、委託を受けた処理業者が不法投棄を行っていた場合には、その除去等につき責任を問われる場合あり（廃棄物処理法19条の5第1項3号）。
(2) 土壌汚染
・土壌汚染対策法は、都道府県知事が、土壌汚染状況調査の結果、土壌の汚染状態が基準に適合しない土地については、その区域を指摘区域として指定する（土壌汚染対策法6条1項）。都道府県知事は、かかる指定をしたときは、汚染による人の健康に係る被害を防止するため必要な限度において、その土地の所有者、管理者又は占有者に対して汚染の除去等の措置を講ずることを指示する（同法7条1項）。
→対象会社が所有、管理又は占有する土地の中に、このような指定区域がある場合には、汚染除去などの責任を負うリスクがある。
(3) アスベスト、ポリ塩化ビフェニル（PCB）
・アスベスト・PCBを使用していないか確認。
→処理に多額の費用がかかるので、譲渡価格の減額要因。

9　子会社・関係会社に関する事項
(1) 全体像
・子会社・関係会社の全貌について確認
→法務DDの早い段階でインタビュー等により各社の事業内容及びグループ会社内における役割、位置づけについて把握しておく。
・海外子会社についてどの程度まで調査するかは、依頼者とも話して要検討。なお、外国子会社が合弁会社の場合には、特に合弁契約の内容に注意。
(2) 子会社・関係会社との取引
・グループ会社間での取引内容につき確認。取引実行後も当該取引が続けられるか等も。
・同族会社の場合には、オーナーが有する別会社との間で事業とは全く関係ない不要な取引関係が存在することも。
(3) 各子会社・関係会社に関する事項
・各子会社・関係会社についての調査・報告（どの程度の調査をするかは案件による）。

V　ベンチャー企業法務

弁護士　古田　利雄

V　ベンチャー企業法務

　弁護士法人クレア法律事務所の代表者をしております、弁護士の古田利雄です。

　まず、簡単に自己紹介をします。私は43期で、1991年に弁護士になりましたが、1993年に独立して現在に至っています。1999年頃に、ある大手の電機メーカーをスピンアウトした友達に顧問弁護士を頼まれました。3人ぐらいのチームで独立したベンチャーでしたが、基幹系の非常に高価なシステムがよく売れて、2年目ぐらいには従業員が100人ぐらいになりました。

　当時のIT業界はまだ黎明期でしたが、彼の友達に有力な人がたくさんいたので、そこから何社か紹介してもらったり、ベンチャーキャピタルを紹介してもらいました。それから、ベンチャー企業支援をずっとやっています。

　2000年には、ベンチャーの本場であるシリコンバレーに行ってきました。ジョン・ルースという駐日アメリカ大使がいましたが、彼が代表者をしたこともあるWSG&Rという法律事務所や、モリソン・フォースター等のベンチャー支援をしている法律事務所にいくつか行って話を聞きました。その後も、自分の事務所の弁護士を連れて行っては向こうの最近の事情等聞いています。

　アメリカが何でも良いとは思っていないのですが、シリコンバレーは、ベンチャーに関しては、いわゆる生態系としてうまくいっています。会社ができると法律事務所に行きますし、法律事務所はハブとして非常に良い役割をしていて、ベンチャーキャピタルの紹介や、人材サービスの紹介、プロトタイプの試作品を作る工場を紹介したりもします。あるいは、このベンチャーは非常にいいと思うと、自分の弁護士事務所を辞めて、その会社にCFOのような形で入ることもあります。

　WSG&Rは設立されてから50年だと思いますが、数人で始めたものが2000年の時点で800人ぐらいの弁護士がいたので、モデルとして非常にうまくいった事務所です。というのは、シスコシステムズやヒューレット・パッカード等、顧客に大躍進した企業が多かったので、フィーもたくさんもらえたと思いますし、ストック・オプションのような形で費用ももらえていました。

　タイムマシン経営という言葉がありますが、アメリカで流行ったものはい

ずれ日本でも流行るという傾向があるので、そのうち日本もベンチャービジネスが隆盛するかなと思っていましたが、失われた20年間と、大企業中心の中央集権的な国という文化の違いから、そうはなりませんでした。かなりいいベンチャーもたくさん見ましたが、いろいろな規制、あるいは、ファイナンスで駄目になったりしました。日本では、ベンチャー系でも毛並みがいい人が好まれるようです。また、アントレプレナー（起業家）も、途中からスイッチする経営者の人材も、まだまだ層が薄いです。

　ただ、国も言っていますが、日本の景気がよくなっていくためには、地方を再生することと、新規事業・新規産業を育成して伸ばすしかありません。したがって、われわれは、その一助になるような仕事をすることに非常に意義があると思い、そういう仕事に取り組んでいます。ちなみに、ここ5、6年は、毎年1社から3社ぐらいの顧問先が株式公開をしています。

　現在、私は、マザーズやジャスダックに上場した会社の社外役員も四つさせていただいています。

1　総　論

(1)　ベンチャー企業

　ベンチャー企業とは、新しい技術や高度な知識によって、創造的・革新的な経営を展開する企業、また、ベンチャーキャピタルの投資対象となる企業です。そういった企業に対する企業法務を提供するのがベンチャー企業法務と考えています。

　楽天やソフトバンクは、日本でうまくいったベンチャーです。今では大企業と言ったほうがよさそうです。最近でいうと、リブセンスという人材紹介の成果型の会社は、2006年2月に設立されて、5年後の2011年に株式を上場しました。上場時の社長の年齢は25歳でした。この会社は、時価総額34億円くらいで株式上場しましたが、この社長は、株式上場後も会社の発行済株式の過半数を保有しているようです。

　また、私が関与しているところの一つに、ナノキャリアという会社があります。1990年代の終わりに設立された、がんの薬を作る会社です。売上がまだ1億円、2億円の会社ですが開発が順調で、株式相場がとてもよいため、

V　ベンチャー企業法務

良い時価総額が付いています。

(2)　ベンチャー企業法務の意義

　日本を復活させるには、ベンチャー企業を育成することです。円滑に成長できるように手伝うことが、弁護士がベンチャー企業に関わる意義の一つとしてあると思っています。

　ベンチャー企業が成長すると、雇用が創設されます。また、利益が出ると納税されますし、売上が上がればGDPも上がっていくので、非常によい循環が生まれます。日本の場合、開廃業率（1年間に会社ができる率となくなる率）はずっと、開業が2％台、廃業が3％から4％ということなので、日本は毎年会社が減っています。会社を作って成長させ、それがうまくいく文化にしなければなりません。開廃業率が逆転しないということに、日本の問題があります。ちなみに、ヨーロッパや米国は開業率が8％ぐらいで廃業率より高く、日本は先進国の中でも極端に開業率が少ないのです。

　ベンチャー企業法務において、弁護士は法解釈能力や法創造能力を発揮することが期待されます。最近の事例でいうと、「まねきTV」というサービスがありました。テレビの放送をデッキに録画して、それをオンデマンドで見られるようになっていました。著作権を侵害していない形にするために、録画するサーバは利用者の共有というか、個別の持ち分のところにデータを落とすようにして、私的使用の範囲内という構成にしていましたが、最終的には裁判所から著作権侵害であると判断されました。

　新しい製品や新しいサービスを出していくときに、法律に抵触しないやり方を考えてビジネスとして成り立たせなければいけません。法律の解釈能力や、一緒にビジネスを作る能力が磨かれるので、弁護士としても非常にいい機会となると思います。

　また、知的好奇心が満足できます。弁護士業務で裁判をやっていると、面白いことを見たり聞いたりすることはありますが、最先端のことを聞くことはそれほどありません。

　例えば、先ほどがんの薬を作っているナノキャリアという会社を紹介しました。がんは悪性腫瘍のことで、できるときに一気に大きくなります。がん細胞を仮に1000ナノメートルの大きさとして、正常細胞がその何分の一だ

とします。がんの薬は非常に強く、副作用も大きいですから、正常細胞には挟まらず、がん細胞に挟まるサイズにして血液中に流します。両方の細胞の中間のサイズのカプセルに入れて、抗がん剤を体の中に入れるのです。そうして、正常細胞には作用せず、がん細胞にだけ作用させるという技術でやっています。このように、知的好奇心を刺激されるような面白いことも見られます。

　また、弁護士としての仕事を自分で業務開拓していくこともできます。大企業が今までの顧問弁護士を断って、いきなり相談してくることはなかなかありませんが、ベンチャー企業の場合は弁護士につてがない人も多く、全ての弁護士に平等にチャンスがあります。ベンチャー企業支援をしていることをホームページに出す、あるいはベンチャー企業支援のいろいろなイベントに参加するなどして、自分がベンチャー企業支援に興味があるという旗を立てておけば、ベンチャーの顧客がだんだん来るようになると思います。

　特に、税理士、弁理士、司法書士、社会保険労務士、行政書士等の士業の人に、自分はベンチャー企業支援を希望していることを宣言していると、ベンチャーを紹介してくれることがあると思います。

(3) ベンチャー企業法務の範囲

　弁護士がベンチャー企業に対してできることはたくさんあります。会社は、人・金・モノ・情報でできているといいますが、弁護士はこの全部に関わる法務について手伝いをすることになります。

　例えば、ベンチャー企業は、最終的にはM&Aや株式公開でエグジットするプランができている会社で、経理や権利関係にしても、最終的に人の評価にさらされることが前提になっている事業体なので、組織管理は上場会社並みにきちんとしていなければいけません。

　会社法務で非常に有力な先生で、一部上場会社の監査役や顧問をしている人は多いですが、昔に上場した会社は、上場するときにあまりうるさい審査を経ていないので、取締役会の議事録が薄かったりします。一方ベンチャー企業は、上場審査でも詳細にレビューされるので、小規模のときから将来のことを考えてきちんとやっておく必要があります。

　特にベンチャー企業の場合は、資金調達をして成長を買うという面があり

ます。自分もリスクを取り、投資家にも取ってもらいます。売上から出た利益に応じて再投資に回すという自然的成長であればできなかった企業活動が、ベンチャーキャピタルからの資金調達によって早い段階でできるので、これで時間が買えるわけです。

投資家の方は、成長した後に増加した企業価値に基づいてキャピタルゲインを得るプランなので、やはりベンチャー企業法務の中で一番特徴的なのはファイナンスであると言えます。

(4) ベンチャー企業の成長ステージ

ファイナンスをするときの大前提として、ベンチャー企業の成長ステージがあります。

まず、シード、つまり種の段階です。事業のプランができて、会社を設立する前後ぐらいの段階です。その後はスタートアップやアーリーといって、シードから少し態勢ができて、赤字ながらも製品やサービスを磨いていく時期です。次がグロースで、事業が軌道に乗り、財務内容が好転していく時期です。最後に十分成長して、落ち着いた状態に入るレイターステージというように分けて考えています。

会社を興すに当たっては、まず事業計画を作ります。この会社は、どういうセグメントで、どういう製品・サービスを展開し、来年の従業員は何人で、売上・利益はいくらといった事業計画をまず立てて、それを実現するための資金繰りに関して計画を立てることを、資本政策といいます。レジュメ1頁に「株式の上場に至るまでに、誰に、いつ、いくらで、どのくらい、どのような方法で株式の移動・増加をしていくかを計画し、最終的に株式上場時の株主構成や予想株価を描くこと」と書いてあります。場合によっては、事業売却でエグジットしてしまう場合も、IPOになる場合もあると思います。

2 資本政策

(1) 資本政策の例

一応のモデルとして、表1の資本政策の例をご覧ください。

これがいいかというと、そうとばかりは言いきれず、会社によって最適解があると思います。また、この会社は、IPO時の時価総額が60億円になっ

2 資本政策

表1 資本政策の例

株主	2006年4月 設立時		2007年1月 有償第三者割当増資			同左 ストックオプション付与			2008年4月 有償第三者割当増資					2009年9月 株式分割1:3			2010年10月 株式公開時		
	所有株式数	比率	新規割当株式数	所有株式数	比率	新規割当株式数(オプション含)	株式数(オプション含)	比率(オプション含)	新規割当株式数	所有株式数	比率	株式数(オプション含)	比率(オプション含)	株式数(オプション含)	比率(オプション含)	新規割当株式数	株式移動	株式数(オプション含)	比率(オプション含)
恵比寿	1,400	70%		1,400	40%	150	1,550	38.7%		1,400	28.00%	1,550	28.18%	4,650	28.2%		-600	4,050	20%
六本木	400	20%		400	11%	100	500	12.5%		400	8.00%	500	9.09%	1,500	9.1%		-200	1,300	6%
広尾	200	10%		200	6%	50	250	6.3%		200	4.00%	250	4.55%	750	4.5%		-100	650	3%
VC			1,500	1,500	43%		1,500	37.5%	500	2,000	40.00%	2,000	36.36%	6,000	36.4%		-4,000	2,000	10%
事業会社									1,000	1,000	20.00%	1,000	18.18%	3,000	18.2%			3,000	15%
従業員						200	200	5.0%		200	4.00%	200	3.64%	600	3.6%			500	2%
一般株主(公募)																4,000		4,000	20%
一般株主(売出)																	5,000	5,000	24%
合計	2,000	100%	1,500	3,500	100%	500	4,000	100%	1,500	5,000	100%	5,500	100%	16,500	100%	4,000	300	20,500	100%
発行済株式数	2,000		30	3,500			4,000		60	5,000				16,500				138,000	
発行価格	1.5					権利行使価格30/1株			138,000										
資本金	3,000			48,000															
資本準備金																			

増資後の将来の指標	2010年10月
発行済み株式数	20,500
当期純利益予測 (円)	121,500,000
EPS(＝一株当たり利益)(円)	5,927
PER(＝株価÷一株当たり利益)(倍)	50
1株当たりの価格(円)	296,341
時価総額(円)	6,075,000,000

単位：千円

233

ていますが、今上場するなら、時価総額200億円、300億円あってから出たほうがいいと思います。

この資本政策について、簡単に説明します。

【2006年4月　設立時】

まず、2006年4月に恵比寿さん、六本木さん、広尾さんの3人で会社を作ります。リーダーシップを執っているのは恵比寿さんで1400株、六本木さんは400株、広尾さんは200株です。1株当たりの発行価格は1500円（1.5×千円）で、全部で2000株なので、資本金は300万円（2000株×1500円）でスタートします。

【2007年1月　有償第三者割当増資】

翌年、ベンチャーキャピタルに声をかけて、1500株を出資してもらいます。そのときの株価は、1株当たり3万円です。最初に創業者が出したときの20倍の株価で買ってもらうというプランになっています。そうすると、2007年1月時点の持株比率は、上から40％、11％、6％、43％になります。

【同年　ストック・オプション付与】

このときに、株が少なくなった創業者のモチベーションが下がらないように、またその後出資を求めるかもしれないことにも備えて、ストック・オプションをインセンティブとして出します。ストック・オプションは、有利発行にならないために、株価があまり高くならないうちに出さなければいけません。したがって、こういった早い段階でストック・オプションを出します。また、ストック・オプションは、権利行使をしなければ株にならないので、権利行使をした後の株式になったときの比率を考えながらやっていくことになります。このとき、従業員にもストック・オプションを出しています。

【2008年4月　有償第三者割当増資】

2008年4月に、また第三者割当増資をします。このときは、ベンチャーキャピタルに新規に500株、事業上取引関係があり、提携によるメリットが見込めそうな会社に1000株、合計で1500株を1株6万円で出します。

この表では、ややこしくならないように増資によって払い込まれた金額は全て資本金にしていますが、通常では、半分は準備金にしています。資本金を増やすと、登記のときにその分の印紙代がかかりますし、1億円を超える

と課税上のデメリットも出てくるので、半分は資本に組み入れずにしておくというのが通例となっています。

【2009年9月　株式分割1：3】

翌2009年9月では、1株6万円は少し高くなったということで、株式分割で1株当たりの株価を3分の1に下げます。

【2010年10月　株式公開時】

その翌年、2010年10月に株式公開です。創業者が持株の一部と、ベンチャーキャピタル等の持株を一般の市場で売り出すととともに、第三者割当増資で、市場から新しく資金調達をしています。このときは、1株当たり約30万円で約12億円調達していて、これを新たな事業資金に充てます。

下の表に、増資後の将来の指標とあります。最終的な株式公開時には、発行済株式数が2万500株、当期純利益の予想が1億2150万円、EPS（1株当たりの利益）が約6000円、PER（株価÷1株当たりの利益）が50、1株当たりの価格（EPS×PER）が29万6000円です。1株当たりの価格に発行済株式数を掛けると、大体60億円ぐらいの時価総額になるというプランです。最初からこういうものを作るわけですが、まさに絵に描いた餅です。これが、できるだけ上にぶれるように頑張っていきます。

(2) **資本政策実施のポイント**

では、どういう要素を考えてこの表を作るかということです。

まず一番重要なことは、事業計画の一貫であって、最初に事業計画がなければいけないということです。ビジネスが重要であって、きちんと利益が出て、世の中から評価され、貢献して付加価値を与えていることが大事です。その事業計画を支えるための資本政策になります。

ただし、いろいろ絡んでくると、あちらを立てればこちらが立たずというようなことがあるように、エクセルの資本計画の表をどんどん変えていくと、事業計画とだいぶ乖離してくる場合があります。このようなときは、そもそも事業計画に無理があったのだと思います。本末転倒しないように、気をつけていただきたいと思います。

また、増資に関しては登記をします。前の増資は少しまずかったと思っても、さかのぼってやり直すことはできないので、慎重にやる必要があります。

V　ベンチャー企業法務

　第三者割当増資以外にも、さまざまな制度があります。政府系融資、補助金、助成金等、ベンチャーで使えるものはいろいろありますし、エンジェル税制等もあります。そういったものを活用して、求める結果が出るようにすることが大事です。

　資金需要と会社支配比率のバランスですが、社長の持株が少ないと、社長にとっては、時価総額を上げるために頑張っていることが、自分の会社のためなのか人のためなのか分からなくなり、モチベーションがだんだん下がることがあります。そうならないために、ある程度のシェア確保は目指すべきだと思います。

　ただし、先ほどのバイオベンチャーのように、開発のために100億円、300億円、500億円というお金がかかる会社で、いくら社長がある程度のお金を最初に持っていたとしても、なかなか2桁のシェアを持つことは難しいと思いますが、1000億円になってしまえば、7％持っていると70億円ですので、時価総額が140億円の会社で51％持っているのとあまり変わらないわけですから、それはそんなに悪い話にはなりません。

　株式上場時の1株当たりの株価の利益（EPS）や、株価収益率（PER）等は、たいていの場合、類似業種（ないし類似会社）を参考にしています。また、ベンチャーキャピタルがどれぐらい保有するかとか、潜在株（ストック・オプション）をどれぐらい出すかということも考えなければいけません。

　最終的に、ベンチャーキャピタルは、株を売ってキャピタルゲインを得るために投資をします。ストック・オプションも、権利行使をすると既存株主のシェアは下がり、希薄化します。いずれも、売り圧力が強ければ株価は下がります。1株当たりの価値が希薄化すれば価格が下がるということで、株が下落に働く要素になります。

　したがって、これらがあまり多いと、まともな株価が付かない会社になる恐れがあります。そこを勘案し、資金需要も勘案する必要があります。その上で、バイオベンチャーでお金をたくさん必要とするのであれば、ベンチャーキャピタル投資がほとんどになってしまうかもしれませんし、そうでなければ、それなりの比率に抑えることが大事だと思います。

　提携関係にある事業会社等による安定株主対策とは、上場した後に、定款で

株主総会の定足数を3分の1まで下げたりすると思いますが、それでも、総会が成立しない場合のために、ある程度の対策を採っておくことです。役員の選任に関しては、3分の1の定足数が必要になるので、特に注意が必要です。

　また、先ほどの資本政策のシートには織り込んでいませんが、最近、証券取引所から、株式分割をして単元株制度を使って、流通単位をそろえてくれという要請があるので、今のところ、これに沿った対応をする必要があります。

　資本政策には、ベンチャーキャピタルから増資してもらうという一つのステージがあります。やり方としては、投資契約、あるいは、種類株式を使い、かつ投資契約をしたりします。このときに、弁護士として、どういう契約を結ぶか、種類株式はどのような設計にするかということを考えなければいけません。

　注意すべきなのは、投資家と創業者の間でそれなりにウイン・ウインになっていないと、後々うまくいきません。裁判で和解しても、片方に一方的に有利すぎると後で意地悪をされたりするのと同じようなことで、ベンチャーキャピタルにあまりに有利すぎる内容だと、先ほども言いましたが、創業者のモチベーションが下がって事業の成長が遅くなったり、最終的に駄目になりかねません。したがって、ベンチャーキャピタルあるいは、ベンチャー企業側から相談を受けたときに、自分の依頼人の利益ばかりを考えて突っ走ると、後々うまくいかなくなることもあると思います。

3　投資契約

　投資契約や種類株式の中身は、日本ではあまり周知性がありません。弁護士でもその中身に詳しい人はそんなに多くありません。まず、定型的な投資契約書や種類株式といった資金調達のインフラのようなものが一般に普及することが重要だと思っています。

　一番よくないのは、何も考えず、投資契約もせず、普通株で増資することです。先ほどの資本政策の例では、創業者は2000株を持って会社を始めました。ベンチャーキャピタルが、その会社から1500株の発行を受けることになります。株主としては、お互いに普通株を持っていれば、同じ権利内容になります。同じ役割の法的意味を持った株の持ち主になりますが、それぞ

れが担っている役割は全く違います。

　創業者は株主ですが、その会社の取締役であったり、CEOであったりして、事業執行に関して責任ある立場で、あまり寝ないで頑張っている場合が多くあります。これに対してベンチャーキャピタルは、月に1回取締役会に出るところもありますが、出資したら後は報告を受けるだけというところも結構多いです。

　かたや、資本政策の例でいっても、創業者はこの会社に3人で300万円しか出していませんが、ベンチャーキャピタルは4500万円を出しています。それぞれの立場がこんなに違うのに同じ内容の株式を持って進めるのはおかしいと思うのが、筋道として正しいと思います。

　今、シリコンバレーでは、あとで話すコンバーチブルノートというやり方も結構はやってきていますが、伝統的にというか、20年ぐらい前から最近に至るまで、種類株式と投資契約で、それも大体同じタームシート（ひな型）の契約で利害調整をやっていました。なので、ベンチャーキャピタルもベンチャー企業の創業者側も、あまり交渉に悩むことなく、大体ウイン・ウインの内容の契約書を作り、それで出資してもらってきました。これは、一つの事業成長支援のインフラのようなもので、こういったものがあるとお互いの関係が非常に円滑にいき、ベンチャー企業を育てる一つの力になっていると思います。

　一番のポイントは、お互いに欲張らずに、ウイン・ウインの関係を築き、会社がなるべく早く大きくなる方策を探すのが大事です。

(1) 投資契約書

　投資契約ですが、相談されてすぐにアドバイスができるように、投資契約書や種類株式、ストック・オプションの実務上で使うものをレジュメに付けてあります。ただ、責任を取るものではありませんので、皆さんで条文を見て、自分できちんと咀嚼してください。

　それでは、実際に投資契約書を見ていきます（レジュメ9頁参照）。

　投資事業有限責任組合（以下「投資者」という）、発行会社、発行会社の代表者の3者で契約するのが一般です。

　第1条（発行会社による事実の表明及び保証）には、「発行会社及び発行会社

代表者はそれぞれ、投資者に対し、本契約の締結及び発行会社への投資の重要な基礎として、次の事実を表明し真実として保証する。」とあり、6項目が挙げられています。①権限があること、②契約締結以前に8点の文書を渡してあること、③それらが適法に作られていること、④被告になっているような訴訟を係属していないこと、⑤反社会的勢力ではないというようなことの表明保障です。投資する側としては、⑥受け取った情報を前提にその会社の企業価値を算定して、何パーセントのシェアをいくらで取ろうとそろばんをはじくので、出してあるものが錯誤がなく、正しいことを表明し、保証するということです。

　第2条（投資者による事実の表明及び保証）は、契約する能力があるということです。

　第3条（発行会社の特約）も、発行会社及び代表者の投資者に対する約束が7項目挙げられています。①、②は計算書類等の事業進行に関して重要な情報を、定時株主総会の前に提出し、開示するということです。③は、発行会社は、発行会社に係る次の事項について、かかる決定をする日の前までに、その概要を投資者に書面で通知するということです。次の事項というのは、定款変更や役員の任免、組織変更、配当やストック・オプションの発行、決算期の変更等、9項目のことです。これは双方の力関係で開示する情報の加減をすることができます。しかし、いずれも特別決議が必要な会社の基本に関わる重要なことばかりなので、通常は要求すると思います。

　④は、発行会社は、前項に該当する事項を除き、次の事項が発生・予見できた場合は、その概要を投資者に通知するということです。次の事項とは、不祥事の発生、重要な資産の事故、あるいは持分比率5％以上を保有する株主の持分に増減が生じる場合等、会社にとって割と重要な事項です。この事項についても、発行会社と投資者の間で協議をして、増減することになります。

　⑤は、発行会社は、投資者に交付した最近の事業計画書を毎年更新するということ。⑥は、投資者は、本契約または本株式に係る権利を確保する必要があるときに、財産の情報について報告や資料の提出を求めることができます。そのために、⑦は、会計士等を通じて調査をすることができ、発行会社

V　ベンチャー企業法務

はこれに協力することになるということです。

第4条（投資者の新株予約権）は、「発行会社は、株式、転換社債もしくは新株引受権付社債の発行、またはオプションもしくはワラントの付与について検討する場合、第4条3項8号の規定にかかわらず」、3週間前までに通知して検討の機会を与えるということが書いてあります。

第5条（投資者の譲渡参加権・先買権）は、発行会社代表者や投資者が、発行会社の株式の全部または一部を譲渡しようとする場合は一緒に売ることができ、その場合の比率をどうするかということが書いてあります。

第6条（発行会社代表者による株式の買取）1項(1)、(2)は、発行会社または発行会社代表者のいずれかが本契約のいずれかの規定に違反し、是正を求めても是正をしない場合、あるいは経営成績が悪くないのに株式公開をしていない場合は、投資者が発行会社あるいは発行会社代表者に対し、株式の買取を請求する権利です。

もともと投資者は、出資した株式を売却してキャピタルゲインを得る目的で株を買っていますが、その会社と契約に違反があるようなことになると信頼関係が崩れ、同じ船に乗っているわけにはいかなくなります。

あるいは、IPO時にキャピタルゲインを得ようと思って創業したにもかかわらず、意図的にIPOをしないこともあります。株式を上場して、自分の会社の株が流通市場で売買され、誰か分からないような人が株主になることを嫌がる社長も割といますし、買収されるリスクも考えられます。

それから、上場には、数千万円から1億円ぐらいの経費が毎年かかります。監査法人に頼む費用（2000〜3000万円）とは別に、IR（Investor Relations）や内部統制のために社内の管理部・経理部で雇っておかなければいけない人数や、IR会社に払う費用、証券取引所に払う手数料、株式管理人である信託銀行に払う管理手数料等がかかってきます。また、上場していれば、社外役員を入れなければいけないこともあり、余計な費用が結構かかるため、途中で上場をやめる経営者もいます。その場合は、投資者はその会社の株主でいる意味がなくなり、手を切る必要があります。

そのために、2項の買い取ってもらう株価をいくらにするかという条文が入ります。公正な株価にするとありますが、実務的にはなかなか悩ましい問

題です。ひな型によっては、出資額と時価の高いものにするとか、投資者が選んだ第三者が鑑定した金額の中で出資額の一番高いものにするとか、あるいは、投資者が選んだものにする等いくつかのパターンがありますが、本当にそれが公正な価格かということは問題になりやすい事項です。

　第7条（取締役の辞任・退任）は、代表者は投資者の事前の了解なくして、任期前に辞任することはできないという内容です。ベンチャーキャピタルが投資をするときに何をポイントに見るかというと、マーケットがあるかどうかということもありますが、一つは創業メンバーの人格や能力をかなり重要視します。技術的なノウハウがあったり、営業的なネットワークがあったりして、その会社を創業して引っ張ってきた人たちが投資した後で辞めると、投資が無駄になるリスクがぐんと上がります。自分で一旦お金を集めたのだから、任期ないし一定の時期までは、責任を持ってきちんと会社の仕事をしてくれというのがこの条文の趣旨です。

　第8条（契約の終了）、第9条（費用の負担）、第10条（権利の譲渡及び義務の引受）等は一般条項なので説明は省きます。

　このような形で、投資を受けたのだから、会社のために何年間かは責任を持って頑張ってもらうとか、会社の情報を定期的に知らせてもらうということを合意するわけですが、この投資契約は債権契約なので、違反しても、一般の民事上の債務不履行になるだけです。例えば、増資する前に、ベンチャーキャピタルの同意をもらってください。先ほどの資本政策の例の表で、特別多数を持っていれば、第三者割当増資をした後で、非常に安い株価で増資をすることもできます。そうすると、ベンチャーキャピタルの出資比率が不当に下がることもあります。そういったことを防ぐために、投資契約で同意を求めておいたとしても、それは債権契約なので、会社法上の手続が適法になされてしまえば、発行された株式の有効性は争えなくなります。

4　種類株式

　そこでどうすればいいかというと、種類株式という制度があります。種類株式は、定款に記載された中身なので会社のルールです。定款を変更して、種類株式を発行することになります。種類株式の設計の中に、「第三者割当

V ベンチャー企業法務

増資をするときは、普通株主総会の特別決議の他、種類株主総会の決議を経なければならない」と書いてあれば、種類株主総会の議事録が付いていなければ登記もできません。種類株式は会社のルールの中身にできることで、投資契約よりも効力が強いということになります。

ただ種類株は、普通株式に対して例外的な制度なので、法律が定めた次の九つの条項についてのみ作ることができるようになっています。

① 剰余金の配当
② 残余財産の分配
③ 株式総会において議決権を行使できる事項
④ 譲渡による取得につき当該株式会社の承認を要すること
⑤ 株主が当該株式会社に対してその取得を請求できること
⑥ 当該株式会社が一定の事由が生じたことを条件としてこれを取得できること
⑦ 当該株式会社が株主総会の決議によってその全部を取得すること
⑧ 株主総会や取締役会の決議事項で当該決議のほか種類株主総会の決議を要すること
⑨ 種類株主総会において取締役または監査役を選任すること(ただし、委員会設置会社及び公開会社を除く)

種類株式の中に入らないものに関しては、種類株式を発行しつつ、投資契約を結んで保全していきます。両者の内容がかぶっていても全く問題ありませんが、齟齬がある場合は種類株式を優先します。念を押すというような趣旨で、二重に書いてあってもいいと思います。

ベンチャー企業は閉鎖会社(公開会社でない会社)であることが一般です。もしも、株式が会社の承諾なく移転してしまうと、どんな人に渡るか分かりません。それでは上場審査のときに非常に困るので、最初から公開会社ではない会社として設計するべきです。ということなので、株の発行は、株主総会の特別決議ですることになります。

レジュメ16頁の種類株式の発行の書類をご覧ください。手続書類として、臨時株主総会議事録と、別紙としての定款変更案、総数引受契約書、振込の証明書といったものが必要になります。

4 種類株式

　実務では、第三者割当増資は、割当通知をする方法でなく総数引受契約書でやるのが通例です。総数引受契約（レジュメ22頁参照）は、会社法205条でやれば、204条3項で義務付けられている199条1項・4項の「前日までに払込期日の通知をしなければいけない」という規定の適用がないので、総会を開いた同日に総数引受契約で引受することができます。

　ベンチャー企業の場合は、何でもどたばたと決まっていったりするので、話がいい方向に決まったら、株主も少ないので総株主の同意で、招集期間も省略か短縮して、書類がそろったら一日で総会決議から払込まで済ませてしまうこともあります。

(1) 定款変更案

　次に、種類株式の中身について見ていきます（レジュメ18頁参照）。株式の規定が7条であったとすると、7条の2という枝番を挟み込んで、そこに種類株式を入れます。

　「第7条の2（普通株式）」となっていますが、種類株式発行会社は、種類の異なる二つの株式を出している会社なので、A種種類株式を出したら、普通株式も種類株式になります。普通株式と種類株式がある会社ではなく、種類株式発行会社は、普通株という種類株式を出し、かつA種種類株という株式を出している状態になります。種類株式の内容については、条文でこういうことを定めなければならないということが書いてあるので、それに沿って、必要なものを入れていくことになります。

ア　残余財産分配請求権

　まず、ベンチャー投資の種類株で重要だと思われるものとしては、残余財産の分配です。先ほどの資本政策の例でいうと、ベンチャーキャピタルが4500万円出しました。この事例でいうと、ベンチャーキャピタルが43％取っているのでできませんが、ベンチャーキャピタルがもっと少ない持ち分しかなく、投資契約も何も結ばず普通株でやった場合とします。

　恵比寿さんと六本木さんと広尾さんが3人で集まって、今、この会社の口座に4500万円あり、自分たちは比率でいうと70％を持っているから、解散すれば大体3000万円ぐらいは自分たちの分だと言って、解散してみんなで分けることはできます。しかし、ベンチャーキャピタルはそのつもりで

243

4500万円を出していないし、会社にあるキャッシュを出したのはベンチャーキャピタルなので、公平に考えればおかしい話です。

　例えば、特許を取ってそれで商売しようとしたのに、その特許が他の特許に抵触していて無効であることが分かったとか、事業としての実現性がほとんどなくなったという理由でやめることになったとして、会社に1億円なり5000万円なりキャッシュがあるからといって、それを株数で案分するのはどう考えてもおかしいわけです。したがって、やはりウイン・ウインの権利関係を作るのであれば、残余財産は、ベンチャーキャピタルが最低出資額までは取って、あとをどうするかです。

　このタームシートでいうと、出資額が1株当たり5万円だったら、「5万円×株数」を返します。もし余りがあった場合、ベンチャーキャピタルはもらえないでもいいですし、普通株と案分でもいいですし、さらに、少し有利にもらえるでも、それは交渉でいいと思いますが、一般的なものとしては、まず出したものを取ります。そして、余りは、種類株を普通株に転換した場合を想定して、それを案分比率で分けるやり方をするのが通例だと思います。

イ　取得条項

　2から5までは取得条項で、種類株を会社に取得させる場合のことが書いてあります。投資契約でもありましたが、投資者は、A種種類株の株主として、特定のトピックがあったときに会社からはずれる必要に迫られることがあります。あるいは、特別な大企業でもないかぎり、4の取得条項にあるように、種類株と普通株だと上場させてもらえないので、同じ普通株にそろえなければいけません（Googleのように種類株を上場する例も稀にはあります）。

　4の②は、種類株が拒否権を持っているけれど、会社が代表取締役の選任議案を出しても否決ばかりして、いつまでたっても代表取締役が決まらず、会社が法律行為、営業行為をできないデッドロックという状況に陥るときで、こういった場合は普通株に戻ってもらうということです。

　5（取得の条件）ですが、計算式が出ています。文系の人にとっては非常に面白くないところだと思いますが、そんなに難しくありません。(1)で、取得するときにどういう株数を取るかというと、例えば、A種種類株式が50株とします。A種種類株式の発行価格が5万円で、もともと普通株式の交付

価格が5万円だったら、5分の5で1だから、1対1の割合になります。だから種類株式が50だったら普通株は50もらえます。ただし、普通株が株式分割をして3分の1になっている、あるいは、10分割して10分の1になっていれば、それに応じて10倍にするということです。それまでの普通株の価値が10分の1になっているので、転換のときもそれにそろえます。A種種類株を普通株に換えるときに、普通株が株式分割をしていることを織り込んで、同じ比率にそろえるということです。

5の③の(b)、(c)は少し特殊です。最初のベンチャーキャピタルで、A種種類株式を1株当たり5万円で買いましたが、この会社は業績がよくなく、もともと書いた事業計画どおりに売上が伸びませんが、会社は、これから再び成長していくために資金を集めたいというときに、1億円出すにしても、株価が5万円の場合と3万円の場合では取れる支配比率が違うので、ベンチャーキャピタルは1株5万円では嫌がり、バリエーションをもう少し安くするならお金を出すということがあります。

そうすると、5万円で出した人は、自分の持分比率がダイリュージョン（希薄化）します。これを、ダイリュージョンしたまま放っておかれると少しきついということで、ダウンラウンドというA種を出した金額よりも低い価格で増資をする場合は、転換するときに少し株を増やしてもらう数式を間に挟みます。

(b)の数式は低域加重平均方式といいます。このやり方と、低域ではない加重平均方式とフルラチェットがあります。どのぐらいの量の株が調整されるかということですが、計算式がいくつか違います。この手の仕事をするときは、まず、ベンチャーキャピタルから提案があると思うので、それを見てどうするかを考えるといいと思います。

(e)は、アンチダイリュージョンといいますが、希薄化防止の条項の中身です。「普通株式交付価格の調整を行わない場合」と書いてあり、前記(b)の場合において、A種種類株主が該当株式を引き受けないときは、同項は適用されないとあります。前記(b)というのは、前の株価より低い価格での資金調達をする、ダウンラウンドのことです。そのときに、A種種類株主がその株を引き受けないときは、希薄化したままだという条文になっています。A種種類株主は、引き続き会社を応援するなら、後から出資した人たちとある程度

ウ　拒否権

6（種類株主総会の拒否権）です（レジュメ21頁参照）。種類株式は、黄金株と言ったりしますが、拒否権を付けることができます。ここでは①から⑥まで挙がっていますが、募集株式の発行や新株予約権の発行、代表取締役の選任・解任、選定・改則といったものに関しては、株主総会の他にA種種類株主総会の決議がなければいけないということで、拒否権を定めるものです。

エ　役員選任権

7（種類株主総会における取締役の選任）です（レジュメ21頁参照）。普通株主は、その総会において取締役3名を選任する。A種種類株主は、その総会において取締役1名を選任するとありますが、こういったように、この規定を入れた場合は、普通株主総会という種類株主総会で3人、あるいは2人選びます。そして、A種種類株主総会で何人選ぶという形になります。普通株主総会とA種種類株主が集まった全体で3人選ぶのではなく、あくまでも、普通株という種類株主総会で3人選んで、この中でA種種類株主は議決権を行使しませんし、定足数にも入りません。こちらでA種種類株主総会を開いて、そこで1人を選ぶというやり方です。

条文上、取締役の選任に関しては、公開会社ではない会社だけが入れることができるので、公開会社（譲渡制限株式を発行しない会社）は、この規定は入れられません。

5　ストック・オプション

(1)　ストック・オプション

ストック・オプションも、ベンチャー企業法務ではよく使われるものです。新株予約権のうち、株式会社がその役員や従業員等に対して、インセンティブとして付与する自社株購入権利です。

ストック・オプションを付与して権利行使をすると、権利行使時に資本金が振り込まれ、会社にお金が入ります。その代わりに、その会社の株がストック・オプションの権利者のところに行きます。彼は、その株を売ってキャピ

タルゲインを得ます。

　このような構造なので、会社からキャッシュが出ていきません。したがって、キャッシュのないベンチャー企業が、自分には将来性があるからきっとキャピタルゲインが出ると言って、給料の代わりに使うことになります。

　古田＆アソシエイツ（現弁護士法人クレア法律事務所）から『ベンチャー企業設立ガイド』（学陽書房、2006）という本を出しました。書式まで載っているのと載っていないのがありますが、それにこの辺のことは書きました。現状も、この頃とそんなに変わっていません。

　縦軸が株価で、横軸は左から右に向かって時の流れになっています。図1の事例は、会社が設立されて先ほどの例でいくと1株1500円でスタートして、1株が3万円と評価されたときにストック・オプションを付与します。そして、ストック・オプションをもらった人は、これが30万円になったときに権利行使をして、この会社の株を取得して、そのまま売却するという図です。

　図2は、設立時1株当たり1500円、権利付与時1株当たり3万円の時価で、権利行使価格が3倍になっていて、途中で権利行使をします。権利行使をし

図1　役員・従業員がストック・オプションの権利行使と株式の売却を同時に行った場合

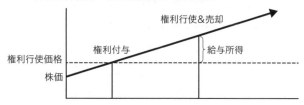

図2　役員・従業員がストック・オプションの権利行使と株式の売却を順次行った場合

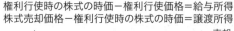

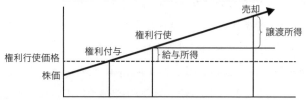

て、会社の株をいったん持ったまましばらく放っておいて、その後、株が上がったので売却したというパターンです。

　こんな形で、ストック・オプションをもらった人は、頑張って会社に利益をもたらし、うまく成長して時価総額がどんどん上がれば、自分にキャピタルゲインが入ってきます。だからみんな頑張ろうという仕組みになっています。

　日本でも過去の上場事例で、何十億円、何百億円と稼いだ人は結構います。日本オラクルは、当時の米国のやりかたに倣って、例えば2株とか3株分、一般職の社員にもストック・オプションを出しました。ただ、上場時の株価が780万円ぐらい付けたので、3株だけもらっても2300万円ぐらいになり、権利行使価格は例えば15万円で、丸々キャピタルゲインが出ました。税金である程度引かれても、親のローンをきれいに払ったとか、マンションを買ったとか、そういう事例も聞きました。

　ストック・オプションを出す場合に、どういうことを考えて出さなければいけないでしょうか。ストック・オプションは、モチベーションを上げてインセンティブにするために出すので、設計したときに、それで本当にみんなのモチベーションを持続させられるか、インセンティブになっているかを考えなければいけません。誰にどれだけストック・オプションを付与するか、また、どんな条件を付けるかということがポイントになります。

　みんな等しく頑張ろうといってストック・オプションをばらまいて、特約のようなものを何も付けずに付与したとします。ある人が、ストック・オプションを持ったまま辞めて、残った人は、徹夜で働いて事業価値を上げ、その会社のバリエーションを上げました。早々に辞めた人も、それに乗っかって良い思いができることになり、残った人はあまりうれしくないということもあります。また、株式上場したとたんに全部売り払っていなくなる人がいます。したがって、しばらく会社にいないとストック・オプションを全部権利行使できないような中身（ベスティングと言ったりします。）にする等、さまざまな条件を考えて設計します。

　会計的には、上場会社の場合は株価がはっきりしているので、インセンティブ型（労務対価型）のストック・オプションに関して費用計上することになっていますが、上場しておらず、株式の市場価格のついていない会社について

は、株価もストック・オプションの価値もよく分からないので、費用計上しないでよいことになっています（ストック・オプション会計基準）。

(2) 課税関係

ストック・オプションの課税関係ですが、まず付与する段階、次に権利行使する段階があります。権利行使によってストック・オプションは株に替わります。この株を売却してキャピタルゲインを得るという3段階があります。

先ほどの図1・2で見ると、会社からストック・オプションを付与されたときに、何か課税がないかと気になると思いますが、現在のところ、課税対象になることはありません。出す側は金がないからストック・オプションを使うわけだし、もらう側も貧乏会社だから、安い給料にストック・オプションをプラスして頑張るわけで、税金の負担能力はありません。ストック・オプションは、もらっただけではまだお金ではないので、現在のところ、ストック・オプションが付与されたこと自体は課税対象にならないことになっています。

次に、図1でいうと、会社の従業員・役員がストック・オプションをもらった場合、権利行使価格、例えば、1株5万円なら5万円として、5万円払えば会社の株を1株もらえるときの権利行使価格と、株式が上場されて権利行使をしたときに株価が30万円だと、25万円の差があります。この25万円は、モチベーションを上げるための給料のようなものとして使ったわけですから、これは給与所得だということで、給与所得課税をされるのが本則です。

権利行使をして、株を手に入れました。株を手に入れた瞬間に売却するとして、間にどうしても4日ぐらい挟まるので株価は変わったりしますが、30万円のときに権利行使をし、30万円で売ったとします。30万円で手に入れた株を30万円で売るので、「30－30＝0」で、キャピタルゲイン課税、譲渡所得課税はないということになります。

図2になると、例えば5万円で付与を受けて、それが30万円のときに権利行使をすると、25万円が給与所得です。その後に、50万円でその株を売ったとすると50万円と、手に入れたときに30万円を対象に給与所得課税をされているので、間の20万円についてキャピタルゲインがあったということで、キャピタルゲイン課税をされます。

Ⅴ　ベンチャー企業法務

　ただし、このまま何も軽減措置がないと、あまりにも税金を取られ過ぎてインセンティブとしては役に立たなくなるので、税制適格ストック・オプションというものがあります（レジュメ6頁参照）。付与対象者が、大口株主や特別利害関係者を除く者で、取締役や使用人であること、それから、インセンティブとして渡すものだということで、少なくとも2年間ぐらい働くことと、あまりに長いと駄目ということで、権利行使期間は2年から10年です。権利行使価格は、有利発行はいけないということで、付与契約締結日の1株当たりの価格より上であること、それから税の優遇ですから、権利行使価格の範囲はこれぐらいにするようにということで、権利行使価格が1200万円を超えないこととなっています。1200万円ですから、もしも権利行使価格が1株3万円であれば400株、1株5万円であれば240株で、その範囲にするようにということです。

(3) 非有利発行・非役務対価型新株予約権のストック・オプションとしての活用

　一つの大きな問題として、付与対象者が限定されていることがあります。大口株主、要するに、この会社を最初に創業し、一番株を持っているような人は、税制適格オプションになりません。そうすると、税金をかなり持っていかれてしまうので、インセンティブとしての効果があまり期待できなくなります。

　そこで、最近使われているのが、有利発行でも役務対価型でもないストック・オプションです。実例は、ソフトバンクが2010年7月29日に出した「新株予約権（有償ストック・オプション）の発行に関するお知らせ」(http://www.softbank.co.jp/ja/news/press/2010/20100729_02/) です。

　付与のときに、役員にお金を出してもらって付与しています。普通のストック・オプションは、付与するときはただです。どうなるか分からない会社に、たとえ少しでもお金を出してもらうのはなかなか難しいということで、普通のストック・オプションは、付与価格がゼロで権利行使価格は時価ということで、有利発行ではないという形でやりますが、このストック・オプションは、ストック・オプションの理論値を計算で出して、その分の付与する対価を払ってもらいます。別に、役務の対価をインセンティブとして出すわけで

はなく、金融機関がストック・オプションを買う場合と同じように、適正な計算をしてその金額で買ってもらうという理屈です。

ストック・オプションは、ブラックショールズモデルとか、2項モデルという計算の仕方でやりますが、ブラックショールズモデルは、ワードでその式を書くのも難しいぐらいややこしく、載せてもあまり意味がないので載せません。

2項モデルにしても、ブラックショールズモデルにしても、計算式の中に要素として入るものがあります。例えば、以下のとおりです。

①	原資産価格（S）	20,000円	20,000円
②	オプションの権利行使価格（K）	20,000円	40,000円
③	権利行使期間（t）	10年	4年
④	見積株価変動率（σ）	60%	60%
⑤	無リスクの利子率（割引率r）	1%	1%
⑥	③の期間における見積配当額（D）	0	0
オプション価格		10,200円	2,730円

この式の適用については、権利行使価格と権利行使期間以外のものはいじれません。その他の項目は、その会社を分析すると出てくるものなので、いじれるところをいじって、加えて権利行使をするハードルをさらに高める、例えば一定の業績を超えないと権利行使できないというようにすることによって、オプションの価値を下げます。それによって、安い金額でオプションを買わせて、その代わり、課税関係はキャピタルゲイン課税で、20％ほどの課税で済みます。給与でいくと、累進税制の一番上のほうだと実質50％近くにはなるので、そうならないようにします。このように実務に役立つことを教えてあげると、弁護士として気が効いているということになります。

ストック・オプションの発行資料は、レジュメ24頁からです。

まず、株主総会議事録ですが、この場合は、取締役に対するオプションの付与について、過去に決議がなかったので、一つは会社法361条で、会社の役員に対する報酬決議をしています。第2号議案は、新株予約権の発行決議

251

です。第1号議案は、報酬額の内容ということで、2号議案で書かれているオプションの権利内容とほぼ同じものが入っているのです。26頁以下の別紙は、読んでいくと、さっきと同じことが繰り返されていると一瞬思うかもしれませんが、そうではなく、適用条文が違うので、重複して書いてあります。

総会議事録の他に、先ほどと同じで、総数引受契約書を作ります（レジュメ34頁参照）。(7)新株予約権の行使の条件、④権利行使価格の年間合計額が1200万円を超えてはいけないとか、⑤証券会社等で保管しなければいけないとあります。これは、税制適格オプションになるための要件ですが、総会の議案には入れない中身なので、こちら側に入っています。ストック・オプションについては以上です。

6 その他

ファイナンスについては一通り話しました。その他の事項を確認していきます（レジュメ7頁参照）。

(1) 人

ベンチャー企業は、先ほど言ったとおり、例えば、2006年に設立して2011年に上場ですから、5年間で社内規定等も慌てて作らなければいけないし、いろいろなことを走りながらやっていく面があります。

特に、最初に若い人たちが寄り集まったベンチャーだと、「会社＝青春」という感じで仕事をします。例えば、会社に寝袋があって、コンビニで弁当を買って食べながら、ずっと仕事をしているというようなカルチャーで何年もやっていきます。コスト（人件費）が安いため、利益が出ているという会社もあり、上場前には未払い残業代や偽装請負等といった点が問題になります。

また、ベンチャー企業特有の問題に、専門職の成績不良による解雇があります。会社が急にうまくいって、管理部門にもう少ししっかりした人が欲しい、あるいは、業界にもっと顔の利く営業が欲しいというように、人材をどんどん採用します。例えば、年棒1500万円とか1200万円は高いと思いながらも、人材エージェント等に頼んで、会社の飛躍を期待して、大企業の割と毛並みのいい人を雇います。その中に、部下がたくさんいる場合は力が発

揮できますが、小さい組織内で全部自分でやらなければいけないとなると、ほぼ仕事ができないという人がいます。そうすると、その人は立派な人で能力もありますが、ジグソーパズルにきちんとはまらないわけです。雇われた人も、せっかく大企業を辞めて小さいベンチャーに来たのに、娘も高校3年生だし、すぐ辞めろと言われても困るという話になります。

そこで、プラウドフットジャパン事件という参考になる例が一つあります。採用するときに、こういうスキルだということ、こういう業務をやってもらうということをきちんと決めて採用します。新卒の人を雇った場合は、会社である程度育てて、その部門に向いていなくても他の部門で使うという考え方がありますが、高給取りの専門職の場合は、採用のときに、そういう証拠を事前に残す形で採用します。そうすれば、後で辞めてもらうときにこの判例等を見せて、自分で辞めるなら3か月分の給料を出すからその間に就職活動をしてもいいけれど、辞めないならこの事例に当てはまるから解雇すると言って辞めてもらうことができます。

(2) モノ

次に、モノです。ベンチャーは、知財に寄り掛かってやるところもあります。ただし、本当に本格的な技術系でない限りは、あまりリソースが多くもないのに特許を取ることに時間をかけても、特にITでは、特許は強力なつっかえ棒にはほとんどならないので、その辺の考え違いをしている経営者がいたら、少し直してあげるのがいいアドバイスだと思います。

(3) 金

それから、金です。エンジェル税制といって、設立何年以内のこういう技術系ベンチャーに出資したら1000万円といった上限はありますが、総所得からそれを引いてくれるというものがあります。ベンチャー企業が資金調達に困っていたら、周りに金持ちのおじさんがいる誰かに、節税になるからその人にお金を出してと頼んでくれといって、ウェブのパンフレットをカラープリントして渡すといいと思います。

それから、国民政策金融公庫等の政府系の融資も、最近はベンチャー向けになかなか手厚いものが出てきています。例えば、資本制ローン、劣後ローンで2億円、返済期間は、10年または15年後に一括で返せばいいというもの

V　ベンチャー企業法務

があります。劣後ローンなので、金融計算マニュアル上は資本制のローンですので、取引をする金融機関は、財務諸表を非常によいものと見てくれます。

新株予約権付きの融資も、1億2000万円とか結構手厚いものも出てきているので、こういったものを検討するのもいいと思います。

それから、コンバーチブルノートというのは、今、シリコンバレーの半分ぐらいがやっているファイナンスのやり方です。簡単な契約でとりあえず500万円を貸して、1年後に株に換えるということですが、株に換えるときに、例えば、1株当たり5万円だから100株ということではなく、1年経って次の資金調達をするときに会社がどれぐらい成長しているかによって、転換する1株当たりの値段を決めるのがコンバーチブルノートです。

ただ、これも少し問題があり、日本でやるとしたら、金融業の免許が必要となるとか、ローンですから、デッド（負債）として認識されるので、入札に参加したりとか、いろいろなところで要件を満たさなくなる場合があります。また、先ほどのエンジェル税制等は、出資ではありませんから適用されません。

なぜ米国で流行っているかというと、メリットとして簡便さがあります。また、ローンなので、先ほどの種類株式投資のような形で、投資者がみんなのタイミングを合わせて総会を開くこともなく、金銭消費貸借契約を結べばいいということがあります。それから、転換価格が柔軟なので、双方にとって、それをやる心理的抵抗が少ないことがあります。

私としては、これをやるぐらいなら種類株を使ったほうがいいと思いますが、シリコンバレーでは、種類株をやるときに弁護士が結構お金を取ります。証券登録制度というものがあり、その手のいろいろな手続も併せてやるのでお金を取られますが、そういうことを嫌います。

昔は、ITのベンチャーを作ると、サーバだけでも何千万円という話で、最初にお金が必要でしたが、今はクラウドサーバを借りれば、月何万円かでできるので、コスト事情が随分変わりました。

今は昔と違って、ベンチャー企業は安い費用でアプリの開発し、製品化して売れるようになり、ITの小さな開発のベンチャーだと、あまりお金がかからないので、こういった簡便なやり方がはやってきました。

(4) 情　報

　ベンチャー企業は、秘密保持契約（NDA）を結んで何となく安心している場合がありますが、一般的なNDAには甲が乙に渡した情報のうちで、秘密として表示されているものが営業秘密だという定義規定があります。ベンチャー企業の場合は、ばたばたしていて、秘密として表示、例えば丸秘やコンフィデンシャルといった表示を全くせずにそのまま渡していると、契約は結んだけれど、秘密情報の定義に当てはまっていないことがあります。そういうことは、きちんと教えてあげる必要があります。

　それから、不正競争防止法の営業秘密の要件として、①管理、②有用性、③非公然性がありますが、メルクマールは秘密として管理されていることです。有用だから秘密として管理する、非公然だから秘密として管理するということで、裁判になったら、秘密として管理されているかどうかが大事になりますので、きちんとやってもらいます。経産省等からそういうガイドラインも出ているので、それに従ってやってもらいます。

(5) ブランド

　最後に、ベンチャー企業がよくつまずくのは、商標登録です。製品がよく売れ始め、サービスがなかなかいい流れになってきたところに、「その商標は弊社が持っているので使わないでください」という警告書が来て、駄目になることがあります。商標登録は、登録するのに大して費用は掛かりません。やっておかないと邪魔をされる場合もあるので、したほうがいいと思います。

　ベンチャー企業に関しては、全てのことが論点になると思いますが、私がベンチャー企業支援の弁護士としてよく知っていたほうがいいと思うことは以上です。

V　ベンチャー企業法務

レジュメ

V　ベンチャー企業法務

弁護士　古田利雄

1　総論

ベンチャー企業：
　新技術や高度な知識によって、創造的・革新的な経営を展開する企業
　ベンチャーキャピタル（VC）の投資対象となる企業
ベンチャー企業法務の意義：
　社会貢献／法解釈能力、法創造能力の発揮／知的好奇心
ベンチャー企業法務の範囲：
　ベンチャー企業法務は、企業活動の要素である、人、モノ、金、情報、ブランドのすべてに亘るが、特にユニークなのは資本政策。
管理体制が脆弱（未成熟）な組織がリスクをとるので、法務サポートニーズは大きい。
ベンチャー企業の成長ステージ：
　シード
　スタートアップ／アーリー
　グロース　事業が軌道に乗り、財務内容が好転していく時期
　レイター

2　資本政策

　株式の上場に至るまでに、誰に、いつ、いくらで、どのくらい、どのような方法で株式の移動・増加をしていくかを計画し、最終的に株式上場時の株主構成や予想株価を描くこと。
・事業計画の一貫であり、最初に事業計画ありきでなければならない。
・遡及的に変更できない。
・政府系融資、補助金、助成金など様々の適切な活用。
・資金需要と会社支配比率のバランス。
・株式上場時の株価の一株あたり利益（EPS）や、株価収益率（PER）は、類似業種（ないし類似会社）を参考にする。
・VCの保有比率？

—1—

- 潜在株の比率？
- 提携関係のある事業会社などによる安定株主の確保。
- 株式分割、単元株の利用　売買単位の集約の要請（証券取引所）
  http://www.tse.or.jp/listing/seibi/b7gje60000005zkl-att/keikaku.pdf

3　投資契約
【投資契約書に規定される主な事項】

合意内容	目的等
開示情報の保証	投資に際してベンチャーキャピタルに開示した情報に虚偽がないことをベンチャー企業が保証するもの。
財務内容の定期開示	ベンチャー企業の財務内容を定期的にベンチャーキャピタルに開示する定め。
株式買取請求権	株式上場が可能であるにもかかわらず、株式上場しない場合などの一定のケースに、ベンチャーキャピタルがベンチャー企業に対して、その有する株式の買取りを請求できる定め。
優先的利益配当	利益の配当について一定の範囲で通常の普通株主に優先して受領できる、とするもの。 ただし、株式上場を目指すベンチャー企業は一般的に株式上場するまで配当を行わないので、通例定めない。
取締役選任権／オブザベーション・ライツ	ベンチャーキャピタルが一定数の取締役を選任できる（／取締役会への立会権）とするもの。 ベンチャー企業に欠けている経営ノウハウなどを提供したり、投資先企業の事情進捗状況を把握するための。
拒否権	株主総会や取締役会決議事項の一定事項についてベンチャーキャピタルの承認を要する、とするもの。 多額の投資、営業譲渡、合併など重要な事項は、投資したベンチャーキャピタルの利害に影響を与えるため。
起業家株式の処分制限	株式上場等に至るまでは、起業家はベンチャーキャピタルの同意なしに株式を譲渡してはならないとするもの。 ベンチャーキャピタルは、起業家を信頼し、その起業家が継続して経営を行うことを前提に投資を行っており、起業家が途中で会社経営から離脱することに利害関係があるため。
株式所得条項	種類株式を、株式上場と同時に普通株式と交換するもの。 これにより、ベンチャーキャピタルが所有していた種類株式も、取締役選任権や配当優先権のない、普通株式と交換される。これにより、選任した取締役を通じてベンチャーキャピタルの経営権が起業家に戻り、また株式の内容が均一化するので証券市場での売買に適するようになる。

V　ベンチャー企業法務

希薄化防止条項　　ベンチャーキャピタルが取得した株式の発行価額を下回る価額で新株が発行された場合、ベンチャーキャピタルの持分比率は低下するとともに、有していた株式の価値も低下する。この損失を補うために、株式上場時における普通株式との交換の際に、一定の算式により交換比率（種類株式1株に普通株式何株を付与するかの比率）を調整するもの。

4　種類株式

　前項のようなベンチャーキャピタルとベンチャー企業との間の合意を制度的に保証するため、株式そのものの内容にしてしまおうというのが「種類株式」である。

　もともと株式は、すべての株式についてその内容が同じであることが基本的な属性とされていた。同じ株式会社の株式の内容が個々に異なっていると、株式の譲渡がスムーズにできず、また何万人という株主が存在する株式会社では事務処理が煩雑になるからである。しかし、ベンチャー企業では、汗を流しながら事業を進めていく創業者と、リスクの高い投資を行うベンチャーキャピタルという性格の異なる株主が同居することになるため、異なった内容の株式によって両者の利害の調整を行うニーズがある。

　種類株式は、このような利害を調整するために、株式の内容について他の株式と異なる内容を定めるものである。

　ただし、種類株式は、内容的な均一性を前提とする株式制度の例外なので、異なる内容の株式とすることができる項目は、会社法が規定する以下の9項目に限られている（会社法108条）。これら以外のベンチャーキャピタルとベンチャー企業との合意事項、たとえば財務内容の定期開示については、種類株式として株式の内容とすることはできず、投資契約によって定めることになる。

【種類株式の内容として定めることができる事項】

① 　剰余金の配当
　　参加型／非参加型：優先配当後重ねて配当にあずかることができるか
　　累積的／非累積的：優先配当に不足がある場合、翌期以降に填補されるか
② 　残余財産の分配
　　会社の清算の場合の残余財産の分配について、優先的取扱いを受ける株式、または劣後的取扱を受ける株式。
③ 　株主総会において議決権を行使できる事項（議決権制限株式）
　　一切の事項について議決権がない、あるいは一定の事項についてのみ議決権を有する株式。剰余金の配当が履行されない場合に、議決権が復活する等の条件を付けることも可能である。公開会社では発行限度に制限がある（会社法151条）。
④ 　譲渡による取得につき当該株式会社の承認を要すること

会社にとって好ましくないものの参加を排除するために、会社は、株式の全部について、譲渡による取得につき当該株式会社の承認を要することを定めることができるが（会社法107条1項1号）、会社は、定款によって、このような譲渡制限を一部の種類株式についてのみ設定することができる。

議決権や拒否権などにおいて他の株式に優先するいわば強力な株式についてのみ、この譲渡制限を設定し、そのような強い権限を持つ株式が第三者の手に渡るのを防ぐこともできる。

⑤ 株主が当該株式会社に対してその取得を請求できること

株式会社に対して株主がその有する株式の取得を請求することができる内容の株式を、「取得請求権付株式」という（会社法2条18号）。

株式会社は、その取得の対価として、株式会社の社債、新株予約権、新株予約権付社債、株式その他の財産を株主に交付することを定款で定めておくことができる（会社法108条2項5号）。

実務上、取得の対価が、現金の場合は「義務償還株式」、株式会社の他の種類の株式の場合は「転換予約権付株式」と呼ぶことがある。

⑥ 当該株式会社が一定の事由が生じたことを条件としてこれを取得できること

株式会社が、株主の同意なしに、一定の事由が生じたことを条件として株主の有する株式を取得することができる内容の株式を、「取得条項付株式」という（会社法2条19号）。

株式会社は、その取得の対価として、株式会社の社債、新株予約権、新株予約権付社債、株式その他の財産を株主に交付することを定款で定めておくことができる（会社法108条2項6号）。

実務上、取得の対価が、現金の場合は「随意償還株式」、株式会社の他の種類の株式の場合は「強制転換条項付株式」と呼ぶことがある。

拒否権付の種類株式によって、議案が繰り返し否決されることによって、会社運営がデッドロックに陥った場合や、証券取引所への上場が決定した場合などに、取得条項に基づいて会社が株式を取得し、取得の対価として普通株を交付するような場合に利用される。

また、シリーズAの増資に続くシリーズBの増資において、一株あたりの発行価額が前回の増資よりも低額になると、シリーズAで株式を引き受けた株主の権利は希薄化することになる。そのような希薄化に備えて、希薄化防止の条件を取得条項（取得請求の場合も同じ）の設計に含ませることもある。

⑦ 当該株式会社が株主総会の決議によってその全部を取得すること（全部取得条項付種類株式）

100％減資、少数株主排除（スクイーズアウト）、買収防衛対策に利用される

V　ベンチャー企業法務

　　a　2以上の種類の株式を発行する旨の定款の定めを設ける決議
　　b　既発行の株式を全部取得条項付種類株式にする定款変更決議
　　c　bの株式を会社が取得する決議（171条1項・309条2項3号）
3つの決議を同時に行うことができる。

⑧　株主総会や取締役会の決議事項で当該決議のほか種類株主総会の決議を要すること

　株主総会や取締役会の決議事項について、それらの決議のほかに、特定の種類株主で構成される株主総会の決議を要するとすることで、いわば、その決議事項につき、当該種類株主に「拒否権」が与えられることになるもの。

　拒否権は強力な権利であるため、拒否権付株式は、「黄金株」と呼ばれることもあり、敵対的な企業買収に対する対抗手段として用いられることもある。

⑨　種類株主総会において取締役または監査役を選任すること（ただし、委員会設置会社及び公開会社を除く）

　これは、ある種類株式の株主に対しては、その種類株主総会において3人の取締役を選任する権利を与え、他の種類の株式の株主に対してはその種類株主総会において2人の取締役を選任する権利を与える等ということを可能にしようという内容のものである。

　公開会社および委員会設置会社は、この種類の株式を発行することはできない（会社法108条1項柱書）。この種類の株式は、少数の株主によって会社支配を恒常化することができる点で公開会社にはふさわしくなく、また、この制度は委員会設置会社の指名委員会と矛盾するからである。

5　ストック・オプション

(1)　ストック・オプション：

　新株予約権のうち、株式会社がその役員や従業員などに対して、インセンティブとして付与する自社株式を購入する権利

　キャッシュの社外流出がないため、将来性の見込めるベンチャー企業が、金銭による報酬支払に代えて、有能な人材を採用したり、既存の社員のモチベーションを鼓舞する手段として用いられる。

(2)　課税関係

　会社法では、会社が役員等に対し職務執行の対価として、公正な評価額に基づいて同対価相当の新株予約権を付与する場合には有利発行（会社法238条3項1号）ではないと解されているが[1]、職務執行の対価としての新株予約権は、有利発行でなくとも原則として給与所得として課税される（所得税法施行令84条4号・所基通23〜35共-6[2]）。

担税力などを考慮して、税制適格ストック・オプションという優遇税制度が設けられている。同制度の適用を受けるには、権利行使期間、権利行使後の株式の保管、年間の権利行使価額などが要件を満たす必要がある（租税特別措置法29条の2第1項・同施行令19条の3第3項2号）。

税制適格ストック・オプションの要件（概要）
　付与対象者：大口株主（1/3超保有）や特別利害関係者を除く、自社ないし親会社の取締役、執行役、使用人（及びその相続人）
　権利行使期間：付与決議の日後2年を経過した日から10年を経過するまで
　権利行使価格：付与契約締結日の一株当たり価格（時価）以上[3]
　権利行使価額：年間1200万円を超えないこと

(3) 非有利発行・非役務対価型新株予約権のストック・オプションとしての活用

親会社、未上場会社の発行済み株式の3分の1超を保有する株主（大口株主）、特許を提供しているが役員となっていないファウンダー、出資だけでなく様々な支援を行うエンジェル、および顧問や請負の形態でベンチャー企業を支援する外部の専門家は、税制適格ストック・オプションの付与対象者となることができない。

但し、ストック・オプションが、ブラックショールズモデルなどによって公正に評価された付与価格（非有利発行）に相当する現金を対価として付与される場合は、役務の提供の対価として付与されるものではないから、前記所得税基本通達の適用はない。

したがって、ストック・オプションの権利行使時には課税されず、権利行使によって取得した株式を売却したときに売却価格と権利行使価格の差額に対して譲渡所得課税がなされる。

税務上の取扱いにおける有利発行とは、その新株予約権と引換えに払い込むべき額を決定する日の現状における発行法人の新株予約権の公正価格に比較しておおむね10％以上の乖離がある場合を指す（所基通23～35共-7、法基通2-3-7、なお、租税特別措置法37条の10第2項）。

ブラックショールズモデルが要素として用いる指数のうち、新株予約件を任意に設定できる項目は、権利行使価格と権利行使期間である。

権利行使価格を現在の株価よりも高く設定し、かつ、権利行使期間を短縮することによって、ブラック・ショールズ式によって求められるオプション価格をより低廉な金額とすることができる。例えば、以下のとおり。

①	原資産価格（S）	20,000円	20,000円
②	オプションの権利行使価格（K）	20,000円	40,000円
③	権利行使期間（t）	10年	4年
④	見積株価変動率（σ）	60%	60%

V ベンチャー企業法務

⑤ 無リスクの利子率（割引率r）	1%	1%
⑥ ③の期間における見積配当額（D）	0	0
オプション価格	10,200円	2,730円

ブラック・ショールズ式は、プレーンバニラと呼ばれるような単純なオプションを前提としているため、さらに、権利失効に関する条件を設計することによって、権利行使が予想されるオプション数を引き下げることによっても、ストック・オプションの公正な価額を引き下げることができる。

例：新株予約権（有償ストックオプション）の発行に関するお知らせ
　　http://www.softbank.co.jp/ja/news/press/2010/20100729_02/
　　2010年7月29日　SoftBank

・本新株予約権1個あたり金2,900円　1個あたり付与株式数100株
・新株予約権の行使の条件
　下記ア及びイ並びにウに掲げる条件が全て満たされた場合
　ア　当社が金融商品取引法に基づき提出した有価証券報告書に記載された平成22年3月期及び平成23年3月期並びに平成24年3月期の連結キャッシュ・フロー計算書におけるフリー・キャッシュ・フローの合計額が、1兆円を超えること。
　イ　当社が金融商品取引法に基づき提出した有価証券報告書に記載された平成24年3月期の連結貸借対照表における純有利子負債の金額が0.97兆円未満であること。
　ウ　当社が金融商品取引法に基づき提出した有価証券報告書に記載された平成23年3月期及び平成24年3月期の連結損益計算書における営業利益の合計額が、1.1兆円を超えること。

6　その他

(1)　人
　未払い残業代
　偽装請負
　専門職の成績不良による解雇
　プラウドフットジャパン事件（東京地判平成12年4月26日）

(2)　モノ
　知財経営：特許等の知的財産権により参入障壁を築き、市場を支配する。
　他社からの知的財産権の行使によって市場から排除されない
　特許かノウハウか？　費用対効果
　「中小・ベンチャー企業知的財産戦略マニュアルについて」（特許庁）

http://www.jpo.go.jp/cgi/link.cgi?url=/torikumi/chushou/manual_tizaikeiei.htm

(3) 金

エンジェル税制

一定要件を満たす個人がベンチャー企業に対して出資した金額を、その年の総所得額（又は株式譲渡益）から控除する。

http://www.meti.go.jp/policy/newbusiness/angel/subject/index.html

新事業育成資金制度（日本政策金融公庫）

　　固定金利型貸付　　　　　融資限度6億円
　　新株予約権付融資　　　　同1億2000万円
　　資本性ローン　　　　　　同2億円

コンバーチブルノート

　　http://www.clairlaw.jp/newsletter/2012/11/newsletter1105.html
　　http://www.startupcompanylawyer.com/category/convertible-note-bridge-financing/

上場後　金商法　取引所規則等のソフトローに注意

(4) 情　報

秘密保持契約を結ぶだけでは不十分

不正競争防止法2条6項　営業秘密の要件　①管理　②有用性　③非公然

情報セキュリティに関するガイドライン（経済産業省等）

(5) ブランド

商標登録

Ⅴ　ベンチャー企業法務

投資契約書

　　　　　　投資事業有限責任組合（以下「投資者」という）と、株式会社　　　　　　（以下「発行会社」という）及び発行会社の代表取締役　　　　　　（以下「発行会社代表者」という）とは、発行会社の平成　　年　　月　　日開催の株主総会の特別決議に基づいて発行された発行会社の普通株式（以下「本株式」という）の取得について、下記の通り投資契約を締結する。

第1条（発行会社による事実の表明及び保証）
　発行会社及び発行会社代表者はそれぞれ、投資者に対し、本契約の締結及び発行会社への投資の重要な基礎として、次の事実を表明し真実として保証する。
① 発行会社は、本契約の締結及びその義務の履行について、必要な能力及び権限を有し、必要な全ての取締役会決議及び株主総会決議を経ており、その定款もしくは諸規則または自己が当事者である契約に違反せず、また、必要な許認可、届出等の手続きがなされておりその条件に違反しないこと。
② 発行会社が投資者に対し本契約締結以前に次の文書を交付していること。
　⑴ 定款、取締役会規則及び株式取扱規則
　⑵ 本契約締結直前の商業登記簿謄本
　⑶ 直近3事業年度分の計算書類、附属明細書及び監査役の監査報告書ならびに公認会計士の監査報告書
　⑷ 当該事業年度の月次決算書
　⑸ 直近3事業年度分の税務申告書
　⑹ 最新の事業計画書（収支計算書を含む）
　⑺ グループ企業関係図
　⑻ 会社と関連当事者間の取引の概要書
③ 投資者が発行会社から受領した計算書類及び附属明細書は、法令及び定款に適合して作成され、発行会社の財政状態及び経営成績を適正に表示していること。
④ 発行会社の運営、財政状態、経営成績、信用状況等に重要な悪影響を及ぼすべき裁判その他の法的手続きまたは行政手続きは現在係属しておらず、また、そのおそれもないこと。
⑤ 発行会社、発行会社代表者またはそれらの特別利害関係者または株主、取引先等が、反社会的勢力またはこれに準ずるもの（以下「反社会的勢力等」という）ではないこと、反社会的勢力等に資金提供もしくはそれに準ずる行為を通じて、反社会的勢力等の維持、運営に協力または関与していないこと、ならびに、発

行会社、発行会社代表者またはそれらの特別利害関係者または株主、取引先等が反社会的勢力等と交流をもっていないこと、さらに、将来においても発行会社または発行会社代表者は反社会的勢力等と一切関係を持たないことをここに確約する。なお、本契約において、特別利害関係者とは、役員(役員持株会を含む)、その配偶者及び二親等内の親族、これらの者により発行済株式数の過半数が所有されている会社、ならびに、関係会社及びその役員をいうものとする。

⑥ 発行会社及び発行会社代表者による本条における事実の表明及び保証ならびに本契約締結に関して発行会社が交付する書面及び提供する情報は、重要な事実について虚偽ではなく、誤解を生じさせないために必要な重要な事実を欠いていないこと。

第2条（投資者による事実の表明及び保証）

投資者は、本契約の締結の重要な基礎として、本契約の締結及びその義務の履行について、必要な能力及び権限を有し、自己が当事者である契約に違反せず、また、必要な許認可、届出等の手続きを適正に経ておりその条件に違反していないことを、発行会社に対して表明し真実として保証する。

第3条（発行会社の特約）

本契約の他の条項に加えて、発行会社及び発行会社代表者は投資者に対し、次の通り約束する。

① 発行会社は、法令及び定款に適合して計算書類、附属明細書及び監査役の監査報告書ならびに税務申告書を作成し、遅滞なく投資者に送付する。計算書類、附属明細書及び監査役の監査報告書の送付については、定時株主総会期日の2週間前まで、税務申告書の写しについては事業年度終了後3か月を経過する日までに送付する。

② 発行会社は、投資者が合理的に請求する月次試算表その他の財務、会計に関する書面及び情報を投資者に提供する。

③ 発行会社は、発行会社に係る次の事項について、その決議機関で決定をする場合、かかる決定をする日（その決議機関が株主総会の場合には、当該株主総会の招集を決定する取締役会開催日）の2週間前までに、決定すべき事項の概要を投資者に書面により通知する。

　⑴ 会社の目的、商号、本店所在地、授権株式数の変更その他定款の変更
　⑵ 代表取締役、取締役及び監査役の任免
　⑶ 合併、株式交換、株式移転、買収
　⑷ 会社の解散、破産、民事再生、更生手続き、整理開始または担保権実行の申立
　⑸ 営業または事業の全部もしくは一部の譲渡、譲り受け、休止もしくは廃止

及び業務上の提携もしくはその解消
- (6) 資本の減少、自己株式の取得、株式分割、併合もしくは種類変更、代表取締役または取締役による発行会社の株式の譲渡もしくは取得
- (7) 配当または中間配当
- (8) 株式、転換社債もしくは新株引受権付社債の発行、またはオプションもしくはワラントの付与
- (9) 決算期の変更その他会社方針の変更

④ 発行会社は、前項に該当する事項を除き、発行会社に係る次の事項が発生、認識、決定もしくは予見できた場合、直ちに、当該事項の概要を投資者に書面により通知する。
- (1) 発行会社が第6条1項(2)の株式公開予定時期、公開予定市場等を変更しようとする場合
- (2) 発行会社の取締役・監査役及び主要な従業員の退任、死亡、重大な病気、解任、業務上の不祥事があった場合
- (3) 発行会社の重要な資産（有形、無形を問わない）に関する損傷事故、法的問題等の発生があった場合
- (4) 発行会社と主要借入先金融機関または主要取引先もしくは仕入先との間の取引関係の停止、解消、解約その他の重要な変化があった場合
- (5) 発行会社に関する訴訟、行政手続き及び税務調査があった場合
- (6) 発行会社の破産、民事再生、会社更生、整理開始もしくは担保権実行の申立または手形もしくは小切手の不渡りがあった場合
- (7) 発行会社の会社運営、財政状況、経営成績、信用状況等に重要な影響を及ぼすであろう契約の締結もしくは変更、または主要取引先もしくは金融機関の変更もしくはその取引の停止があった場合
- (8) 発行会社と代表取締役もしくは取締役との間の取引、発行会社とその取締役が支配する他の会社との間の取引または発行会社とその関連会社間の取引があった場合
- (9) 多額の固定資産の譲渡もしくは取得、貸し付け、借入、債務保証または担保提供があった場合
- (10) 発行会社の債務者または発行会社が保証する債務の主債務者の債務不履行、発行会社の債権者による債務の免除、支払期限の猶予もしくは金利の減免、または第三者による債務の引受もしくは弁済があった場合、その内容を記した書面
- (11) 持株比率5％以上を保有する株主の、発行会社株式総数に対する持分割合に増減が生じる場合

⑿　その他投資者から発行会社に関する説明書その他の資料を合理的に要求にされた場合
⑤　発行会社は、投資者に交付した最近の事業計画書を毎年更新し、当該事業計画書を速やかに投資者に交付する。また、当該事業計画書に重要な変更があった場合には、速やかに投資者に通知する。
⑥　投資者は、本契約または本株式に係る権利を確保するため必要があると認めるときは、発行会社及び発行会社代表者に対し、その業務または財産の状況に関し報告または資料の提出を求めることができ、質問に対する応答を求めることができ、会計帳簿その他の物件を閲覧または謄写することができる。
⑦　投資者は、その費用で自らまたは投資者の会計士その他代理人を通じて、発行会社または発行会社の関係会社に対して事前の通知を行い、発行会社または発行会社の関係会社の本社またはその他の営業所を訪問し、発行会社または発行会社の関係会社の帳簿、記録及び施設を閲覧、謄写または検査することができる。発行会社または発行会社の関係会社はかかる閲覧、謄写または検査に必要な協力を行うものとする。

第4条（投資者の新株予約権）
1　発行会社は、株式、転換社債もしくは新株引受権付社債の発行、またはオプションもしくはワラントの付与について検討する場合、第4条3項8号の規定にかかわらず、当該発行もしくは付与を決議する取締役会の3週間前までに、投資者に対し通知してその承認を得なければならない。
2　投資者は、発行会社が、株式、転換社債もしくは新株引受権付社債の発行（以下、「第三者割当等」という）を行う場合、投資者の発行会社株式総数に対する持分割合（潜在株式を含む）に応じて、発行会社が行う第三者割当等の割当を受ける権利を有する。ただし、第三者割当等の割当に応じるか応じないかは、投資者の判断によるものとし、応じたこと、応じないことを理由としていかなる不利益も被らず、また発行会社、発行会社代表者に対していかなる責任も負わない。

第5条（投資者の譲渡参加権・先買権）
1　発行会社代表者、及び投資者は、自己の保有する発行会社株式の一部または全部を第三者（以下「譲受予定者」という）に譲渡しようとする場合（譲渡をしようとする発行会社代表者、または投資者を以下「譲渡希望者」という）、譲渡予定の株式総数、譲渡予定価額、譲受予定者の氏名・名称と住所、その他譲渡に関わる重要な条件を記載した書面（以下「条件説明通知」という）を、事前に譲渡希望者以外の発行会社代表者、投資者（以下「参加権者」という）に交付しなければならない。参加権者は、譲渡希望者によるかかる譲渡と同じ条件で自己の保有する発行会社株式のうち、下記算式に基づき算出される数（以下「参加可

能株数」という）の株式の全部または一部を譲受予定者に譲渡されるよう譲渡希望者に要求する権利を有する。かかる要求は条件説明通知を受領後20日以内に書面により行うものとし、参加権者よりかかる要求があった場合、譲渡希望者は速やかに譲受予定者と交渉し、参加権者に不利にならない条件でかかる要求に従い参加権者と譲受予定者との間で売買契約を成立させるまでは、自己の保有する株式の売却は一切できないものとする。かかる売買契約が成立した場合、譲渡希望者が譲受予定者に譲渡することができる発行会社株式は、参加権者の譲渡分のみ減少する。

$$\text{譲受予定者の譲受希望株式数} \times \frac{\text{参加権者の保有する発行会社株式総数}}{\text{参加権者の保有する発行会社株式総数+譲渡希望者の保有する発行会社株式総数}}$$

2　前項の参加権者のうち、自己の参加可能株数の全部または一部につき譲渡を希望しない者がいる場合（譲渡を希望しない株数を以下「残存株数」という）、譲渡希望者はその旨を参加権者全員に通知することとし、参加権者のうち更に譲渡を希望する者（以下「二次参加者」という）は譲渡希望者にかかる通知を受領後10日以内に、二次参加者全員及び譲渡希望者の持株数合計（前項の参加可能株数を含める）における各々の持株比率を残存株数の合計に乗じた株数を譲渡することができる。

3　前項において、残存株数の全てにつき二次参加者による譲渡がなされない場合は、その株数につき譲渡希望者が譲渡することができる。

4　前3項に定める権利を行使する代わりに、参加権者は、譲渡希望者の譲渡予定株式の一部または全部（以下「先買対象株式」という）を買い取ることを希望する場合、条件説明通知を受領後30日以内に、譲渡希望者に対しその旨書面にて通知を行うことで、当該先買対象株式を買い取ることができる。譲渡希望者は、かかる通知を受領した場合、その受領後10日以内に、先買対象株式全てを表象する株券を当該参加権者に引渡し、当該参加権者はかかる引渡しが履行された後遅滞なく、条件説明通知に記載された1株当たりの譲渡価額に基づいて算出される代金をかかる譲渡希望者に支払う。

第6条（発行会社代表者による株式の買取）

1　投資者は、下記の事由のいずれかが発生した場合、発行会社及び発行会社代表者に対して書面により通知することにより、投資者が保有する発行会社株式の全部または一部を発行会社及び発行会社代表者が連帯して買い取ることを請求できるものとし、発行会社及び発行会社代表者はかかる請求を受けた日より30日以内にかかる株式を投資者の指定する方法で全て買い取らなければならない。ただし、発行会社及び発行会社代表者は、自己の指定する第三者をしてかかる買取を行わせることができるものとする。なお、本項の規定は、投資者

が、発行会社または発行会社代表者による本契約における義務の不履行に基づき被った損害につき賠償請求することを妨げるものではない。
  (1) 発行会社または発行会社代表者のいずれかが本契約のいずれかの規定に違反し、違反当事者が、当該違反の是正を求める投資者からの通知を受領後30日以内に、かかる違反を是正しない場合。
  (2) 発行会社の財政状態及び経営成績の点で、発行会社株式の株式公開が可能な条件を充足しているにもかかわらず、平成__年__月__日までに株式公開されていない場合。
 2 本条1項において、投資者が発行会社代表者に買取請求した場合の買取対象株式の1株当りの買取価額は、発行会社株式の1株当りの公正な時価とする。

第7条（取締役の辞任・退任）
 1 発行会社代表者は、投資者の事前の了解なくして、発行会社の取締役を任期前に辞任しないものとし、かつ、任期満了時に発行会社の取締役として再選されることを拒否しないものとする。
 2 発行会社代表者は発行会社の取締役、監査役または従業員としての地位にある間、及び自己の責に帰すべき事由で発行会社の取締役、監査役または従業員のいずれでもなくなった日から2年間経過するまでは、自らまたは第三者をして発行会社の事業と競合する事業を直接または間接に行ってはならない。
 3 発行会社代表者は投資者に対し、合理的な理由を示して本条の義務の解除を求めることができる。

第8条（契約の終了）
 1 本契約は、次の場合に終了する。
  (1) 本契約当事者が本契約の終了を全員一致で合意した場合
  (2) 発行会社の本株式を含む株式が公開株式市場に上場または店頭登録された場合
  (3) 投資者またはその包括承継人が払込期の翌日が経過した後に発行会社の株主とならなかった場合または株主でなくなった場合
 2 本契約の終了は将来に向けてのみその効力を生じ、本契約に別段の定めがある場合を除き、終了前に本契約に基づき発生した権利及び義務は終了による影響を受けない。

第9条（費用の負担）
 1 発行会社は、本契約の締結、本株式の発行、本株式の配当の支払について支払われるべき印紙税その他の公租公課（投資者の所得に係る税を除く）を全て負担し、これを支払う。
 2 本条1項その他本契約に別段の定めがある場合を除き、本契約当事者はそれ

V　ベンチャー企業法務

それ、本契約の交渉、作成、署名捺印及び義務の履行に関連して自己が被った全ての費用（弁護士、公認会計士等の第三者に対する報酬及び費用を含む）を各自負担する。ただし、相手方の債務不履行を原因として、債務不履行または損害の賠償、補償等を求める場合の費用についてはこの限りではない。

第10条（権利の譲渡及び義務の引受）

本契約当事者は、他の当事者の書面による同意を得ることなく、第三者に対し本契約に基づく権利を譲渡しまたは義務を引き受けさせることはできない。

第11条（通　知）

本契約に別段の定めがある場合を除きまたは、本契約当事者が別途合意しない限り、本契約に基づく通知、書面の送付及び情報の提供は、次の住所等または連絡先に宛てた書面によりこれを行う。なお、本契約当事者は、他の当事者に通知することにより、次の住所等または連絡先を変更することができる。

　　　　投 資 者 宛：＿＿＿＿＿＿＿＿＿＿
　　　　発行会社宛：＿＿＿＿＿＿＿＿＿＿
　　　　発 行 会 社：＿＿＿＿＿＿＿＿＿＿
　　　　代 表 者 宛：＿＿＿＿＿＿＿＿＿＿

第12条（準拠法）

本契約ならびに本契約に基づきまたはこれに関連して生じる本契約当事者の一切の権利及び義務は、日本国の法律に準拠し、それに従い解釈される。

第13条（管轄裁判所）

本契約ならびに本契約に基づきまたはこれに関連して生じる本契約当事者の一切の権利及び義務に関する訴訟は、東京地方裁判所を第一審の専属合意管轄裁判所とする。

以上を証するため、本契約当事者は本証書に署名捺印し、各自1通を保有する。

　　　　平 成　　　年　　　月　　　日

レジュメ

臨時株主総会議事録

日時　　平成　年　月　日（月）　：00〜　：00
場所　　当社本店会議室

株主総会に出席した取締役及び監査役
　　　　代表取締役　　　　取締役　　　取締役　　　監査役
議長　　代表取締役

発行済株式の総数	,000株
自己株式の数	0株
議決権を行使することができる株主の総数	名
議決権を行使することができる株主の議決権の数	,000株
出席した当該株主の数	5名
出席した当該株主の有する議決権の数	5,000個

定刻、代表取締役は議長席に着き、開会を宣し、議長は、本日の出席株主数及びその議決権の数が上記のとおりである旨を報告し、本株主総会のすべての議案を審議できる法令及び定款上の定足数を充足しており、本株主総会は適法に成立することを確認した旨を報告し、議事に入った。

（決議事項）
第1号議案　定款一部変更の件
　　議長は、本議案を上程し、別紙定款変更案のとおり定款一部変更を行いたい旨説明、審議を求めた。慎重審議の後、議長は本議案の賛否を議場に諮り、総会は出席した議決権を行使できる株主の議決権の数の3分の2以上の賛成をもって原案どおりこれを承認可決した。

第2号議案　第三者割当によるA種種類株式の発行の件
　　議長は、本議案を上程し、研究開発費及び運転資金の調達を目的として、下記の要領により第三者割当による募集株式の発行を行いたい旨を述べ、その内容を説明し、審議を求めた。慎重審議の後、議長は本議案の賛否を議場に諮り、総会は出席した議決権を行使できる株主の議決権の数の3分の2以上の賛成をもって原案どおりこれを承認可決した。

Ⅴ　ベンチャー企業法務

記

① 　募集株式の種類及び数　　　A種種類株式1000株
② 　募集株式の払込金額　募集株式1株につき金5万円
③ 　払込期日　平成　　年　月　日（月）
④ 　増加する資本金及び資本準備金に関する事項
　　a. 払込金額のうち2分の1を資本金に組入れず、資本準備金に計上する。
　　b. 資本金及び資本準備金の額として計上すべき額から減ずるべき額　0円
⑤ 　別添の総数引受契約に定めるとおり、Aが600株、Bが400株を引き受けるものとする。

以上をもって本日の議案をすべて終了したので、議長は閉会を宣した。

この議事の経過の要領および結果を明確にするため、本議事録を作成し、議事録作成者は次に記名捺印する。

　平成　年　月　日

　　　　　　　株式会社　　　臨時株主総会

　　　　　　　　議事録作成者　代表取締役

【別紙】

定款変更案

現行定款	変　更　案
（発行可能株式総数） 第5条　当会社の発行可能株式総数は、10,000株とする。	（発行可能株式総数及び株式の種類） 第5条　当会社が発行する株式の種類及びそれぞれの発行可能株式総数は以下のとおりとする。 ①　普通株式　　　9,000株 ②　A種種類株式　1,000株
〈新　設〉 〈新　設〉	第2章の2　種類株式の内容 （普通株式） 第7条の2　当会社の発行する普通株式は、譲渡による株式の取得について当会社の承認を要することを除き、会社法107条1項各号・108条1項各号に掲げる事項がその内容とされていないものとする。 （A種種類株式） 第7条の3　当会社の発行するA種種類株式の内容は、次のとおりとする。 （残余財産の分配） 1　当会社の残余財産を分配するときは、次の順序でおこなう。 　①　A種種類株主に対し、普通株主または普通登録質権者に先立ち、A種種類株式1株につき、A種種類株式が普通株式に転換された場合の普通株式の数を求めたうえで、その数に金50,000円を乗じた金額を支払う。但し、残余財産が同支払に不足するときは、A種種類株式1株につき、残余財産を発行済の同株式数で除した金額を支払う。 　②　前項による支払がなされた後に残余財産があるときは、A種種類株式が普通株式に転換された場合の普通株式の数を求めたうえで、すべての種類の株主および同登録質権者に対し、当該残余財産について、それぞれが保有すべき普通株式の比率によって按分して支払う。 （金銭を対価とする取得請求権） 2　A種種類株主は当会社に対し、その請求により、金銭を対価として、A種種類株式の全部または一部を取得することができる。 　(2)　当会社はA種種類株主に対し、A種種類株式を取得するのと引換に、A種種類株式1株あたり以下の算式で算定された金銭を交付する。なお、以下の分配可能額は、請求のあった日の前月末日を基準として、会社法461条2項に基づいて算定する。 $$\text{A種種類株式1株当たりの交付金額} = \frac{\text{分配可能額}}{\text{発行済A種種類株式数}}$$ 　(3)　A種種類株主が取得請求をすることができる期間は、20（平成）年　　月　　日から20（平成）年　　月　　日までとする。

(4) 本項による取得請求権の行使は、A種種類株主が当会社に対し、当会社所定の取得請求書を当会社に提出して行い、当会社は同書を受領した日から1ヶ月限り対価を支払う。

(普通株式を対価とする取得請求権)
3 A種種類株主は当会社に対し、その請求により、当会社の普通株式を対価として、A種種類株式の全部または一部を取得することができる。
 (2) 当会社はA種種類株主に対し、A種種類株式を取得するのと引換に、A種種類株式1株あたり第5項(取得の条件)の規定によって算定された当会社普通株式を交付する。
 (3) A種種類株主が取得請求をすることができる期間は、20 (平成)年　月　日から20 (平成)年　月　日までとする。
 (4) 本項による取得請求権の行使は、A種種類株主が当会社に対し、当会社所定の取得請求書を当会社に対して提出して行う。

(取得条項)
4 当会社は、次の各号のいずれかの事由が生じた場合、取締役会決議で定めた日にA種種類株式を取得し、A種種類株主に対し、その対価として第5項(取得の条件)の規定によって算定される数の普通株式を交付する。① 当会社の発行する普通株式が、証券取引所に上場することが決定したとき② 取締役会がA種種類株式の種類株主総会に提出した代表取締役選任についての承認議案を、同総会が3度否決したとき

5 (取得の条件)
 (1) 当会社が、第3項及び4項によりA種種類株式を取得する場合、対価として交付する普通株式の数は以下のとおりとする。

$$\text{発行する普通株式の数} = \text{取得すべきA種株式の数} \times \frac{\text{A種種類株式発行時の発行価額}}{\text{普通株式交付価格}}$$

 ② 普通株式交付価格　現時点の普通株式交付価格は、1株につき金50,000円とする。
 ③ 普通株式交付価格の調整
  (a) 株式分割または株式併合の場合　A種種類株式発行後、普通株式につき株式分割または株式併合を行う場合は、その効力発生の日以降、次に定める算式をもって、普通株式交付価格を調整する。

$$\text{調整後普通株式交付価格} = \text{調整前普通株式交付価格} \times \frac{1}{\text{分割・併合の比率}}$$

  (b) 普通株式交付価格を下回る価額による新株の発行　調整前の普通株式交付価格を下回る価額をもって当会社が普通株式を発行し、又は自己株式(普通株式)を処分する場合、当該払込期日または払込期間の末日の翌日以降、また株主割当日の翌日以降、次の算式(以下「普通株式交付価格調整式」という。)により普通株式交付価格を調整する。

普通株式交付価格調整式における「既発行株式数」とは、普通株式交付価格が適用される日の前日における当社の発行済株式総数（普通株式に限られない。）並びに発行済の新株予約権および新株予約権付社債の目的たる株式数を合計した数から同日における当社の保有する自己株式の総数を控除した数とする。

$$\text{調整後A種普通株式交付価格} = \frac{\text{既発行株式数} \times \text{調整前A種普通株式交付価格} + \text{新発行株式数} \times \text{1株当たり払込金額}}{\text{既発行株式数} + \text{新発行株式数}}$$

(c) 普通株式交付価格を下回る価額による新株予約権等の発行

調整前の普通株式交付価格を下回る価額をもって当社普通株式の交付と引換えに当社に取得される証券（権利）もしくは当社に取得させることができる証券（権利）、または当社普通株式の交付を当社に請求できる新株予約権の交付と引換えに当社に取得される証券（権利）もしくは当社に取得させることができる証券（権利）、または当社普通株式の交付を当社に請求できる新株予約権を発行する場合、調整後の普通株式交付価額は、発行される証券（権利）または新株予約権の全てが調整前の普通株式交付価額で取得されたものとみなして普通株式交付価額調整式を適用して算出し、それぞれの効力発生日の翌日以降これを適用する。

(d) 合併等の場合

合併、会社分割、株式分割、株式交換、資本の減少などの事由によって、A種種類株式の経済的価値を維持するために普通株式交付価格の調整を必要とする事由が生じた場合、普通株式交付価格は、当該事由の効力が発生した日において、当会社の取締役会がA種種類株式の経済的価値を維持するために適当と判断する額に調整する。

(e) 普通株式交付価格の調整を行わない場合

　ア　前記(b)の場合において、A種種類株主が当該株式を引き受けないときは、同項は適用されない。

　イ　前記(b)ないし(d)の場合において、議決権を行使することができるA種種類株式の発行済株式総数の過半数を有するA種種類株主がかかる調整をしないことに同意したときは、普通株式交付価格の調整を行わない。

(f) 普通株式交付価格の調整に際して計算を行った結果、調整後普通株式交付価格と調整前普通株式交付価格との差額が1円未満にとどまる時は、普通株式交付価格の調整は行わない。

(g) 普通株式交付価格の調整が行われる場合には、当会社は、関連事項決定後直ちに、A種種類株主に対して、その旨並びにその事由、調整後の普通株式交付価格、適用の日及びその他の必要事項を通知しなくてはならない。

(h) 転換の結果発行すべき株式数に1株未満の端数が生じた場合にはこれを切り捨て、現金による調整は行わない。
(i) 本項において計算が必要な場合は、円単位未満小数第2位までに算出し、当該小数第2位を四捨五入する。

(種類株主総会の拒否権)
6 当会社は、次の各号の事項につき、法令または定款の規定による株主総会または取締役会決議のほか、A種種類株主総会の決議を要する。
① 募集株式の発行(ただし、普通株式の交付と引換えに当会社に取得される証券(権利)、または新株予約権の取得または行使による場合を除く。)、株式分割、および株式併合
③ 新株予約権、新株予約権付社債、その他当会社の株式の交付を受けることが可能な証券または権利の発行
④ 資本金及び準備金の額の変更
⑤ 合併、株式交換、株式移転、事業譲渡、事業譲受、会社分割
⑥ 代表取締役の選任ならびに解任

(種類株主総会における取締役の選任)
7 ① 普通株主は、その総会において、取締役3名を選任する。
② A種種類株主は、その総会において、取締役1名を選任する。法令または定款に定めた取締役の員数を欠き、その員数に足る数の取締役を選任すべきA種種類株主が存しない場合には、普通株主がその総会において、法令または定款に定めた員数の取締役を選任する。

(準用規定)
8 種類株主総会については、法令上可能な範囲で第10条乃至第13条(召集及び決議方法等)の規定を準用するものとする。

レジュメ

総数引受契約証書

　募集株式の発行会社である株式会社甲社（以下「甲」）と、その引受人であるＡ（以下「乙１」）、およびＢ（以下「乙２」）とは、本日、以下のとおり募集株式の引受について合意した。

第１条　乙１は、甲の平成19年9月3日開催の臨時株主総会において発行することが決議された募集株式について、後記募集事項を承認の上、その総数1000株のうち600株を引受けます。

第２条　乙２は、甲の平成19年9月3日開催の臨時株主総会において発行することが決議された募集株式について、後記募集事項を承認の上、その総数1000株のうち400株を引受けます。

記

① 　募集株式の種類及び数　Ａ種種類株式　1000株
② 　募集株式の払込金額　募集株式１株につき金５万円
③ 　払込期日　平成　年　　月　　日
④ 　増加する資本金及び資本準備金に関する事項
　　a．払込金額のうち２分の１を資本金に組入れず、資本準備金に計上する。
　　b．資本金及び資本準備金の額として計上すべき額から減ずるべき額　０円

平成　年　月　日

甲　　東京都……　　　　　　　乙１　Ａ
　　　株式会社
　　　代表取締役

　　　　　　　　　　　　　　　乙２　Ｂ

V　ベンチャー企業法務

証　明　書

　当社の平成　年　月　日開催の臨時株主総会において発行することが決議された募集株式について、下記のとおり全額の払込があったことを証します。

記

募集株式の数　　　　　　　　　1000株
払込を受けた金額　　　　　　　金5000万円

平成　年　月　日

東京都……
　　株式会社

　　代表取締役

レジュメ

臨時株主総会議事録

　平成　年　月　日午後3時30分、東京都千代田区　　　会議室において、臨時株主総会を開催した。

　　　　　議決権のある当会社株主総数　　　　　　　　名
　　　　　議決権のある発行済株式総数　　　　　　　　株
　　　　　出席株主総数（委任状による出席を含む）　　名
　　　　　この議決権のある持ち株数　　　　　　　　　株
　　　　　出席取締役

　　　　　　　　　議事の経過の要領および結果

　定刻、代表取締役は定款の定めにより議長となり開会を宣した。
　続いて議長は、本日の出席株主数およびその議決権の数を発表し、当社の全株主が出席しており、全株主が本総会の招集手続の省略に同意したこと、本総会の全議案の決議に必要な法定の定足数を充足している旨を報告した後、次のとおり議案を上程した。

決議事項
第1号議案　当社の取締役に対するストック・オプション報酬額及び内容の決定の件
　　議長は、当社の取締役に対するストック・オプション報酬額及び内容の決定の件を上程し、別添資料に基づき議案の内容を詳細に述べ、その賛否を議場に諮ったところ、満場一致にてこれを承認した。
　　よって議長は、第1号議案は、原案のとおり承認可決された旨を宣した。

第2号議案　当社取締役及び従業員並びに協力者に対するストック・オプション発行の件
　　議長は、当社取締役及び従業員並びに協力者に対するストック・オプション発行の件を上程し、別添資料に基づき議案の内容を詳細に述べるとともに、総数引受契約を締結する方法をもって、下記の当社取締役及び当社従業員並びに協力者に対し、ストック・オプションとしての新株予約権を無償で発行したい旨を述べ、その賛否を議場に諮ったところ、満場一致にてこれを承認した。
　　よって議長は、第2号議案は、原案のとおり承認可決された旨を宣した。

Ⅴ ベンチャー企業法務

氏　名	地　位	引受数
	当社代表取締役	個
	合　計	

　以上をもって議長は、ここに全議案の審議を終了した旨を告げ、午後　時閉会を宣した。

　この議事の経過の要領および結果を明確にするため、本議事録を作成し、議事録作成者は次に記名捺印する。

　平成　年　月　日

　　　　　　　　　株式会社　　臨時株主総会

　　　　　　　　　　議事録作成者　代表取締役

レジュメ

別紙

株式会社　　　臨時株主総会資料

第1号議案　当社の取締役に対するストック・オプション報酬額及び内容の決定の件
　　当社は、会社法第361条の規定に基づき、当社取締役の業績向上に対する意欲や士気を一層高めることにより、当社の健全な経営と社会的信頼の向上を図ることを目的として、第2号議案で付議するストック・オプションを当社取締役に付与するために、既に株主総会にてご承認いただいている報酬額とは別枠で、当社取締役に対し年額　　,000円の範囲で、ストック・オプションとして新株予約権を発行することにつきご承認をお願いします。
　　特に有利な条件をもって新株予約権を発行する理由及びストック・オプションとして当社取締役に対して付与する新株予約権の内容は次のとおりです。

第1　特に有利な条件をもって新株予約権を発行する理由
　　当社取締役が業績向上に対する意欲や士気を一層高めることにより、当社の健全な経営と社会的信頼の向上を図ることを目的として、当社取締役に対し、金銭の払込みを要することなく新株予約権を割り当てるものです。
第2　新株予約権の内容
1．新株予約権の名称
　　第1回新株予約権
2．新株予約権の内容及び数
　(1)　新株予約権の数
　　　　3,200個
　　　　なお、新株予約権1個当たりの目的となる株式数は1株とする（但し、(2)に定める株式の数の調整を行った場合は同様の調整を行う。）。
　(2)　新株予約権の目的である株式の種類及び数
　　　　当社普通株式3,200株
　　　　なお、当社が株式分割（株式無償割当を含む。）又は株式併合を行う場合、次の算式により目的となる株式の数を調整する。但し、かかる調整は、新株予約権のうち、当該時点で権利行使されていない新株予約権の目的となる株式の数について行われ、調整の結果生じる1株未満の端数については、これを切り捨てる。
　　　　　調整後株式数＝調整前株式数×分割・併合の比率
　　　　また、当社が吸収合併、新設合併、吸収分割、新設分割、株式交換もしくは株式移転を行なう場合又はその他やむを得ない事由が生じた場合に

V ベンチャー企業法務

は、新株予約権の目的となる株式の数は、合理的な範囲で調整される。
(3) 新株予約権の行使に際して出資される財産の価額

新株予約権の行使に際して出資される財産の価額は、次により決定される1株当たりの払込金額(以下「行使価額」という。)に(1)に定める新株予約権1個当たりの目的となる株式数を乗じた金額とする。

行使価額は、1,000円とする。

なお、当社が株式分割(株式無償割当を含む。)又は株式併合を行う場合、次の算式により行使価額を調整し、1円未満の端数は切り上げる。

$$調整後行使価額 = 調整前行使価額 \times \frac{1}{分割・併合の比率}$$

また、当社が行使価額を下回る払込価額で募集株式の発行又は自己株式の処分をする場合、次の算式により行使価額を調整し、調整により生じる1円未満の端数は切り上げる。

$$調整後行使価額 = \frac{既発行株式数 \times 調整前行使価額 + 新規発行株式数 \times 1株当たり払込金額}{既発行株式数 + 新規発行株式数}$$

上記算式において「既発行株式数」とは、当社の発行済株式総数から当社が保有する自己株式数を控除した数とし、自己株式の処分を行う場合には「新規発行」を「自己株式の処分」、「1株当たり払込金額」を「1株当たり処分金額」と読み替える。

さらに、当社が合併する場合、会社分割をする場合、資本減少をする場合、その他これらの場合に準じて行使価額を調整すべき場合にも、必要かつ合理的な範囲で行使価額は調整されるものとし、調整により生じる1円未満の端数は切り上げる。

(4) 新株予約権を行使することができる期間

平成　年　月　日から平成　年　月　日までとする。但し、当該期間の最終日が当社の休日にあたるときは、その前営業日を最終日とする。

(5) 増加する資本金及び資本準備金に関する事項

新株予約権の行使により株式を発行する場合において増加する資本金の額は、会社計算規則第17条第1項に従い算出される資本金等増加限度額の2分の1の金額とし、計算の結果1円未満の端数が生じたときは、その端数を切り上げる。

新株予約権の行使により株式を発行する場合において増加する資本準備金の額は、上記の資本金等増加限度額から上記の増加する資本金の額を減じた額とする。

(6) 譲渡による新株予約権の取得の制限

　　　新株予約権者は、新株予約権を第三者に譲渡することはできず、また、いかなる理由であれ、担保権の対象とすることはできない。

(7) 新株予約権の行使の条件
　① 新株予約権者が当社の取締役、執行役員、監査役又は従業員のいずれでもなくなった場合、権利行使ができない。但し、新株予約権の割当てを受けた時点で当社の取締役、執行役員、監査役又は従業員のいずれでもなかった新株予約権者の場合又は取締役会が認めた場合はこの限りではない。
　② 新株予約権者が死亡した場合、その相続人は権利行使ができない。但し、取締役会が認めた場合はこの限りではない。
　③ 当社の株式が日本国内のいずれかの金融商品取引所に上場されるまでの間、当社が消滅会社となる合併契約承認の議案につき当社株主総会で承認されるまでの間又は当社の事業の全部若しくは重要な一部についての事業譲渡契約承認の議案につき当社株主総会で承認されるまでの間、権利行使ができない。但し、新株予約権の割当てを受けた時点で当社の取締役、執行役員、監査役又は従業員のいずれでもなかった新株予約権者の場合はこの限りではない。
　④ その他の条件は、当社と新株予約権者との間で締結する「新株予約権総数引受契約」に定めるところによる。

(8) 新株予約権の取得事由
　① 当社は、新株予約権者が、権利行使する前に、当社の取締役、執行役員、監査役又は従業員のいずれでもなくなった場合、その新株予約権を無償で取得することができる。但し、新株予約権の割当てを受けた時点で当社の取締役、執行役員、監査役又は従業員のいずれでもなかった新株予約権者の場合はこの限りではない。
　② 当社は、新株予約権者が、権利行使する前に、禁錮以上の刑に処せられた場合、その新株予約権を無償で取得することができる。

(9) 当社が組織再編行為を実施する際の新株予約権の取扱い

　　　当社が合併（当社が合併により消滅する場合に限る。）、吸収分割、新設分割、株式交換又は株式移転（以下総称して「組織再編行為」という。）をする場合において、組織再編行為の効力発生日において残存する新株予約権（以下「残存新株予約権」という。）の新株予約権者に対し、それぞれの場合につき、会社法第236条第1項第8号のイからホまでに掲げる株式会社（以下「再編対象会社」という。）の新株予約権を以下の条件に基づきそれぞれ交付する。この場合、残存新株予約権は消滅し、再編対象会社は新株予約権を新たに発行す

Ⅴ ベンチャー企業法務

る。但し、以下の条件に沿って再編対象会社の新株予約権を交付する旨を、合併契約、吸収分割契約、新設分割計画、株式交換契約又は株式移転計画において定めた場合に限る。

① 交付する再編対象会社の新株予約権の数
　残存新株予約権の新株予約権者が保有する新株予約権の数を基準に、組織再編行為の条件等を勘案して合理的に決定される数とする。

② 新株予約権の目的である再編対象会社の株式の種類
　再編対象会社の普通株式とする。

③ 新株予約権の目的である再編対象会社の株式の数
　組織再編行為の条件等を勘案のうえ、合理的に決定される数とする。

④ 新株予約権の行使に際して出資される財産の価額
　組織再編行為の条件等を勘案のうえ、(3)で定められた行使価額を調整して得られる再編後行使価額に③に従って決定される当該新株予約権の目的である再編対象会社の株式の数を乗じて得られる金額とする。

⑤ 新株予約権を行使することができる期間
　(4)に定める新株予約権を行使できる期間の開始日と組織再編行為の効力発生日のうちいずれか遅い日から、(4)に定める新株予約権を行使することができる期間の満了日までとする。

⑥ 増加する資本金及び資本準備金に関する事項
　(5)に準じて決定する。

⑦ 新株予約権の取得事由
　(8)に準じて決定する。

⑽ 新株予約権の行使により発生する端数の切捨て
　新株予約権者に交付する株式の数に1株に満たない端数がある場合、これを切り捨てる。

3. 新株予約権と引換えに払い込む金銭
　新株予約権と引換えに金銭を払い込むことを要しない。

4. 新株予約権の割当日
　平成　年　月　日

5. 新株予約権の発行に関し必要な事項が生じた場合、取締役会において決定する。

第2号議案　当社取締役及び従業員並びに協力者に対するストック・オプション発行の件
　当社は、会社法第236条及び第238条の規定に基づき、当社の取締役及び従業

員並びに協力者に対してストック・オプションとして発行する新株予約権の募集事項のご承認をお願いします。

第1 特に有利な条件をもって新株予約権を発行する理由

　　当社の取締役及び従業員並びに協力者が業績向上に対する意欲や士気を一層高めることにより、当社の健全な経営と社会的信頼の向上を図ることを目的として、当社の取締役及び従業員並びに協力者に対し、金銭の払込みを要することなく新株予約権を割り当てるものです。

第2 新株予約権の内容

1. 新株予約権の名称

　　第1回新株予約権

2. 新株予約権の内容及び数

　(1) 新株予約権の数

　　　4,300個

　　　なお、新株予約権1個当たりの目的となる株式数は1株とする（但し、(2)に定める株式の数の調整を行った場合は同様の調整を行う。）。

　(2) 新株予約権の目的である株式の種類及び数

　　　当社普通株式4,300株

　　　なお、当社が株式分割（株式無償割当を含む。）又は株式併合を行う場合、次の算式により目的となる株式の数を調整する。但し、かかる調整は、新株予約権のうち、当該時点で権利行使されていない新株予約権の目的となる株式の数について行われ、調整の結果生じる1株未満の端数については、これを切り捨てる。

　　　調整後株式数＝調整前株式数×分割・併合の比率

　　　また、当社が吸収合併、新設合併、吸収分割、新設分割、株式交換もしくは株式移転を行なう場合又はその他やむを得ない事由が生じた場合には、新株予約権の目的となる株式の数は、合理的な範囲で調整される。

　(3) 新株予約権の行使に際して出資される財産の価額

　　　新株予約権の行使に際して出資される財産の価額は、次により決定される1株当たりの払込金額（以下「行使価額」という。）に(1)に定める新株予約権1個当たりの目的となる株式数を乗じた金額とする。

　　　行使価額は、1,000円とする。

　　　なお、当社が株式分割（株式無償割当を含む。）又は株式併合を行う場合、次の算式により行使価額を調整し、1円未満の端数は切り上げる。

$$調整後行使価額 = 調整前行使価額 \times \frac{1}{分割・併合の比率}$$

また、当社が行使価額を下回る払込価額で募集株式の発行又は自己株式の処分をする場合、次の算式により行使価額を調整し、調整により生じる1円未満の端数は切り上げる。

$$調整後行使価額 = \frac{既発行株式数 \times 調整前行使価額 + 新規発行株式数 \times 1株当たり払込金額}{既発行株式数 + 新規発行株式数}$$

　　　上記算式において「既発行株式数」とは、当社の発行済株式総数から当社が保有する自己株式数を控除した数とし、自己株式の処分を行う場合には「新規発行」を「自己株式の処分」、「1株当たり払込金額」を「1株当たり処分金額」と読み替える。

　　　さらに、当社が合併する場合、会社分割をする場合、資本減少をする場合、その他これらの場合に準じて行使価額を調整すべき場合にも、必要かつ合理的な範囲で行使価額は調整されるものとし、調整により生じる1円未満の端数は切り上げる。

(4) 新株予約権を行使することができる期間

　　　平成　年　月　日から平成　年　月　日までとする。但し、当該期間の最終日が当社の休日にあたるときは、その前営業日を最終日とする。

(5) 増加する資本金及び資本準備金に関する事項

　　　新株予約権の行使により株式を発行する場合において増加する資本金の額は、会社計算規則第17条第1項に従い算出される資本金等増加限度額の2分の1の金額とし、計算の結果1円未満の端数が生じたときは、その端数を切り上げる。

　　　新株予約権の行使により株式を発行する場合において増加する資本準備金の額は、上記の資本金等増加限度額から上記の増加する資本金の額を減じた額とする。

(6) 譲渡による新株予約権の取得の制限

　　　新株予約権者は、新株予約権を第三者に譲渡することはできず、また、いかなる理由であれ、担保権の対象とすることはできない。

(7) 新株予約権の行使の条件

　① 新株予約権者が当社の取締役、執行役員、監査役又は従業員のいずれでもなくなった場合、権利行使ができない。但し、新株予約権の割当てを受けた時点で当社の取締役、執行役員、監査役又は従業員のいずれでもなかった新株予約権者の場合又は取締役会が認めた場合はこの限りではない。

　② 新株予約権者が死亡した場合、その相続人は権利行使ができない。但し、取締役会が認めた場合はこの限りではない。

③　当社の株式が日本国内のいずれかの金融商品取引所に上場されるまでの間、当社が消滅会社となる合併契約承認の議案につき当社株主総会で承認されるまでの間又は当社の事業の全部若しくは重要な一部についての事業譲渡契約承認の議案につき当社株主総会で承認されるまでの間、権利行使ができない。但し、新株予約権の割当てを受けた時点で当社の取締役、執行役員、監査役又は従業員のいずれでもなかった新株予約権者の場合はこの限りではない。

④　その他の条件は、当社と新株予約権者との間で締結する「新株予約権総数引受契約」に定めるところによる。

(8)　新株予約権の取得事由

①　当社は、新株予約権者が、権利行使する前に、当社の取締役、執行役員、監査役又は従業員のいずれでもなくなった場合、その新株予約権を無償で取得することができる。但し、新株予約権の割当てを受けた時点で当社の取締役、執行役員、監査役又は従業員のいずれでもなかった新株予約権者の場合はこの限りではない。

②　当社は、新株予約権者が、権利行使する前に、禁錮以上の刑に処せられた場合、その新株予約権を無償で取得することができる。

(9)　当社が組織再編行為を実施する際の新株予約権の取扱い

当社が合併（当社が合併により消滅する場合に限る。）、吸収分割、新設分割、株式交換又は株式移転（以下総称して「組織再編行為」という。）をする場合において、組織再編行為の効力発生日において残存する新株予約権（以下「残存新株予約権」という。）の新株予約権者に対し、それぞれの場合につき、会社法第236条第1項第8号のイからホまでに掲げる株式会社（以下「再編対象会社」という。）の新株予約権を以下の条件に基づきそれぞれ交付する。この場合、残存新株予約権は消滅し、再編対象会社は新株予約権を新たに発行する。但し、以下の条件に沿って再編対象会社の新株予約権を交付する旨を、合併契約、吸収分割契約、新設分割計画、株式交換契約又は株式移転計画において定めた場合に限る。

①　交付する再編対象会社の新株予約権の数

残存新株予約権の新株予約権者が保有する新株予約権の数を基準に、組織再編行為の条件等を勘案して合理的に決定される数とする。

②　新株予約権の目的である再編対象会社の株式の種類

再編対象会社の普通株式とする。

③　新株予約権の目的である再編対象会社の株式の数

組織再編行為の条件等を勘案のうえ、合理的に決定される数とする。

V ベンチャー企業法務

④ 新株予約権の行使に際して出資される財産の価額

組織再編行為の条件等を勘案のうえ、(3)で定められた行使価額を調整して得られる再編後行使価額に③に従って決定される当該新株予約権の目的である再編対象会社の株式の数を乗じて得られる金額とする。

⑤ 新株予約権を行使することができる期間

(4)に定める新株予約権を行使できる期間の開始日と組織再編行為の効力発生日のうちいずれか遅い日から、(4)に定める新株予約権を行使することができる期間の満了日までとする。

⑥ 増加する資本金及び資本準備金に関する事項

(5)に準じて決定する。

⑦ 新株予約権の取得事由

(8)に準じて決定する。

(10) 新株予約権の行使により発生する端数の切捨て

新株予約権者に交付する株式の数に1株に満たない端数がある場合、これを切り捨てる。

3．新株予約権と引換えに払い込む金銭

新株予約権と引換えに金銭を払い込むことを要しない。

4．新株予約権の割当日

平成　年　月　日

5．新株予約権の発行に関し必要な事項が生じた場合、取締役において決定する。

レジュメ

新株予約権総数引受契約書

平成　年　月　日

◯　（甲）新株予約権引受人　　　　　◯
　　　東京都

◯　（乙）新株予約権発行会社　　　　　◯
　　　東京都
　　　　株式会社
　　　　代表取締役

　甲は、下記記載の株式引受人と共同して、乙に対し、下記内容で募集新株予約権の総数を引受けることを申し込み、乙はこれを承諾した。

	氏　名	住　　所	引受数
1			個
2			
3			
4			
5			
6			
7			
合計			個

1．新株予約権の名称
　　第1回新株予約権
2．新株予約権の内容等
　(1)　新株予約権の数、甲の引受数
　　　新株予約権の数　　　　個　　甲の引受数　　　　個
　　　なお、新株予約権1個当たりの目的となる株式数は1株とする（但し、(2)に定める株式の数の調整を行った場合は同様の調整を行う。）。
　(2)　新株予約権の目的である株式の種類及び数
　　　乙普通株式　　　　株
　　　なお、乙が株式分割（株式無償割当を含む。）又は株式併合を行う場合、次の算

—34—

Ⅴ　ベンチャー企業法務

式により目的となる株式の数を調整する。但し、かかる調整は、新株予約権のうち、当該時点で権利行使されていない新株予約権の目的となる株式の数について行われ、調整の結果生じる1株未満の端数については、これを切り捨てる。

調整後株式数＝調整前株式数×分割・併合の比率

また、乙が吸収合併、新設合併、吸収分割、新設分割、株式交換もしくは株式移転を行なう場合又はその他やむを得ない事由が生じた場合には、新株予約権の目的となる株式の数は、合理的な範囲で調整される。

(3) 新株予約権の行使に際して出資される財産の価額

新株予約権の行使に際して出資される財産の価額は、次により決定される1株当たりの払込金額（以下「行使価額」という。）に(1)に定める新株予約権1個当たりの目的となる株式数を乗じた金額とする。

行使価額は、1,000円とする。

なお、乙が株式分割（株式無償割当を含む。）又は株式併合を行う場合、次の算式により行使価額を調整し、1円未満の端数は切り上げる。

$$調整後行使価額 = 調整前行使価額 \times \frac{1}{分割・併合の比率}$$

また、乙が行使価額を下回る払込価額で募集株式の発行又は自己株式の処分をする場合、次の算式により行使価額を調整し、調整により生じる1円未満の端数は切り上げる。

$$調整後行使価額 = \frac{既発行株式数 \times 調整前行使価額 + 新規発行株式数 \times 1株当たり払込金額}{既発行株式数 + 新規発行株式数}$$

上記算式において「既発行株式数」とは、乙の発行済株式総数から乙が保有する自己株式数を控除した数とし、自己株式の処分を行う場合には「新規発行」を「自己株式の処分」、「1株当たり払込金額」を「1株当たり処分金額」と読み替える。

さらに、当社が合併する場合、会社分割をする場合、資本減少をする場合、その他これらの場合に準じて行使価額を調整すべき場合にも、必要かつ合理的な範囲で行使価額は調整されるものとし、調整により生じる1円未満の端数は切り上げる。

(4) 新株予約権を行使することができる期間

平成　年　月　日から平成　年　月　日までとする。但し、当該期間の最終日が乙の休日にあたるときは、その前営業日を最終日とする。

(5) 増加する資本金及び資本準備金に関する事項

新株予約権の行使により株式を発行する場合において増加する資本金の

額は、会社計算規則第17条第1項に従い算出される資本金等増加限度額の2分の1の金額とし、計算の結果1円未満の端数が生じたときは、その端数を切り上げる。

新株予約権の行使により株式を発行する場合において増加する資本準備金の額は、上記の資本金等増加限度額から上記の増加する資本金の額を減じた額とする。

(6) 譲渡による新株予約権の取得の制限

甲は、新株予約権を第三者に譲渡することはできず、また、いかなる理由であれ、担保権の対象とすることはできない。

(7) 新株予約権の行使の条件

① 甲が乙の取締役、執行役員、監査役又は従業員のいずれでもなくなった場合、権利行使ができない。但し、甲が、新株予約権の割当てを受けた時点で乙の取締役、執行役員、監査役又は従業員のいずれでもなかった場合又は取締役会が認めた場合はこの限りではない。

② 甲が死亡した場合、その相続人は権利行使ができない。但し、取締役会が認めた場合はこの限りではない。

③ 乙の株式が日本国内のいずれかの金融商品取引所に上場されるまでの間、乙が消滅会社となる合併契約承認の議案につき乙株主総会で承認されるまでの間又は乙の事業の全部若しくは重要な一部についての事業譲渡契約承認の議案につき乙株主総会で承認されるまでの間、権利行使ができない。但し、甲が、新株予約権の割当てを受けた時点で乙の取締役、執行役員、監査役又は従業員のいずれでもなかった場合はこの限りではない。

④ 甲の新株予約権の行使に係る権利行使価額の年間（1月1日から12月31日まで）の合計額は、1,200万円を超えてはならない。

⑤ 甲は、租税特別措置法第29条の2第1項第6号の規定に従い、新株予約権の行使により取得する乙の株式を乙が指定する証券業者等の営業所又は事務所に保管の委託又は管理等信託を行う。なお、かかる証券業者については、追って乙より甲に通知する。

(8) 新株予約権の取得事由

① 乙は、甲が、権利行使する前に、乙の取締役、執行役員、監査役又は従業員のいずれでもなくなった場合、その新株予約権を無償で取得することができる。但し、甲が、新株予約権の割当てを受けた時点で乙の取締役、執行役員、監査役又は従業員のいずれでもなかった場合はこの限りではない。

② 乙は、甲が、権利行使する前に、禁錮以上の刑に処せられた場合、その新株予約権を無償で取得することができる。

V　ベンチャー企業法務

(9)　乙が組織再編行為を実施する際の新株予約権の取扱い

　　乙が合併（乙が合併により消滅する場合に限る。）、吸収分割、新設分割、株式交換又は株式移転（以下総称して「組織再編行為」という。）をする場合において、組織再編行為の効力発生日において残存する新株予約権（以下「残存新株予約権」という。）の甲に対し、それぞれの場合につき、会社法第236条第1項第8号のイからホまでに掲げる株式会社（以下「再編対象会社」という。）の新株予約権を以下の条件に基づきそれぞれ交付する。この場合、残存新株予約権は消滅し、再編対象会社は新株予約権を新たに発行する。但し、以下の条件に沿って再編対象会社の新株予約権を交付する旨を、合併契約、吸収分割契約、新設分割計画、株式交換契約又は株式移転計画において定めた場合に限る。

①　交付する再編対象会社の新株予約権の数

　　残存新株予約権の甲が保有する新株予約権の数を基準に、組織再編行為の条件等を勘案して合理的に決定される数とする。

②　新株予約権の目的である再編対象会社の株式の種類

　　再編対象会社の普通株式とする。

③　新株予約権の目的である再編対象会社の株式の数

　　組織再編行為の条件等を勘案のうえ、合理的に決定される数とする。

④　新株予約権の行使に際して出資される財産の価額

　　組織再編行為の条件等を勘案のうえ、(3)で定められた行使価額を調整して得られる再編後行使価額に③に従って決定される当該新株予約権の目的である再編対象会社の株式の数を乗じて得られる金額とする。

⑤　新株予約権を行使することができる期間

　　(4)に定める新株予約権を行使できる期間の開始日と組織再編行為の効力発生日のうちいずれか遅い日から、(4)に定める新株予約権を行使することができる期間の満了日までとする。

⑥　増加する資本金及び資本準備金に関する事項

　　(5)に準じて決定する。

⑦　新株予約権の取得事由

　　(8)に準じて決定する。

(10)　新株予約権の行使により発生する端数の切捨て

　　甲に交付する株式の数に1株に満たない端数がある場合、これを切り捨てる。

3．新株予約権と引換えに払い込む金銭

　　新株予約権と引換えに金銭を払い込むことを要しない。

4．新株予約権の割当日
　　　　平成　年　月　日
　　5．新株予約権行使の際の払込取扱場所
　　　　東京都
　　　　株式会社　　銀行　　支店　普通預金
　　　　口座番号：
　　　　口座名義：株式会社

　以上、本契約締結の証として本契約書2通を作成し、甲乙記名押印のうえ、各1通を保有する。

1　有斐閣・江頭憲治郎・株式会社法第2版・417頁
2　23〜35共-6（株式等を取得する権利を与えられた場合の所得区分）発行法人から令第84条各号《株式等を取得する権利の価額》に掲げる権利を与えられた場合の当該権利の行使による株式の取得に係る所得区分は、次に掲げる場合に応じ、それぞれ次による。
　(1)　令第84条第1号又は第2号に掲げる権利を与えられた取締役又は使用人がこれを行使した場合給与所得とする
　(2)　令第84条第3号又は第4号に掲げる権利を与えられた者がこれを行使した場合
　　　発行法人と当該権利を与えられた者との関係等に応じ、それぞれ次による。
　　イ　発行法人と権利を与えられた者との間の雇用契約又はこれに類する関係に基因して当該権利が与えられたと認められるとき(1)の取扱いに準ずる。
3　1株当たりの価額に関して、未公開会社の株式については、「売買実例」のあるものは最近において売買の行われたもののうち適正と認められる価額とする（所得税基本通達23〜35共-9(4)イ）。普通株式のほかに種類株式を発行している未公開会社が新たに普通株式を対象とするストック・オプションを付与する場合、種類株式の発行は、この「売買実例」には該当しない。
4　株主総会議事録には、会社法上、議長及び出席取締役の署名押印義務なし（法318条1項）。但し、通例、登記手続の便宜等のために代表取締役が届出印を捺印する。

あとがき

　東京弁護士会弁護士研修センター運営委員会では、専門領域における業務に対応できる研修を目指し、平成13年より特定の専門分野につき数回にわたる連続講座を実施してまいりました。平成18年度後期からは6ヶ月間を区切りとして、一つのテーマについて、受講者を固定して、その分野に関する専門的知識や実務的知識の習得を目的とする連続講座を開始し、毎年好評を博しております。

　本講義録は、平成24年度の専門講座で中小企業法務に関連する法的問題につき、専門的知識とノウハウを全6回の連続講座として実施した内容をまとめたものです。

　ぜひ本書をお読みいただき中小企業法務に関連する専門知識とノウハウを習得され、適切な事件対応にお役立ていただければ幸いです。

　終わりに、この専門研修講座の企画、実施と本書の発行にご協力いただきました講師の先生方、弁護士研修センター運営委員会担当委員各位、そして株式会社ぎょうせいの編集者の皆様に厚くお礼申し上げます。

　平成27年1月

　　　　　　　東京弁護士会弁護士研修センター運営委員会
　　　　　　　　　委員長　鈴　木　大　祐

弁護士専門研修講座
中小企業法務の実務

平成 27 年 2 月 20 日	第 1 刷発行
平成 27 年 5 月 20 日	第 2 刷発行
平成 28 年 2 月 20 日	第 3 刷発行

編　集　東京弁護士会弁護士研修センター運営委員会
発　行　株式会社ぎょうせい

〒136-8575　東京都江東区新木場 1-18-11
電話　編集　03-6892-6508
　　　営業　03-6892-6666
フリーコール　0120-953-431
URL：http://gyosei.jp

〈検印省略〉

印刷・製本　ぎょうせいデジタル株式会社
※乱丁・落丁本は送料小社負担のうえお取り替えいたします。

©2015 Printed in Japan　禁無断転載・複製
ISBN978-4-324-09879-0 (5108088-00-000)〔略号：弁護士講座（中企）〕